HEYNE ‹

Über den Autor:
Biologe und Wissenschaftsautor Dr. Mario Ludwig war bereits zweimal für das »Wissenschaftsbuch des Jahres« nominiert und landete mit seinen *Unglaublichen Geschichten aus dem Tierreich* auf der Focus-Bestsellerliste. Er ist bekannt aus zahlreichen Auftritten im Radio und in TV-Talkshows wie »Johannes B. Kerner«, »3 nach 9« oder »Welt der Wunder«. Mario Ludwig lebt in Karlsruhe.

Mario Ludwig

Faszination Menschenfresser

Erstaunliche Geschichten über die gefährlichsten Tiere der Welt

WILHELM HEYNE VERLAG
MÜNCHEN

Verlagsgruppe Random House FSC-DEU-0100
Das für dieses Buch verwendete FSC®-zertifizierte Papier
Holmen Book Cream liefert Holmen Paper, Hallstavik, Sweden.

Originalausgabe 12/2012

Copyright © 2012 by Wilhelm Heyne Verlag, München
in der Verlagsgruppe Random House GmbH
Printed in Germany 2012
Umschlaggestaltung: Hauptmann & Kompanie Werbeagentur, Zürich
Druck und Bindung: GGP Media GmbH, Pößneck
ISBN 978-3-453-60231-1

www.heyne.de

Inhaltsverzeichnis

Vorwort

Menschenfresser – nur ein Mythos?

»Killerkrokodil tötet badende Frau« – »Ägyptischer Mörder-hai zerfleischt vier Touristen in Sharm el Sheik« – »Menschenfressender Tiger endlich erlegt« – »Bär skalpiert Nationalparkbesucher«. Das sind nur einige der Schlagzeilen, mit denen die internationale Presse in den letzten beiden Jahren um die Aufmerksamkeit ihrer geneigten Leserschaft buhlte. Schlagzeilen wie diese fallen aber auch immer wieder auf fruchtbaren Boden, denn nirgendwo liegen Furcht und Faszination so eng beieinander wie bei der Vorstellung, einem sogenannten »Menschenfresser« über den Weg zu laufen.

Von einem wilden, körperlich weit überlegenen Tier angegriffen und eventuell sogar getötet zu werden, ist eine Ur-angst, die wir nach Auffassung der modernen Wissenschaft von unseren frühesten Vorfahren geerbt haben. Schon unsere Altvorderen mussten sich mit Säbelkatzen, Beutellöwen und Höhlenbären herumschlagen. Heute sind Tiger, Löwe, Krokodil und andere Raubtiere Gegenstand unserer Furcht, und seit Hollywoodstreifen wie *Der Weiße Hai*, das *Killerkrokodil* oder *Der Geist und die Dunkelheit* in die Kinos gekommen sind, fürchten wir uns umso mehr vor den potenziellen Bewohnern dunkler, undurchdringlicher Wälder und tiefer, undurchschaubarer Gewässer. Mögen auch moderne Feuerwaffen das natürliche Gleichgewicht zu unseren Gunsten verschoben haben und einige der gefürchteten Menschenfresser an den Rand des Aussterbens und darüber hinaus gebracht haben, so sind einige Top-Prädatoren immer noch durchaus in der Lage, uns reichlich Gänsehaut zu verschaffen.

Aber welche Tiere gehören eigentlich zu den legendären Menschenfressern – und welche nicht? Die allgegenwärtige Internetenzyklopädie Wikipedia bietet folgende Definition an: »Als Menschenfresser gelten Tiere, die alleine in der Lage sind, einen erwachsenen Menschen zu überwältigen und ihn gegebenenfalls auch aufzufressen. Dagegen werden Tiere, die einen Menschen nur durch ihre Anzahl überwältigen (zum Beispiel Piranhas), und Tiere, die Menschen zwar töten, aber aufgrund ihrer Nahrungsgewohnheiten als Pflanzenfresser nicht verzehren, nicht unter die Menschenfresser gezählt. Manchmal werden auch Kannibalen als Menschenfresser bezeichnet.«

Menschenfressende Tiere stammen aus nur wenigen Tiergruppen. Bei den Haien sind dies vor allem der Weiße Hai, der Bullenhai und der Tigerhai. Menschenfressende Reptilien finden wir bei den großen Krokodilarten, aber auch dem Komodowaran und großen Würgeschlangen sind schon vereinzelt Menschen zum Opfer gefallen. Menschenfressende Raubkatzen sind Tiger, Löwe, Leopard, Jaguar und Puma. Unter den Bären sind Braunbär, Schwarzbär, Lippenbär und Eisbär negativ in Erscheinung getreten. Und auch Wölfe und Hyänen haben in der Vergangenheit nachweislich Menschen getötet und auch verzehrt. Dazu kommen noch einige Gelegenheitstäter wie etwa Seeleoparden oder eben die bereits genannten Komodowarane.

Sind Löwen, Tiger, Krokodile und Co. aber tatsächlich diese blutrünstigen Bestien, die gezielt Jagd auf den Menschen machen, wie uns das Hollywood mit zahlreichen Zelluloidstreifen weismachen will? Oder haben, wie oft von Naturschützern behauptet, die meisten der sogenannten Menschenfresser überhaupt kein gesteigertes Interesse an Menschenfleisch? Steht der *Homo sapiens* eher zufällig oder lediglich durch eine Verkettung unglückseliger Umstände gelegentlich auf dem Speisezettel von Raubkatzen, Haien und Panzerechsen?

Ein Blick in die einschlägigen Statistiken fördert Erstaunliches zutage: Nimmt man die Anzahl der jährlich durch das entsprechende Tier getöteten Menschen als Maßstab, dann rangieren die klassischen Menschenfresser wie Tiger, Nilkrokodil oder auch der berühmt-berüchtigte Weiße Hai in der Hitparade der gefährlichsten Tiere der Welt lediglich unter »ferner liefen«. Unangefochtener Spitzenreiter in Sachen tödliche Gefahr ist nämlich nicht etwa ein gewaltiges Raubtier mit furchteinflößendem Gebiss, sondern ein winziges Insekt! Die Anophelesmücke, die mehr Menschen auf dem Gewissen hat als jedes andere Tier: Das blutsaugende Insekt überträgt beim Stechvorgang sogenannte Plasmodien – einzellige Parasiten –, bei denen es sich wiederum um die Erreger der wohl gefürchtetsten Infektionskrankheit der Welt, der Malaria, handelt. Nach Schätzungen der Weltgesundheitsorganisation erkranken jährlich zwischen 200 und 500 Millionen Menschen an Malaria, von denen wiederum etwa eine Million sterben.

Und auch auf den nächsten Plätzen im Ranking der gefährlichen Tiere folgen nicht etwa Tiger, Löwe, Nilkrokodil und Co., sondern noch reichlich weitere krankheitsübertragende Insekten wie etwa der Tigermoskito oder die Tsetse-Fliege oder andere Wirbellose, wie der hierzulande weithin unbekannte Pärchenegel, bei dem es sich um den Erreger der gefürchteten Tropenkrankheit Bilharziose handelt, der jedes Jahr auch heute noch immerhin rund 280 000 Personen zum Opfer fallen.

Die ersten Wirbeltiere tauchen erst im gesicherten Mittelfeld der gefährlichen Tiere auf, nämlich die diversen tropischen Giftschlangenarten, die insgesamt jährlich rund 40 000 Tote auf dem Gewissen haben. Für den Titel des gefährlichsten Wirbeltiers bzw. der gefährlichsten Schlange der Welt kommt ganz klar nur eine einzige Schlangenart infrage: Die Sandrasselotter, eine extrem aggressive und hochgiftige Schlange, die sich zudem auch noch gerne in der Nähe von menschlichen Behausungen aufhält. Sie tötet mehr Menschen als jede andere Schlange. Allein in Indien fallen der etwa 70 cm langen Giftschlange jährlich etwa 8000 Menschen zum Opfer.

Da fällt die Ausbeute der klassischen Man-eater dagegen doch eher bescheiden aus: An der Spitze des Menschenfresser-Rankings finden wir das Nilkrokodil mit geschätzten 300 bis 400 menschlichen Opfern jährlich, gefolgt von Tiger, Löwe und Leopard, die jeweils jährlich zwischen 50 und 200 Todesfälle zu verantworten haben. In den USA zum Beispiel sind nicht etwa Grizzly, Wolf oder Puma die Topkiller unter den Säugern, sondern eigentlich als äußerst friedliebend bekannte Tiere, nämlich Hirsche. Laut Statistik des US- Verkehrsministeriums sterben jedes Jahr rund 100 Menschen durch Autounfälle, die durch Zusammenstöße mit den Geweihträgern verursacht wurden.

Und was ist mit dem gefürchteten Weißen Hai, der wie kein anderes Tier geradezu zum Synonym für einen Menschenfresser geworden ist? Auch hier ist ein Blick in die Statistik eher ernüchternd. Gerade mal ein einziger Mensch fällt jährlich dem »Weißen Tod« zum Opfer. Zum Vergleich: An Wespenstichen sterben jährlich weltweit über 1000 Menschen. Und dennoch faszinieren uns die Menschenfresser auf eine Art und Weise, wie das kaum einer anderen Tierart gelingt. Mit einem sechs Meter großen Weißen Hai und seinen daumengroßen, rasiermesserscharfen Zähnen kann eine winzige Anophelesmücke eben nur bedingt mithalten.

Da stellt sich natürlich die Frage, ob es in Zeiten von Artensterben auf der einen Seite und einem sich in vielen Ländern nur sehr zögerlich entwickelnden Naturschutzgedanken auf der anderen Seite überhaupt noch mit der allgegenwärtigen political correctness vereinbar ist, von Menschenfressern zu sprechen? Werden mit diesem Begriff nicht einfach nur Ängste geschürt, die all denen Vorschub leisten, die gerne sämtliche Tierarten, die dem Menschen auch nur irgendwie schaden könnten, erbarmungslos ausrotten wollen? Ist ein Begriff wie Menschenfresser heute eigentlich noch zeitgemäß, oder ist er ein Rückfall in die Zeiten der Großwildjäger, die oft unter dem Deckmäntelchen des Menschenschutzes die großen Beutegreifer der Welt rücksichtslos abgeknallt haben, nur um sich als Zeichen ihrer vermeintlichen Tapferkeit in ihrer Villa in Berlin, London oder Beverly Hills einen Löwenkopf oder einen Krokodilschädel dekorativ über den Kamin hängen zu können?

Der Schriftsteller David Quammen hat in seinem Buch *Das Lächeln des Tigers* auf diese Frage eine bemerkenswerte Antwort gefunden: »Trotz dieser Einwände möchte ich nicht, dass der Begriff ›Menschenfresser‹ aus unseren Wörterbüchern gestrichen wird. Denn wie emotional aufgeladen das Wort auch sein mag, es erfüllt in unserer Sprache einen bestimmten Zweck. Es gibt einfach keinen anderen Terminus, der denselben Sachverhalt mit der gleichen atavistischen Bündigkeit bezeichnet. Er verdient es schon deshalb bewahrt zu werden, weil er eine Urerfahrung vergegenwärtigt – die Erfahrung nämlich, dass Angehörige der Spezies Mensch hin und wieder zu bloßem ›Fleisch‹ werden, an dem sich andere Geschöpfe weiden. Das Wort ›Menschenfresser‹ erinnert uns daran, wo wir über Zehntausende von Jahren hinweg in der Nahrungskette von Macht und Ruhm gestanden haben. Nämlich keineswegs immer und unangefochten an der Spitze.«

Das *Collins English Dictionary* bietet sogar gleich vier unterschiedliche Definitionen für einen Man-eater = Menschenfresser an:

1. ein Tier, zum Beispiel ein Tiger, das sich an den Genuss von menschlichem Fleisch gewöhnt hat.
2. einige Haiarten, die Menschenfleisch verzehren, speziell der »Weiße Hai«
3. ein menschlicher Kannibale
4. eine Frau mit vielen Liebhabern

Von den ersten drei Kategorien handelt das folgende Buch.

Die Champawat-Menschenfresserin

oder

Tiger halten den Weltrekord im Menschfressen

Sucht man im Guinnessbuch der Rekorde nach dem Tier, das die meisten Menschen umgebracht hat, wird man schnell fündig. Diesen makabren Rekord beansprucht eine Bengal-Tigerin für sich. Eine Tigerin, die als die »Champawat-Menschenfresserin« in die Geschichte einging. Unglaubliche 436 Menschen sind der Tigerin innerhalb von gerade mal sieben Jahren zum Opfer gefallen – mehr als jeder anderen Großkatze je zuvor oder danach. Ihr Terrorregime begann die Tigerin um 1900 im westlichen Nepal. Nachdem die Raubkatze dort innerhalb weniger Jahre über 200 Menschen getötet hatte, wurde sie von der Nepalesischen Armee, unterstützt von vielen Tausend Freiwilligen, in einer gigantischen Treibjagd über die Grenze nach Indien in die Provinz Kumaon getrieben, wo ihr weitere 236 Menschen zum Opfer fielen. In Kumaon waren die Menschen bald derart verängstigt, dass sie oft tagelang nicht mehr ihre Häuser verließen. Schließlich wurde – wie so oft in dieser Zeit – der Jäger der Menschenfresser, der berühmte Großwildjäger Jim Corbett zu Hilfe gerufen. Corbett (1875–1955) hatte sich bereits Anfang des letzten Jahrhunderts auf dem indischen Subkontinent als Jäger von menschenfressenden Tigern und Leoparden einen Namen gemacht. Allein zwischen 1907 und 1938 hat Corbett 33 gefürchteten Menschenfressern – 19 Tigern und 14 Leoparden – das Handwerk gelegt. Darunter waren der

Champawat-Tiger, der Leopard von Rudraprayag, die Tiger von Chowgarh oder der Panar-Leopard – »Menschenfresser«, denen insgesamt mehr als 1500 Menschen zum Opfer gefallen waren. Corbett zog es vor, zu Fuß und alleine zu jagen. Meist wurde er lediglich von einem kleinen Hund namens Robin begleitet.

Nahezu im Monatstakt trafen damals bei Corbett Hilfsgesuche ein, in denen der »Große Jäger« gebeten wurde, verzweifelte Dorfgemeinschaften von einem menschenfressenden Tiger zu befreien. Eine typische Anti-Tiger-Hilfs-Petition der damaligen Zeit las sich etwa wie folgt: »Wir, das Volk, wagen es demütigst vorzuschlagen, dass Sie freundlicherweise die Unannehmlichkeiten in Kauf nehmen, hierherzukommen und den Tiger erschießen und dadurch das Volk von diesem Unheil befreien. Für diesen Akt der Güte wird Ihnen das Volk ewig dankbar sein und für Sie für ein langes Leben und Wohlstand beten.«

Corbett kam der Bitte um Hilfe gerne nach und begann seine Jagd in Champawat, dem Ort, in dem die Tigerin ihr letztes Opfer, ein 16-jähriges Mädchen, gefunden hatte. Corbett verfolgte die Spur der Tigerin durch Dornbüsche, an denen er mehrmals »lange Strähnen des rabenschwarzen Haars des Mädchens« entdeckte. In der Nähe einer großen Blutlache fand er ein Bein, das dem Opfer von der Tigerin abgebissen worden war: »Ich habe noch niemals im Leben etwas so Mitleid Erweckendes gesehen wie dieses Bein der jungen Schönheit, das ein wenig unterhalb des Knies so sauber abgebissen worden war, als wäre es mit einem Axtschlag abgetrennt worden.« Am nächsten Morgen kam es dann fast wie in einem Western zum Showdown zwischen Tigerin und Jäger, den Letzterer letztendlich durch einen Schuss aus etwa sechs Metern Entfernung für sich entschied.

Eine genaue Untersuchung der getöteten Tigerin brachte dann an den Tag, warum sich die Raubkatze auf die Beute Menschen spezialisiert hatte: Ihre Reißzähne waren – wahrscheinlich als Resultat einer Schusswunde – so stark beschädigt, dass sie kaum noch in der Lage war, damit zuzubeißen. Sie hatte wohl die Jagd auf ihre natürliche Beute wie Antilopen und Hirsche deshalb aufgegeben, weil ihr das Kauen des festen Fells und zähen Fleisches dieser Tiere nicht mehr möglich war, und sich daher der deutlich »zarteren« Beute Mensch zugewandt.

In der Stadt Champawat kann man heute nahe der Chataar-Brücke eine Zementtafel sehen, die angeblich die Stelle anzeigt, an der die »schlimmste Menschenfresserin aller Zeiten« ihr Ende fand. Allerdings ist die Stelle, an der Corbett die Tigerin tatsächlich erlegt hat, rund einen Kilometer von der Zementtafel entfernt.

Später wurde Corbett vom Saulus zum Paulus, vertauschte das Gewehr mit der Kamera und mutierte vom gnadenlosen Jäger zum engagierten Naturschützer. Corbett setzte sich vehement für die mittlerweile vom Aussterben bedrohten Tiger und die Erhaltung ihres Lebensraums ein und leistete einen großen Beitrag zur Gründung der ersten indischen Naturschutzorganisationen »Association for the Preservation of Game« und der »All-India Conference for the Preservation of Wildlife«. Zusammen mit einem der ersten Umweltschützer, dem britischen Naturfotografen Frederick Walter Champion, spielte er auch eine maßgebliche Rolle bei der Gründung des

Hailey National Parks im Jahre 1935, des ersten indischen Nationalparks überhaupt. Corbett zu Ehren wurde er später in »Jim-Corbett-Nationalpark« umbenannt.

Nachdem Corbett in Kenia in den Ruhestand gegangen war, war er mit großem Erfolg als Schriftsteller tätig. Seine Bücher schilderten unnachahmlich die oft nervenzerfetzenden Jagden auf die gefährlichen Großkatzen, brachen aber zugleich auch immer eine Lanze für den Naturschutz. Corbetts Bücher trafen offensichtlich den Nerv der damaligen Zeit und verkauften sich mit großem Erfolg sowohl in Indien und Großbritannien als auch den USA. Allein sein Erstlingswerk *Die Menschenfresser von Kumaon* ging 250 000-mal über die Ladentheke. Später wurde das Buch in 27 Sprachen übersetzt.

13 Jahre nach seinem Tod wurde Corbett noch eine weitere große Ehre zuteil: Der Indochinesische Tiger, eine der fünf noch lebenden Tigerunterarten, wurde nach ihm benannt: *Panthera tigris corbetti* oder manchmal auch einfach nur »Corbetts Tiger« genannt.

Ein anderer bekannter Großwildjäger, Kennet Anderson, hielt übrigens nicht viel von dem Mut der gestreiften Großkatzen: »Es ist erstaunlich, wie außerordentlich vorsichtig, ja sogar feige Menschenfresser, ob Tiger oder Panther, aus der Erfahrung heraus werden. Ein Menschenfresser wird ausnahmslos nur eine einzelne Person attackieren und das auch nur, nachdem er sich lange und sehr sorgfältig davon überzeugt hat, dass keine anderen Menschen in der näheren Umgebung sind. Die Tiere scheinen einen ausgeprägten sechsten Sinn zu haben und auch fähig zu sein, zwischen einem unbewaffneten menschlichen Wesen und einem bewaffneten Menschen genau unterscheiden zu können. In den meisten Fällen wagen sie den letzteren nur dann anzugreifen, wenn sie zuvor in die Ecke getrieben wurden, ansonsten gehen sie ihm aus dem Weg und belauern und attackieren lieber einen unbewaffneten Menschen.«

Aber ob feige oder nicht: Von allen Tigerunterarten hat der auf dem indischen Subkontinent lebende Bengalische Tiger oder Königstiger den schlimmsten Ruf als Menschenfresser. Im 19. Jahrhundert wurden manchmal ganze Dörfer von Tigern terrorisiert. Genaue Zahlen aus dieser Zeit liegen jedoch nicht vor, da die britischen Kolonialherren erst Anfang bis Mitte des 20. Jahrhunderts damit begannen, die Zwischenfälle mit Tigern zu registrieren. In dieser Zeit fielen den Raubkatzen jedoch alleine in Indien jährlich zwischen 1000 und 1600 Menschen zum Opfer.

Auch heute noch kommt es in Bangladesch, Indien und Nepal jedes Jahr zu weit über 100 tödlichen Konfrontationen mit Tigern. Und nirgendwo fallen den gestreiften Raubkatzen auf dem indischen Subkontinent mehr Menschen zum Opfer als in den Sundarbans.

Who is Who im Tigerland

Der Tiger kommt heute mit insgesamt noch sechs Unterarten in Asien vor. Drei weitere Unterarten sind bereits ausgestorben.

Die häufigste Unterart ist der Bengal- oder Königstiger, der fast ausschließlich auf dem indischen Subkontinent mit noch etwa 1500 Tieren vorkommt.

Der Sibirische Tiger, der heute nur noch in wenigen Regionen des östlichsten Sibiriens anzutreffen ist, ist die größte heute noch lebende Tigerart. Nach einer »Volkszählung« aus dem Jahr 2005 gibt es noch rund 500 Sibirische Tiger.

Der Indochinesische Tiger, der in Südostasien und Teilen Chinas zu Hause ist, ist kleiner und auch dunkler gefärbt als der Bengal-Tiger. Nach jüngsten Schätzungen gibt es gerade noch 350 frei lebende Individuen, die jedoch extrem durch Wilderei bedroht sind. So wurden in Vietnam beinahe drei Viertel aller Tiger getötet, da die Knochen der Raubkatzen in der traditionellen chinesischen Medizin sehr begehrt sind. Preise von mehreren 10 000 Euro für ein Fläschchen Tigerpillen sind in China nichts Ungewöhnliches.

Der Malaysische Tiger, der nur im südlichen Teil der malaiischen Halbinsel vorkommt, gilt erst seit 2004 als eigenständige Unterart. Mit 600–800 Individuen stellt diese Unterart die drittgrößte Tigerpopulation dar.

Der Sumatratiger, der ausschließlich auf der indonesischen Insel Sumatra lebt, ist die kleinste Unterart der gestreiften Raubkatzen. Auch der Sumatratiger ist massiv gefährdet. Allein zwischen 1998 und 2000 wurden 66 Sumatratiger getötet – fast 20 Prozent der gesamten Population.

Der Südchinesische Tiger ist die am meisten vom Aussterben bedrohte Unterart des Tigers und wird zu den zehn am meisten bedrohten Tierarten der Welt gezählt. Nach Angaben des World Wildlife Fund gibt es, wenn überhaupt, in freier Wildbahn nur noch ein paar vereinzelte Individuen.

Die Sundarbans (sundarban; dt.: schöner Wald) sind die größten zusammenhängenden Mangrovenwälder der Erde, gehen hier doch die Deltagebiete von gleich drei großen Flüssen, nämlich Ganges, Brahmaputra und Meghna, ineinander über. Die riesigen Mangrovensümpfe umfassen ein Gebiet von etwa 10 000 km². Davon liegen etwa 6000 km² in Bangladesch und 4000 km² im indischen Bundesstaat Westbengalen.

Da viele zum Teil auch seltene Tierarten im Übergangsgebiet von der Salz- zur Süßwasserzone ihren Lebensraum haben, wurden die Sundarbans von der UNESCO 1987 zum Weltnaturerbe erklärt.

In diesen unwirtlichen Sümpfen am Golf von Bengalen, einer Welt aus Sand und Schlick, zusammengehalten von den Wurzeln der Mangroven, leben etwa 500 Bengaltiger. Das ist die größte Tigerdichte der Welt. Und das schafft Probleme, denn in den Sundarbans haben besonders viele Tiger Geschmack an Menschenfleisch gefunden. Durchschnittlich etwa 80 Menschen fallen den Raubkatzen hier nach offiziellen Angaben jährlich zum Opfer. Es sind vor allem Menschen, die aus Gründen der Armut gezwungen sind, sich ihren Unterhalt im Lebensraum der großen Katzen zu verdienen.

Diese gehören nach einer Studie der »World Conservation« zu den meistgefährdeten Menschen überhaupt. Folgt man der Studie, dann waren es in den Jahren 1984 bis 2000 die Fischer, die den höchsten Blutzoll entrichten mussten, dicht gefolgt von Holzfällern und Honigsammlern. Und so ist es kein Wunder, dass jeder hier einen Freund oder einen Verwandten hat, der schon einmal von einem Tiger angegriffen wurde.

Und noch eine weitere Berufsgruppe hat in den Sundarbans immer wieder unter Tigerattacken zu leiden: Krabbenfischerinnen, die bis zu zehn Stunden täglich hüfthoch im brackigen Wasser der Sümpfe stehen und mit speziellen Schleppnetzen auf Beutefang gehen. Und neben den Tigern lauern noch weitere Gefahren auf die Krabbenfischerinnen. So registrieren die Behörden jedes Jahr etwa zehn tödliche Attacken von Leistenkrokodilen, die ebenfalls in großer Zahl in den Sundarbans vorkommen. Und oft beißt auch mal eine der zahlreichen Haiarten, die im Brackwasser der Mangrovenlandschaft leben, herzhaft zu. Die Haiangriffe, die zum Glück nur selten tödlich enden, sind so zahlreich, dass sie schon gar nicht mehr registriert werden. Ihre Tierwelt – Tiger, Krokodile, Haie, dazu auch noch Kobras und andere Giftschlangen – macht die Sundarbans zu einem der gefährlichsten Plätze der Welt. »Eigentlich sollten hier gar keine Menschen leben«, meint Dr. Pranabesh Sanyal, ehemaliger Direktor des Sundarban-Tigerreservats, »es ist einfach zu gefährlich.«

Die Gründe, warum die Tiger in den Sundarbans sich gegenüber Menschen deutlich aggressiver als andere Tigerpopulationen verhalten, sind völlig unklar. Allerdings gibt es mehrere Theorien. Die gängigste besagt, dass das salzige Brackwasser die Tiger, die eigentlich frisches Wasser bevorzugen, in eine Art konstante Gereiztheit versetzt, die letztendlich zu einer erhöhten Aggressivität führt. Allerdings brachten künstlich angelegte Frischwasserseen, an denen die Tiger ihren Durst stillen konnten, keine Verbesserung der Situation.

Andere Wissenschaftler sehen eher das hohe Aufkommen an unbestatteten menschlichen Leichen als mögliche Erklärung für die zahlreichen Tigerangriffe in den Sundarbans an. In den Elendsvierteln der Industriestädte, die an den Flüssen liegen, die letztendlich in die Sundarbans münden, leben nämlich zahlreiche Menschen, die so arm sind, dass sie sich noch nicht einmal das Holz für eine Feuerbestattung ihrer verstorbenen Angehörigen leisten können. Stattdessen werden die in Tücher gehüllten Leichname einfach dem Fluss übergeben und landen irgendwann in den Sundarbans, wo sie dann von Krokodilen oder eben Tigern verspeist werden.

Und einmal an Menschenfleisch gewöhnt, scheuen die Tiger der Sundarbans dann nicht mehr davor zurück, den ohnehin leicht zu erbeutenden Menschen auch gezielt anzugreifen.

Auch während des Vietnamkrieges wurden vermehrt Soldaten beider Seiten von Tigern getötet, die durch den Verzehr von Leichen im Kampfgebiet Appetit auf Menschenfleisch bekommen hatten.

Ab 1986 setzten die Behörden auf einen ziemlich außergewöhnlichen Taschenspielertrick, um die Tigergefahr für die Menschen in den Sundarbans zu reduzieren. Die zuständigen Forstämter begannen nämlich damit, an Holzfäller und andere Menschen, die in den Sundarbans arbeiten müssen, billige Plastikmasken auszuteilen, auf denen ein bleiches menschliches Gesicht mit strahlenden Augen und einem dünnen Schnurrbart abgebildet war. Durch ein konsequentes Tragen dieser Masken auf dem Hinterkopf sollten angreifende Tiger, von denen bekannt ist, dass sie Menschen fast nur von hinten attackieren, so irritiert werden, dass sie von einer Attacke Abstand nehmen. Eine Zeit lang schien der Trick zu funktionieren. Die Zahl der tigerbedingten Todesfälle in den Sundarbans ging nach Einführung der Masken zunächst etwa um die Hälfte zurück. Doch bald schnellte die Zahl der Tigeropfer wieder nach oben. Die schlauen Großkatzen hatten den Trick durchschaut.

Forstbedienstete dagegen schützen sich beim Aufenthalt im Wald mit Körperprotektoren aus Fiberglas, ähnlich denen, die die Athleten beim American Football tragen. Offensichtlich mit Erfolg – bisher wurde noch kein Mitarbeiter im »Astronautenanzug« attackiert.

Auch mit erzieherischen Maßnahmen versucht man den Heißhunger der Sundarbantiger auf Menschenfleisch etwas einzudämmen. So wurden an markanten Stellen im Wald stromgeladene Puppen aufgestellt. Das Prinzip ist relativ einfach: Aus einer Autobatterie, die wöchentlich ausgetauscht wird, fließen 230 Volt durch einen Kupferdraht, der um den Hals der Puppe gewickelt ist. Vergreift sich ein Tiger an einer der Puppen, wird er von einem 230-Volt-Stromstoß belehrt, dass es vielleicht doch keine so gute Idee ist, einen Menschen anzugreifen. Die Puppen gibt es übrigens in drei umgebungskonformen Varianten: als »Honigsammler« mit Eimern und Korb, als »Fischer« mit Angel und Kescher und als Modell »Holzfäller« mit Axt und Säge.

Aber trotz allem modischen Schnickschnack, wie Plastikmasken, Nackenprotektoren und »Elektropuppen«, setzen die meisten Menschen in den Sundarbans in Sachen Tiger immer noch am liebsten auf göttlichen Beistand und schicken, bevor sie sich in die gefährlichen Wälder wagen, ein Stoßgebet zur Waldgöttin Bon Bibi. Und nach Meinung vieler Einheimischer kann es auch keineswegs schaden, sich den Tigergott Dakshin Ray mit einer kleinen Opfergabe gewogen zu halten.

Nach einer von der Umweltorganisation WWF beauftragten und in der Fachzeitschrift *Climatic Change* veröffentlichten Studie werden die Tiger der Sundarbans nicht nur durch die fortgesetzte Wilderei, sondern auch von den Auswirkungen des Klimawandels bedroht. Der Lebensraum der größten Tiger-Population der Welt droht nämlich durch den vom Klimawandel verursachten Anstieg des Meeresspiegels bis zum Ende des 21. Jahrhunderts unterzugehen.

Wissenschaftler haben errechnet, dass ein Anstieg des Meeresspiegels von 28 Zentimetern über den Stand des Jahres 2000 hinaus, wie dies von der Wissenschaft in den nächsten 50 bis 90 Jahren erwartet wird, rund 96 Prozent des Tiger-Lebensraumes zerstören und die Population der großen Raubkatzen auf ganz wenige Exemplare reduzieren wird. Oder um es mit den Worten des WWF-Tigerexperten Volker Homes zu sagen: »Wenn wir die Auswirkungen des Klimawandels nicht in den Griff bekommen, werden die Tiger in den Sundarbans nur mit Tauchausrüstung überleben können.«

Klimaveränderungen sorgten in den letzten Jahren aber auch dafür, dass das Konfliktpotenzial zwischen Mensch und Tiger rapide zugenommen hat. Bereits jetzt steigt der Wasserpegel im Golf von Bengalen pro Jahr um mehr als drei Millimeter an. Ein Anstieg, der dazu geführt hat, dass die Reis- und Getreideernten in den letzten Jahren deutlich geringer ausfielen als in früheren Zeiten. Was wiederum dazu führte, dass die Bauern, die nicht mehr genug Getreide anbauen können, um ihren Lebensunterhalt zu bestreiten, nun gezwungen sind, auf der Suche nach Holz, Fisch, Krabben und Honig immer tiefer in die Reviere der gestreiften Großkatzen einzudringen. Auf der anderen Seite sorgt der Anstieg des Meeresspiegels für einen zunehmenden Verlust des Lebensraums der Sundarbantiger. Die Mangroven sterben nämlich schon lange ab, bevor sie endgültig unter Wasser stehen. Verantwortlich hierfür ist die durch den Pegelanstieg verursachte Erhöhung des Salzgehalts in den periodisch überfluteten Schwemmböden des Mangrovenwalds. Der hohe Salzgehalt verhindert, dass die Pflanze genügend Flüssigkeit durch die Wurzeln nach oben saugt. Und das mit fatalen Folgen: Zuerst stirbt die

Krone ab, dann der gesamte Baum. Und mit dem Verlust der Mangrovenwälder geht natürlich auch ein Verlust des natürlichen Nahrungsangebots in Form von Hirschen, Krokodilen und Fischen einher, was dann wiederum zur Folge hat, dass sich die Tiger auf der Suche nach Beute immer näher an die Dörfer heranwagen.

Die aufsehenerregendste Tigerattacke aller Zeiten fand jedoch weder in Indien noch einem anderen Verbreitungsgebiet der gestreiften Raubkatzen statt, sondern in der amerikanischen Spielerstadt Las Vegas.

Am 3. Oktober 2003 – ausgerechnet an seinem 59. Geburtstag – wurde Roy Horn vom weltbekannten Magierduo »Siegfried und Roy« auf der Bühne des Mirage-Hotels während einer spektakulären Zaubershow vom siebenjährigen Tiger Montecore angegriffen. Der Tiger schnappte zunächst nach Horns Arm. Als dieser dem Tiger mit dem Mikrofon auf den Kopf schlug, um die Raubkatze abzuwehren, biss ihn das Tier in den Hals. Anschließend zog der Tiger Augenzeugenberichten zufolge Horn wie eine Stoffpuppe hinter sich her. Horn, der bei Montecores Attacke viel Blut verloren hatte, wurde noch in der Nacht operiert, erlitt jedoch nach dem ersten Eingriff einen Gehirnschlag und musste daraufhin ein zweites Mal operiert werden. Horn ist seit dem Vorfall teilweise gelähmt.

Roy Horn gab dem weißen Tiger, den er selbst großgezogen hatte, keine Schuld an der Attacke. Im Gegenteil, er glaubt sogar – so zumindest die offizielle Verlautbarung –, die Raubkatze habe ihm das Leben gerettet, als er auf der Bühne, möglicherweise durch einen Schlaganfall, die Balance verloren habe. Der Tiger sei nämlich lediglich seinem Beschützer-instinkt gefolgt, habe ihn am Nacken gepackt und in Sicherheit gebracht. Damit habe sich die gestreifte Raubkatze ähnlich verhalten wie eine Tigermutter, die ihr Junges aus einer brenzligen Situation befreit.

Der Heile-Welt-Version von der Rettung wurde damals wie heute von ehemaligen Angestellten des Magierduos energisch widersprochen. So berichtete ein Tiertrainer, der für die Abrichtung der rund 40 Raubkatzen für die Bühnenshow verantwortlich war, dass die Tiger nahezu wöchentlich einen der Trainer angegriffen hätten und auch Horns Arme, Beine und Rücken ganz massiv von Klauen und Zähnen der Raubkatzen gezeichnet seien.

Anderen Exoten geht es in den USA übrigens längst nicht so gut wie den gehätschelten Raubkatzen des Magierduos. Dort werden auch schon mal große Raubtiere in Zweizimmer-wohnungen gehalten. Tierschützer schätzen, dass in den USA mehr als 15 000 Raubkatzen als Haustiere (!) gehalten werden. Was die Anschaffung angeht, so ist das noch nicht mal ein sonderlich teures Vergnügen. Für ein Tigerbaby, das man im Land der unbegrenzten Möglichkeiten übrigens via Internet bestellen kann, muss man gerade mal 300 Dollar auf den Tisch legen – deutlich weniger als für den Welpen eines Rassehundes. Entdeckt werden die in den allermeisten Fällen erbärmlich untergebrachten Exoten meist erst, wenn es zu einem Unglück kommt. So wurde vor einigen Jahren z. B. ein New Yorker von einem Tiger gebissen, den er gemeinsam mit einem Krokodil in seinem Apartment im Stadtteil Harlem hielt.

Auch in Deutschland ist es in der Vergangenheit sowohl bei Zirkusveranstaltungen als auch in Zoos immer wieder zu gefährlichen oder gar tödlichen Zwischenfällen mit Tigern gekommen. So fand 2009 eine Luxus-Dinner-Veranstaltung in einer Hamburger Reithalle, in deren Rahmen den Gästen auch eine Tigerdressur geboten wurde, ein überaus blutiges Ende, als der Dompteur stolperte und auf den Rücken fiel. Daraufhin griffen ihn sofort drei der fünf noch relativ jungen Tiger an und fügten ihm so schwere Verletzungen zu, dass er später nur dank umgehender ärztlicher Behandlung im Universitätsklinikum Eppendorf mit dem Leben davonkam. Zwei Besucher, die den blutigen Zwischenfall aus nächster Nähe erlebt hatten, erlitten einen derart schweren Schock, dass sie ebenfalls ärztlicher Hilfe bedurften.

Die Veranstalter des Spektakels versuchten in einer Stellungnahme, die Geschehnisse zu bagatellisieren. Die drei Tiger hätten in einer spontanen Reaktion, wie es eben »ihrer Natur entspräche«, begonnen, mit dem gestürzten Dompteur zu »spielen«. Die im Vergleich zum dicken Fell eines Tigers dünne menschliche Haut sei diesem Spiel aber leider nicht gewachsen gewesen. Eine Einschätzung, die Dieter Farell, ein Dompteur mit 57 Jahren Raubtiererfahrung, nicht teilt: »Tiger sehen ihren Dompteur als ranghöchstes Tier an. Die Tiger versuchen aber ständig, in der Rangordnung aufzusteigen. Er stürzte – das Schlimmste, was passieren kann. Er hatte nicht mehr die Kontrolle. Die Tiger nutzten ihre Chance.«

Der vorerst letzte bekannte Zwischenfall dieser Art ereignete sich im Februar 2010, als sich ein Tiger bei einer Zirkusvorstellung in Solingen auf seinen Dompteur stürzte und diesen schwer verletzte. Nach Aussagen von Zuschauern sprang das riesige Tigermännchen Laxmi den Dompteur wie aus heiterem Himmel an. Die Gründe für die Attacke sind bis heute völlig unklar. Behördlicherseits wurde die Tigerattacke auf den Dompteur übrigens als »Arbeitsunfall« eingestuft.

Die Menschenfresser von Tsavo, Osama und andere Terroristen

oder

Warum Löwen ohne Mähnen gefährlicher sind

Obwohl die Löwenpopulation in Afrika in den letzten Jahrzehnten durch eine erbarmungslose Jagd drastisch reduziert wurde, gibt es auf dem Schwarzen Kontinent immer noch genügend Löwen, die mit schöner Regelmäßigkeit Menschen verspeisen. Allein in Tansania werden jährlich angeblich mehr als 100 Menschen von Löwen getötet und gefressen. Die Gründe für die Menschenfresserei können nach Ansicht von Wissenschaftlern sehr unterschiedlich sein: So fand man bei der Obduktion einiger Man-eater völlig vereiterte Zähne, mit denen die Tiere wohl kaum noch richtig hatten zubeißen können. Nach Meinung von Experten hatten die Löwen die Jagd auf Zebras und Antilopen deshalb aufgegeben, weil die Schmerzen beim Kauen des festen Fells und zähen Fleisches dieser Tiere wohl einfach zu groß waren. Menschen dagegen waren für sie vermutlich nicht nur leichter zu erbeuten, sondern ihr Verzehr war auch mit viel weniger Schmerzen verbunden.

Andere Löwen, die zu Menschenfressern mutierten, waren wahrscheinlich durch Alter, Schusswunden oder andere Verletzungen so stark behindert, dass die körperliche Fitness nicht mehr ausreichte, um eine Antilope zu verfolgen, und sie so gezwungen waren, auf die langsame und vor allem ziemlich wehrlose Beute Mensch auszuweichen. So notierte der Schweizer Zoologe und exzellente Ostafrikakenner Charles

Guggisberg in seinem 1961 erschienenen Buch *Simba: the Life of the Lion*: »Bei einem Zusammentreffen mit dem König der Tiere ist ein unbewaffneter Mensch eine der hilflosesten Kreaturen überhaupt. Menschen können nicht so schnell rennen wie ein Zebra, ein Mensch hat auch nicht die Hörner einer Säbelantilope oder die Hauer eines Warzenschweins, und er kann auch keine schrecklichen Tritte austeilen wie eine Giraffe«. In anderen Worten: Menschen sind für die nach dem Tiger zweitgrößte Raubkatze eine leichte Beute.

Gerade in der jüngeren Vergangenheit mutierten Löwen aber auch immer öfter zu Menschenfressern, weil sie in ihren durch ständige Wilderei sehr in Mitleidenschaft gezogenen Revieren einfach nicht mehr auf eine ausreichende Anzahl ihrer angestammten Beutetiere treffen. Einige der menschenfressenden Katzen haben offensichtlich aber auch einfach nur eine gewisse Vorliebe für Menschenfleisch entwickelt.

Auf die Liste der berühmtesten Menschenfresser haben es fast ausschließlich männliche Löwen gebracht. Allerdings fallen, zumindest nach Meinung des Löwenexperten Craig Parker von der University of Minnesota, deutlich mehr Menschen weiblichen Löwen zum Opfer als ihren männlichen Kollegen. Parker glaubt jedoch, dass Löwinnen nur unter bestimmten Umständen auf Menschenfleisch zurückgreifen, später aber wieder zu ihrer normalen tierischen Nahrung zurückkehren, während männliche Löwen oft zum Wiederholungstäter werden. Eine ausgewachsene Katastrophe jedoch sei es, so der amerikanische Wissenschaftler, wenn sich einmal ein ganzes Löwenrudel an den Genuss von Menschenfleisch gewöhnt habe.

Die meisten Menschenfresser bleiben namenlos. Ist ein Menschenjäger jedoch besonders erfolgreich, bekommt er in Afrika oft einen fantasievollen Kriegsnamen verliehen, der etwas von einem Ehrentitel hat. So wurde zum Beispiel einem bei der Menschenjagd besonders raffiniert vorgehenden Löwen, der in Sambia 43 Menschen getötet hatte, fast zwangsläufig der Name »Namvelieza« = der Gerissene verliehen. »Msoro Monty« dagegen wurde etwas weniger einfallsreich nach der Msoro-Mission im Osten Sambias benannt, dem Ort, wo ein anderer Löwe, dem ebenfalls viele Menschen zum Opfer gefallen waren, seine Karriere als Menschenfresser startete. Ein weiterer berühmter Menschenfresser, der im südlichen Tansania sein Unwesen trieb, bekam dagegen von der Bevölkerung den für einen Menschenfresser etwas gewöhnungsbedürftigen Namen »Simba Karatasi« = Papierlöwe verliehen, weil er offensichtlich ähnlich wie ein Stück Papier in einem kräftigen Lüftchen scheinbar völlig wahllos seine Opfer auszusuchen schien.

Unverwechselbar dank eines nahezu weißen Fells war ein Menschenfresser, der als Weißer Löwe oder auch »Chiengi Charlie« 1909 im damaligen Rhodesien für Angst und Schrecken sorgte und dem Vernehmen nach oft gemeinsam mit zwei weiteren Männchen auf Menschenjagd ging. Charlie und seine Kollegen verzehrten insgesamt 90 Menschen – einschließlich des Gehilfen eines Großwildjägers, der von der völlig verängstigten Bevölkerung herbeigerufen worden war, um den Distrikt ein für alle Mal von Charlie zu erlösen. Aber der renitente Löwe entkam immer wieder seinen Verfolgern, sodass ihm relativ bald von den Einheimischen Zauberkräfte nachgesagt wurden. Aber irgendwann verlässt auch einen mit magischen Kräften ausgestatteten Löwen das Glück. In Charlies Fall war es eine Selbstschussanlage, die das Leben des Weißen Löwen beendete.

Noch mehr Menschen sollen 1898 zwei riesige Löwen, die später als die »Menschenfresser von Tsavo« in die Geschichte eingingen, im damaligen Britisch-Ostafrika (heute Kenia) getötet haben. Die beiden männlichen Löwen, die übrigens wie alle Löwenmänner dieser Gegend keine Mähne ausgebildet hatten, drangen vor allem immer wieder nachts in ein Camp von Arbeitern ein, die im Auftrag der britischen Krone eine Eisenbahnbrücke über den Tsavo-Fluss bauen sollten. Die Raubkatzen richteten unter den Arbeitern, die meist indischer Herkunft waren, ein fürchterliches Blutbad an: In neun Monaten fielen, so will es zumindest die Legende, 135 Menschen den »Teufeln in Löwengestalt« zum Opfer. Obwohl die Eisenbahnarbeiter Wachtposten aufstellten und versuchten, ihr Camp mit Dornenzäunen löwensicher zu machen, töteten die beiden Menschenfresser einen Campbewohner nach dem anderen. Die beiden Killerlöwen verbreiteten unter den Eisenbahnarbeitern derart Angst und Schrecken, dass die meisten Arbeiter aus dem Camp flohen und die Bauarbeiten daher völlig zum Erliegen kamen. Aufgrund ihres Terrorregimes wurde den beiden Raubkatzen sogar die große Ehre zuteil, vom britischen Premierminister in einer Rede vor dem Unterhaus erwähnt zu werden. Erst nach zahllosen Fehlversuchen konnte der Chefingenieur des Lagers, der britische Oberstleutnant John Patterson, der als Soldat in Indien Erfahrung mit der Jagd auf Tiger gemacht hatte, die beiden Killerlöwen zur Strecke bringen. Am 9. Dezember 1898 gelang es Patterson, zunächst eine der mörderischen Raubkatzen von einem behelfsmäßigen Hochsitz aus zu erlegen. Drei Wochen später schaffte es Patterson dann auch, nach zähem, nächtelangem Kampf den zweiten Löwen zu erlegen. Der Kadaver wies nicht weniger als sechs Schusswunden auf.

Der erste Löwe soll über drei Meter lang gewesen sein. Zumindest behauptet das Patterson in seinen preisgekrönten Memoiren *Die Menschenfresser von Tsavo*. Angeblich soll der Löwe so schwer gewesen sein, dass acht Mann nötig waren, um seinen Kadaver ins Lager zu bringen. Die Felle der Originallöwen verkaufte Patterson 1924 für die damals beachtliche Summe von 5000 Dollar nach Chicago, wo sie heute ausgestopft im »Field Museum of Natural History« in Chicago als Attraktion der ständigen Ausstellung zu bewundern sind.

Nach Ansicht der Wissenschaft waren gleich mehrere Faktoren dafür verantwortlich, dass sich die Löwen von Tsavo auf Menschenjagd begeben haben. Zum einen waren in der zweiten Hälfte des 19. Jahrhunderts zahlreiche Sklavenkarawanen durch das Tsavo-Gebiet gezogen und hatten mehr als 80 000 Kranke oder Tote als leichte Beute für die Löwen am Rande der Sklavenroute zurückgelassen. Eine schwere Pockenepidemie und die darauf folgende Hungersnot, während der die Leichen der Opfer oft tagelang nicht beerdigt wurden, trugen ebenfalls dazu bei, dass sich die großen Raubkatzen an den Geschmack von Menschenfleisch gewöhnten. Zumal ihnen aus Mangel an anderer Nahrung oft gar keine Wahl blieb, denn zwischen 1891 und 1893 hatte ein verheerender Ausbruch der Rinderpest südlich der Sahara Millionen von Büffeln, Zebras, Giraffen, Antilopen und anderen Wildtieren dahingerafft. Daraufhin mussten sich die Löwen zwangsläufig nach anderen Nahrungsquellen umsehen, wodurch es viel häufiger zu Angriffen auf Menschen kam.

2009 konnten Forscher der University of California in Santa Cruz mittels Hightech-Analysen nachweisen, dass den menschenfressenden Löwen von Tsavo nicht, wie in der Vergangenheit immer wieder behauptet, weit über 100 Menschen zum Opfer gefallen sind, sondern sie wahrscheinlich »nur« etwa 35 Menschen auf dem Gewissen haben.

Die amerikanischen Wissenschaftler nahmen von den beiden Tsavo-Löwen Haar- und Knochenproben und bestimmten die sogenannten Isotopenverhältnisse von Stickstoff und Kohlenstoff. Aus dem Verhältnis der Isotope, das sich bei Mensch und Tier unterscheidet, konnten die Wissenschaftler nämlich Rückschlüsse auf die Ernährung der Raubkatzen in den letzten Monaten ihres Lebens ziehen. Durch den Vergleich der Tsavo-Proben mit Proben von anderen Löwen, aber auch von Zebras, Büffeln und Gnus sowie mit Proben von aus dem 19. Jahrhundert stammenden Überresten menschlicher Leichenteile fanden die Wissenschaftler heraus, dass die immer wieder behauptete Zahl von 135 Opfern der Tsavo-Löwen bei Weitem zu hoch gegriffen sein muss. Die Auswertung der Haarproben zeigte nämlich, dass sich der im Museum unter der Nummer FMNH 23970 registrierte Tsavo-Löwe in den letzten Monaten seines Lebens etwa zur Hälfte von Menschenfleisch ernährt hatte, während FMNH 23969 nur gelegentlich Menschenfleisch zu sich nahm. Hochgerechnet auf die übliche Fleischmenge, die ein ausgewachsenes Löwenmännchen täglich verzehrt, kamen die Wissenschaftler dann auf eine Zahl von »lediglich« etwa insgesamt 35 Menschen, die den Löwen während ihres Terrorregimes zum Opfer gefallen waren.

Bestätigt werden diese Untersuchungsergebnisse auch durch eine Studie, in der Wissenschaftler die unveröffentlichte Korrespondenz von John Patterson sowie historische Berichte ausgewertet haben. Diese Studie kommt ebenfalls zu dem Schluss, dass eine Zahl von rund 30 Toten, die auf das Konto der Killerlöwen geht, deutlich realistischer ist als die bisher angenommenen 135 Opfer.

Die Geschichte von den menschenfressenden Löwen von Tsavo wurde gleich dreimal verfilmt, zuletzt 1996 mit Michael Douglas und Val Kilmer in den Hauptrollen. In Deutschland kam der Film unter dem Titel *Der Geist und die Dunkelheit* in die Kinos und wurde zumindest an der Kinokasse ein großer Erfolg.

Übrigens gelten bei Experten auch die Nachfahren der »Menschenfresser von Tsavo« als deutlich gefährlicher als normale Löwen. Immer wieder attackieren die riesigen mähnenlosen Löwen Menschen, und das mit oft tödlichen Folgen. Ein amerikanisches Forscherteam vom Staatsmuseum New York in Albany vermutet in der spärlichen Behaarung der männlichen Tsavo-Löwen auch den Grund für die außergewöhnlich große Aggressivität der Tiere. Die Kahlköpfigkeit der Löwen ist nämlich sehr wahrscheinlich durch einen erhöhten Testosteronspiegel bedingt und ein Übermaß dieses Hormons ist bekanntermaßen auch oft für ein verstärktes Aggressionsverhalten verantwortlich.

Nach einer neueren Studie von Wissenschaftlern der Universität Minnesota aus dem Jahr 2008 besteht allerdings zwischen Mähnenlänge und Testosteron kein Zusammenhang. Die Forscher führen den mangelnden Haarwuchs auf klimatische Gründe zurück. »Die Männchen stehen dauernd unter Hitze- und Futterstress. Offenbar wächst ihre Mähne daher erst gar nicht«, vermutet der Leiter der Studie Peyton West.

Eine große Rolle spielt nach Ansicht der amerikanischen Wissenschaftler – zumindest für den Paarungserfolg – jedoch die Farbe der Mähne, die bei Löwenmännern von Hellblond bis hin zu Tiefschwarz variieren kann. Und da heißt es offenbar, je dunkler, desto besser, denn die Dunkelheit der Löwenmähne gilt bei paarungswilligen Löwinnen als sicherer Indikator für die Potenz ihrer Bewerber. Wenn sich mehrere Löwenmännchen für ein und dieselbe Partnerin interessieren, haben daher die Herren mit heller Mähne eindeutig das Nachsehen. Bluttests zeigten, dass die Löwendamen mit ihrer Wahl goldrichtig liegen: Dunkelhaarige Mähnenträger haben nämlich deutlich mehr Testosteron im Blut als ihre blonden Artgenossen.

Seine Potenz derart offen zur Schau zu tragen hat für ein dunkelhaariges Löwenmännchen jedoch gewichtige Nachteile. Die dunkelmähnigen Herren leiden stärker unter der afrikanischen Sonne als ihre blonden Artgenossen. Infrarotaufnahmen zeigen nämlich, dass es unter schwarzen Mähnen schneller heiß wird. Einem Löwen mit dunkler Mähne fällt es nach Ansicht der Forscher deshalb schwerer, kühl zu bleiben, und das weist möglicherweise auf seine Widerstandsfähigkeit hin.

Offenbar hat die Löwenmähne eine ähnliche Funktion wie die prächtige Schwanzschleppe beim Pfauenmännchen: Sie ist ein Zeichen für die Gesundheit des jeweiligen Herrn der Schöpfung und seine Fähigkeit, Nachkommen zu zeugen und zu beschützen. Die evolutionäre Zwickmühle, in der die Löwenmänner stecken – die dunkle Mähne ist zwar hitzetechnisch gesehen ein Nachteil, für die Fortpflanzung aber wieder ein Vorteil –, wird von den beiden israelischen Biologen Amotz und Avishag Zahavi als das sogenannte »Handicap-Prinzip« bezeichnet. Diese Theorie beschreibt den Umstand, dass derjenige, der sich ein Handicap (einen Nachteil) leisten und sich dennoch im Wettbewerb mit seinen Konkurrenten erfolgreich durchsetzen kann, von seiner Umwelt als besonders lebenstüchtig, potent und insofern – gerade auch unter sexuellen Gesichtspunkten – als äußerst attraktiv wahrgenommen wird. Anders ausgedrückt: Die Weibchen vieler Tierarten glauben, die prächtigsten Männer wären auch die robustesten und würden somit auch die besten Gene für den Nachwuchs mitbringen. Schönheit und Pracht signalisieren den Weibchen also quasi Erfolg.

Kamuniak – Triumph des Mutterinstinkts

Im kenianischen Samburu Nationalpark hat 2002 eine Löwin durch ein nahezu unglaubliches Verhalten die Aufmerksamkeit der Weltpresse auf sich gelenkt. Kamuniak – die Gesegnete, wie die Löwin bald von Parkrangern getauft wurde – hatte dort zum Erstaunen von Zoologen mehrfach Oryx-Antilopenbabys adoptiert. Tiere, die normalerweise auf der Speisekarte eines Löwen ganz oben stehen. Die 15 Jahre alte Raubkatze schenkte den jungen Antilopen all ihre Liebe und verteidigte ihre »Adoptivkinder« sogar gegen hungrige Artgenossen. Allerdings gelang es unglücklicherweise den leiblichen Müttern, ihre Kitze nur dann zu säugen, wenn Kamuniak selbst auf Jagd war, sodass Wildhüter die Babys aus der »Obhut« der Raubkatze regelrecht befreien mussten. Die Wissenschaft fand für das untypische Verhalten der Löwin bisher noch keine zufriedenstellende Erklärung. Vielleicht – so lautet eine Spekulation – triumphierte hier einfach der Mutter- über den Jagdinstinkt. Unglücklicherweise gilt Kamuniak seit Februar 2003 als verschollen.

Geht man nach der Zahl der Opfer, dann waren in Sachen Menschenfresserei aber gar nicht die Löwen von Tsavo, sondern die Löwen von Njombe das Maß aller Dinge. Über 1500 Menschen sollen diesem Löwenrudel, das zwischen 1932 und 1947 im Süden Tansanias sein Unwesen trieb, zum Opfer gefallen sein.

»Die berühmten Löwen von Tsavo waren nur kleine Fische im Vergleich zu diesem Rudel«, schrieb der englische Großwildjäger George Rushby, der mit der Vernichtung des mörderischen Rudels beauftragt worden war, später in seinen Memoiren. Um die blutrünstige Löwenhorde rankten sich, wie so oft in Afrika, zahlreiche Legenden. Die bekannteste besagt, dass die Löwen unter dem unheilvollen Einfluss eines lokalen Hexenmeisters namens Matamula Mangera gestanden hätten. Der Hexenmeister stand in dem Verdacht, die Löwen aus Rache auf seine Landsleute gehetzt zu haben, da diese ihn zuvor aus welchen Gründen auch immer seines Postens als Dorf-Medizinmann enthoben hatten. Medizinmann hin, Hexenmeister her, die Löwen von Njombe entpuppten sich in der Tat als die schlimmsten menschenfressenden Löwen aller Zeiten und als mit die übelsten Menschenfresser im Tierreich überhaupt. Letztendlich beendete Rushby den Albtraum aus Zähnen und Klauen, indem er 15 der Löwen tötete und den Rest des Rudels aus der Gegend vertrieb. Die Bevölkerung war jedoch fest davon überzeugt, dass die Löwen nur deshalb

verschwunden seien, weil der Dorfhäuptling den Medizinmann wieder in seinem alten Job eingesetzt hatte.

Ein anderer berühmt-berüchtigter Löwe der jüngeren Vergangenheit war der sogenannte Menschenfresser von Mfuwe,
der im Jahr 1991 die Bewohner der in Sambia gelegenen Stadt
Mfuwe terrorisierte. So berichteten Augenzeugen, dass das
weithin gefürchtete Raubtier, nachdem es sein sechstes Opfer verspeist hatte, unter ohrenbetäubendem Gebrüll durch
die Straßen der Stadt geschlendert sein soll und dabei einen
Beutel mit Kleidern hinter sich herzog, die es aus dem Haus
eines seiner Opfer mitgeschleppt hatte. Kein Wunder also,
dass die abergläubischen Bewohner des Städtchens von da
an glaubten, es mit einem Dämonen oder Zauberer zu tun
zu haben. Der Mfuwe-Menschenfresser wurde jedoch bald
darauf von einem amerikanischen Großwildjäger erschossen,
der vorher 20 Nächte vergebens auf einem Hochsitz auf den
über drei Meter langen Löwen gelauert hatte, und ist heute,
ebenso wie die Löwen von Tsavo, ausgestopft im »Chicago
Field Museum« zu bewundern.

Der letzte Menschenfresser, der es zu – wenn auch zweifel-
haftem Ruhm – brachte, war Osama. Osama terrorisierte den
tansanischen Rufiji-Distrikt von 2002 bis 2004. Angeblich
fielen dem noch relativ jungen Löwen in diesem Zeitabschnitt
insgesamt mehr als 50 Menschen aus acht verschiedenen
Dörfern zum Opfer. Osama war natürlich nach dem meistge-
suchten Terroristen der Welt Osama bin Laden benannt worden – die Nachricht von den dramatischen Geschehnissen
am 11. September waren offenbar auch bis ins tiefste Tansania

vorgedrungen. Osama schlug, ganz Terrorist, immer da zu, wo man ihn gerade nicht erwartete. Mal holte er sich sein Opfer bei den Feldarbeitern, mal lauerte er einem Wasserholer auf, und ab und an griff er die Menschen sogar in ihren Hütten an. Im Gegensatz zu seinem Namenspaten wurde der tansanische Osama jedoch bereits 2004 gestellt und von Rangern erschossen. Zum Menschenjäger soll der »Terroristenlöwe« Zeitungsberichten zufolge durch einen vereiterten Zahn geworden sein. Amerikanische Wissenschaftler, die den Fall »Osama« näher untersuchten, waren dagegen der Meinung, dass Osama in Sachen Menschenfresserei in seiner Mutter (!) eine gute Lehrmeisterin hatte.

Die meisten Löwenexperten sind sich jedoch einig, dass Osama mit an Sicherheit grenzender Wahrscheinlichkeit nicht der letzte Menschen fressende Löwe gewesen ist, der gleich eine ganze Region monatelang terrorisiert. An künftigen Konfliktpotenzialen mangelt es nämlich nicht. Dafür sind Mensch und Löwe in vielen Teilen Afrikas, bedingt durch die rücksichtslose Zerstörung des Lebensraums der Großkatzen, einfach zu sehr zusammengerückt.

Geheimwaffe Löwenkot

Seit 2010 setzt die israelische Armee an der Grenze zum Libanon eine neue Geheimwaffe ein: Löwenkot. Auslöser für den Einsatz der neuen »Biowaffe« waren Wildschweine, die sich auf der Suche nach Nahrung fortlaufend in die mit Bewegungsmeldern gesicherte Grenzzone verirrt hatten und dadurch einen Alarm nach dem anderen auslösten. Die Grenzsoldaten, die es leid waren, ständig mitten in der Nacht von Alarmsirenen aus dem wohlverdienten Schlaf gerissen zu werden, verteilten daraufhin Löwenkot, den ein Safari-Park bei Tel Aviv den Soldaten gleich sackweise zur Verfügung gestellt hatte, in regelmäßigen Abständen entlang der Grenze. Und siehe da, der Löwenkot – bei afrikanischen Landwirten ein bekanntes Mittel zum Schutz ihrer Ernte vor frei lebenden Tieren – zeigte rasch Wirkung: Die Wildschweine blieben fern, und die müden Krieger konnten wieder durchschlafen.

Ebenfalls erfolgreich auf Löwenkot in Sachen Wildvergrämung setzte vor ein paar Jahren eine japanische Eisenbahngesellschaft. Um zukünftige Unfälle zu vermeiden, ließ die West Japan Railway Company ihre Bahngleise auf einer Strecke, auf der es in der Vergangenheit immer wieder zu Unfällen mit grasenden Hirschen gekommen war, mit einer Mixtur aus Löwenkot und Wasser beschmieren. Mit Erfolg: Seither ist kein Hirsch mehr von einem Zug überrollt worden.

Der Tod kommt gefleckt

oder

Vorsicht: Gebiet ist von Leoparden verseucht

Touristen, die die Junnar-Taluka-Region im indischen Bundesstaat Maharashtra besuchen, können wirklich nicht behaupten, sie seien nicht gewarnt gewesen: Rund 400 Schilder mit der Aufschrift »Vorsicht – Gebiet ist von Leoparden verseucht« sind hier an Straßen und Wegkreuzungen zu finden. Ein Aufwand, der durchaus berechtigt ist, denn in der Tat weist die Region nicht nur die weltweit größte Dichte an Leoparden auf, sondern hier scheinen auch einige Leoparden Gefallen an Menschenfleisch gefunden zu haben. Allein zwischen 2001 und 2003 wurden in Junnar Taluka 50 Menschen von den gefleckten Raubkatzen angegriffen. 17 Angriffe endeten tödlich.

Experten führen gleich mehrere Gründe an, warum es in den letzten Jahren verstärkt zu Konflikten zwischen Leopard und Mensch gekommen ist: Zum einen verlieren die Tiere vor allem durch die massiven Abholzungen des Waldes, aber auch durch zunehmende Besiedlung ihren angestammten Lebensraum und sind dadurch gezwungen, sich ihre Nahrung in den Städten und Dörfern zu suchen. Zum anderen warten in den Siedlungen zahlreiche Haustiere und eben auch Menschen als eine leichte Beute auf die anpassungsfähigen Räuber.

Von allen fünf Großkatzenarten hat der Leopard das mit Abstand größte Verbreitungsgebiet. Die gefleckten Katzen kommen nicht nur in Afrika, sondern auch auf der Arabischen Halbinsel und in Asien mit insgesamt sieben Unterarten vor. Als Lebensraum bevorzugen Leoparden Savannen und Wälder, sie sind aber auch in felsigen Halbwüsten mit ausreichend Buschwerk zu finden. Der Speiseplan der gefleckten Katzen ist sehr umfangreich. So gehören nicht nur mittelgroße Säuger wie Wildschweine oder Antilopen, sondern auch Affen, Fische, Schlangen, Vögel und im Notfall sogar Insekten zu den Beutetieren eines Leoparden. Leoparden sind meist typische Nachtjäger, die sich lautlos an ihrer Beute nähern und sie aus dem Hinterhalt angreifen. Ihr Opfer töten sie durch einen gezielten Biss in die Kehle, versuchen aber gleichzeitig auch den Bauch ihres Opfers mit ihren rasiermesserscharfen Krallen aufzuschlitzen. Nachdem der Leopard die Eingeweide seiner Beute ausgeräumt hat, versucht er zunächst den Kadaver vor stärkeren Räubern wie z. B. Löwen in Sicherheit zu bringen. Es wurden schon Leoparden dabei beobachtet, die Beutetiere, die fast dreimal so schwer waren wie sie selbst, auf einen Baum geschleppt haben.

Eigentlich ist die konflikträchtige Geschichte zwischen Mensch und Leopard fast so alt wie die Menschheit selbst, wurden doch bereits in der sogenannten Wiege der Menschheit, der Olduvai-Schlucht im Norden Tansanias, bei Ausgrabungen Skelette von Leoparden unmittelbar neben denen von Frühmenschen gefunden. Anthropologen halten es durchaus für möglich, dass sich unsere Altvorderen damals als eine Art Aasfresser betätigt haben und sich von den Beuteresten der gefleckten Raubkatzen ernährten.

Übrigens wird der Leopard bereits im Alten Testament als gefährliches Raubtier und Menschenfresser beschrieben. So berichtet der Prophet Jeremia (Kapitel 5, Vers 6) recht anschaulich, was mit unbelehrbaren Sündern geschieht: »Darum schlägt sie ein Löwe aus dem Wald, ein Wolf der Steppen überwältigt sie, ein Leopard lauert an ihren Städten: jeder, der aus ihnen hinausgeht, wird zerrissen.«

Meistens war die Beziehung zwischen Leopard und Mensch durch die wirtschaftlichen Interessen des Menschen bestimmt. Menschen, die ihre nächste Umgebung mit Leoparden teilen müssen, waren und sind relativ selten zu Freunden der gefleckten Katze geworden. Dafür sind, auch in dicht besiedelten Gebieten, viel zu viele Haustiere immer wieder den großen Raubkatzen zum Opfer gefallen. Auf der anderen Seite war die Jagd durch trophäenhungrige Großwildjäger aber auch immer eine lukrative Einnahmequelle für die Landbesitzer, auf deren Grund und Boden man gegen ausreichend Bares Leoparden erlegen konnte.

Zum Verhängnis wurde den Raubkatzen dann im letzten Jahrhundert ihr wunderbares Fell. So wurden in den 1960er-Jahren, als in der westlichen Welt Mäntel aus Leopardenfell in Mode kamen, innerhalb kürzester Zeit riesige Bestände der Raubkatzen abgeschossen, nur um den gewaltigen Bedarf der wohlbetuchten Bürger Europas und Nordamerikas an den begehrten Statussymbolen auch nur einigermaßen decken zu können. Lediglich dank des 1973 ins Leben gerufenen Washingtoner Artenschutzabkommens zum Schutz gefährdeter Tier- und Pflanzenarten sowie flankierender Aufklärungskampagnen von Tier- und Naturschutzorganisationen konnte der Leopard damals vor dem Aussterben bewahrt werden.

Glaubt man dem berühmt-berüchtigten Großwildjäger Jim Corbett (S. 15), dann war der sogenannte Leopard von Rudraprayag mit Sicherheit die gefürchtetste Großkatze, die je gelebt hat. Der gefleckte Menschenfresser tötete nicht nur im indischen Garhwalgebirge mindestens 125 Menschen, sondern versetzte acht lange Jahre, zwischen 1918 und 1926, eine ganze Region derart in Angst und Schrecken, dass das öffentliche Leben teilweise völlig zum Erliegen kam. Der Leopard, der sich auf der viel begangenen Pilgerstrecke zwischen den Hindu-Schreinen Kedarnath und Badrinath an Menschen als leichte Beute gewöhnt hatte, schlich sich nachts in die Dörfer und tötete dort seine Opfer im Schutz der Dunkelheit.

Die Dorfbewohner fürchteten den Leoparden schließlich so sehr, dass sie aus Angst vor der mörderischen Katze nachts ihre Häuser nicht mehr verließen. Eine Maßnahme, die relativ wenig half, denn der überaus findige Leopard hatte mittlerweile gelernt, Riegel und Türen zu öffnen, oder sich anderweitig Zugang zu den Behausungen zu verschaffen. In einigen Fällen grub er sich sogar mithilfe seiner Klauen regelrecht durch die Lehmwände von Hütten hindurch, um an seine Opfer zu gelangen. Im Distrikt Rampur tötete die Raubkatze ein nur wenige Monate altes Zwillingspaar so schnell und lautlos, dass die Eltern, die im gleichen Raum schliefen, nicht einmal aufwachten. Alle Versuche, den Leoparden zu erlegen, scheiterten. Die mörderische Katze entkam jeder Falle, überlebte jeden Giftanschlag und hatte offensichtlich deutlich mehr Leben als die sieben, die einer Katze eigentlich zustehen. Kein Wunder also, dass die Bevölkerung bald davon überzeugt war, das der Leopard über magische Fähigkeiten verfüge. Einige besonders abergläubische Menschen glaubten sogar, hier sei keine Großkatze, sondern eine übernatürliche Kraft, ein böser

Geist oder gar der Teufel selbst am blutigen Werk. Mittlerweile war der mörderische Leopard weltberühmt geworden: Zeitungen in der ganzen Welt berichteten reißerisch über die mörderische Raubkatze, und dank der großen Zahl seiner Opfer schaffte es der »gefleckte Teufel« sogar, Thema einer Sitzung des englischen Parlaments zu werden. Die britische Kolonialregierung entsandte daraufhin eine durch Scharfschützen und Fährtensucher verstärkte Elite-Abteilung ihres ebenso legendären wie gefürchteten Gurkha-Regiments, um dem gefleckten Mörder den Garaus zu machen. Als das nichts half, setzte man eine hohe Belohnung auf den Leoparden aus. Verschiedene berühmte Großwildjäger versuchten daraufhin, die mörderische Katze zu erlegen.

Zu guter Letzt wurde dann Jim Corbett damit beauftragt, dem Terrorregime des Leoparden ein Ende zu setzen. Corbett galt als Spezialist für die Jagd auf menschenfressende Raubkatzen und hatte sich bereits großen Ruhm durch seine erfolgreiche Jagd auf die Tigerin von Champawat erworben, der Anfang des 20. Jahrhunderts in Nepal und Nordindien Hunderte von Menschen zum Opfer gefallen waren. Zunächst versuchte Corbett dem Leoparden mit Fangeisen beizukommen. Vergeblich, denn dafür war die Raubkatze offensichtlich viel zu schlau. Was dann folgte, war eine atemberaubende, mehrere Wochen andauernde Jagd. Immer wieder gelang es dem Leoparden zu entkommen. Niemals zuvor musste Corbett so viel Zeit und Mühe aufwenden, um ein einzelnes Tier zu erlegen. Aber am Abend des 26. Mai 1926 war die Glückssträhne des Leoparden endgültig zu Ende: In einem letzten Versuch gelang es Corbett, die gefürchtete Großkatze von einem Ansitz in der Nähe des Dorfes Gulabrai zu erschießen.

Eine Tat, für die der Großwildjäger von der Bevölkerung wie ein Volksheld gefeiert wurde.

Aus Corbetts Aufzeichnungen geht hervor, dass der Leopard, ein älteres Männchen, an massivem Zahnfleischschwund und ausfallenden Zähnen litt. Als Corbett dem erlegten Leoparden im wahrsten Sinne des Wortes das Fell über die Ohren zog, entdeckte er mehrere alte, bereits verheilte Wunden im Körper der Katze. So war dem Leoparden am linken Hinterfuß offenbar eine Zehe weggeschossen worden. In der Brust des Kadavers entdeckte Corbett einige Schrotkugeln. Corbett zog daraus den Schluss, dass all diese Behinderungen dem Leoparden wohl so sehr zugesetzt hatten, dass er nicht mehr in der Lage war, »normale Beute« zu jagen und sich daraufhin auf Menschen als Opfer spezialisiert hatte, die bekanntermaßen sowohl leichter zu jagen als auch zu töten sind.

Corbett war übrigens davon überzeugt, dass dem Leoparden von Rudraprayag während seiner achtjährigen Terrorherrschaft weitaus mehr Menschen zum Opfer gefallen waren als die 125 Todesfälle, die von den Kolonialbehörden »offiziell« registriert worden waren. Die Stelle, an der Corbett dem mörderischen Treiben des Leoparden von Rudraprayag ein Ende gesetzt hat, ist heute durch einen Gedenkstein gekennzeichnet und zu einem beliebten Ziel vor allem für britische Touristen geworden.

Geht es lediglich nach der Zahl der Opfer, dann war der Leopard von Rudraprayag aber nicht das Maß aller Dinge, sondern ein anderer Leopard, der später als der Leopard von Panar in die Geschichte einging. Diesem König der Menschenfresser sollen im nordindischen Kumaon-Distrikt über mehrere Jahre hinweg 400 Menschen zum Opfer gefallen sein. Auch dieser Man-eater wurde 1910 von Jim Corbett erlegt.

Ein weiterer berühmter Man-eater, der Leopard of the Yellagiri Hills, dem insgesamt drei Menschen zum Opfer fielen, ging im Gegensatz zu anderen Menschenfressern bei hellem Tageslicht auf die Jagd. Eine Angewohnheit, für die sein Bezwinger, der britische Großwildjäger Kenneth Anderson, keine Erklärung fand: »In seinen Gewohnheiten war der Leopard sogar für einen Menschenfresser äußerst ungewöhnlich. Er hatte mehrfach seine Opfer bei hellem Tageslicht attackiert. Eigentlich machen das nur Tiger. Menschenfressende Leoparden, die von ihrer Veranlagung her rechte Feiglinge sind, beschränken ihre Aktivitäten dagegen auf die Stunden der Dunkelheit.«

Anderson hielt übrigens Leoparden auch für deutlich gefährlicher als Tiger, »obwohl solche Exemplare selten sind, wenn sie auftreten, zeigen sie doch, dass der Leopard eine ähnliche Vernichtungsmaschine ist wie sein weit größerer Cousin, der Tiger. Wegen seiner geringeren Größe kann er sich an Plätzen verstecken, die dem Tiger nicht zugänglich sind, er braucht deutlich weniger Wasser, und durch seinen wahrhaft dämonischen Listenreichtum und Mut, gepaart mit einem unglaublichen Sinn, sich selbst zu schützen und sich heimlich davonzustehlen, wenn Gefahr droht, braucht er keinen Vergleich zu scheuen.«

Ein besonders übler Menschenfresser der jüngeren Vergangenheit war die sogenannte Bestie von Gujarat, die allein im Jahr 2003 rund 20 Menschen getötet und über 45 verwundet hat, bevor sie von 200 Jägern regelrecht in Fetzen geschossen wurde.

Mensch und Leopard prallen im Kampf um Lebensraum und Nahrung mittlerweile sogar in einer der größten Städte der Welt, nämlich der westindischen Metropole Mumbai, aufeinander. Denn im Norden grenzt die Millionenstadt unmittelbar an den rund 100 Quadratkilometer großen Borivli-Nationalpark, die grüne Lunge der Stadt. Zwar genießen Nationalparks in Indien offiziell einen umfassenden Rechtsschutz, ein Schutz, der jedoch oftmals lediglich auf dem Papier besteht. So haben in den letzten Jahren 10 000 Familien auf der Suche nach neuem Wohnraum die Stadtgrenze von Mumbai überschritten und sich in den Randbezirken des Parks niedergelassen. Mit der Zahl dieser illegalen Siedlungen nahmen in den vergangenen Jahren aber auch die Überfälle von Leoparden zu. Allein 2004 wurden im Borivli-Nationalpark 19 Menschen von Leoparden angefallen, 14 von ihnen starben an ihren Verletzungen. Die meisten Opfer waren Personen, die am frühen Morgen oder spätabends im Wald ihre Notdurft verrichteten.

Aber der »Grenzverkehr« findet offenbar auch in umgekehrter Richtung statt. In letzter Zeit wurden nämlich auch immer mehr Leoparden in den Außenbezirken von Mumbai gesichtet. Raubtierexperten gehen davon aus, dass die Leoparden vor allem von den zahlreichen streunenden Hunden, einer leicht zu erbeutenden Lieblingsspeise der gefleckten Katzen, in die Stadt gelockt wurden.

Nach einer offiziellen »Volkszählung« aus dem Jahr 1997 leben in Indien noch etwa zwischen 7000 und 8000 Leoparden. Eine Zahl, die von Naturschützern stark bezweifelt wird. Eigentlich ist der Leopard, dessen Bestände aufgrund der starken Bejagung im letzten Jahrhundert deutlich zurückgegangen sind, in Indien streng geschützt. Nach dem indischen Gesetz wird die Tötung eines Leoparden normalerweise mit bis zu sechs Jahren Haft bestraft. Aber die Tierschutzbehörden erteilen auch mit schöner Regelmäßigkeit Ausnahmegenehmigungen, die es erlauben, einen eigentlich geschützten Leoparden zu töten, wenn es sich nachgewiesenermaßen um einen Man-eater handelt. Eine Praxis, die auch auf Druck einer völlig verängstigten Bevölkerung, um es vorsichtig auszudrücken, ziemlich locker gehandhabt wird.

So wurden in Indien zwischen 2006 und 2010 allein auf »behördliche Anordnung« mindestens 228 Leoparden getötet, allein 2007 waren es 68 Tiere. Die Dunkelziffer dürfte jedoch weit höher liegen. Relativ häufig werden nämlich die Behörden gar nicht erst eingeschaltet, und die echten oder vermeintlichen Man-eater fallen einer, natürlich streng illegalen, Selbstjustiz zum Opfer. So wurde 2007 ein Leopard, der sich in die westindische Stadt Nasik verirrt hatte, von den Bewohnern auf grausamste Weise getötet. Die aufgebrachte Menge trieb das Tier in die Enge und prügelte es dann mit langen Stöcken zu Tode. Noch brutaler gingen 2008 die aufgebrachten Einwohner des im Lakhimpur Kheri Distrikt gelegenen Dorfes Bilahar vor, die einen Leoparden, der im Verdacht stand, fünf Menschen getötet zu haben, mit Benzin übergossen und bei lebendigem Leib verbrannten. Da soll noch mal einer sagen, Raubkatzen wären grausam!

Von wegen feige!

oder

Hyänen, die unterschätzten Räuber

Kaum ein anderes Tier hat so einen miserablen Ruf wie die Hyäne. Sie gilt als feiges, hinterhältiges und faules Tier, das sich noch dazu ausschließlich vom Aas toter Tiere ernährt.

Schon Aristoteles ließ kein gutes Haar an den äußerlich nicht gerade attraktiven Raubtieren und schrieb in seiner berühmten *Historia animalium*, bei Hyänen handle es sich um schäbig lachende Aasfresser, die verfaultes Fleisch liebten und gerne auf Friedhöfen buddelten, um an Essbares zu gelangen.

Auch Tiervater Brehm war nicht gerade ein Fan der so übel beleumundeten Räuber: »Unter sämmtlichen Raubthieren ist sie unzweifelhaft die mißgestaltetste, garstigste Erscheinung; zu dieser aber kommen nun noch die geistigen Eigenschaften, um das Thier verhaßt zu machen.«

Und selbst für Literaturnobelpreisträger Ernest Hemingway, der ein bekennender Großwildjäger war, waren Hyänen lediglich »Hermaphroditen, die sich an den Toten vergehen«. Am schlechten Ruf der Hyänen hat sich bis heute wenig geändert. Und so ist es kein Wunder, dass den immer etwas unproportioniert wirkenden Raubtieren selbst im 1994 entstandenen Disney-Klassiker *Der König der Löwen* die Rolle der Schurken zugefallen ist.

Ein Ruf, der völlig zu Unrecht besteht, zumindest, wenn man bei den unterschiedlichen Hyänenarten differenziert. Dem Stereotyp als Aasfresser entsprechen nämlich eigentlich nur die Schabrackenhyäne und teilweise auch noch die Streifenhyäne. Die größere Tüpfelhyäne dagegen ist eine äußerst erfolgreiche Jägerin, die den weitaus größten Teil ihrer Beute selbst jagt. Und feige, wie so oft behauptet wird, sind Tüpfelhyänen schon gar nicht. Ganz im Gegenteil: Eine Tüpfelhyäne nimmt es jederzeit mit einem Leoparden auf. Mit einem Geparden sowieso und es kommt nicht einmal selten vor, dass Hyänen, obwohl sie viel kleiner sind, selbst Löwen von ihrer geschlagenen Beute vertreiben. Ein Verhalten, das in der Wissenschaft übrigens etwas beschönigend als Kleptoparasitismus bezeichnet wird.

Das Beutespektrum der gefleckten Räuber umfasst dabei eine ungeheure Bandbreite, die von winzigen Insekten bis hin zu riesigen Elefanten reicht. Am häufigsten werden jedoch Gnus und Zebras erbeutet. Äußerst hilfreich, sowohl bei der Jagd als auch beim Verzehr von Kadavern, ist sicherlich das geradezu furchterregende Gebiss der Tüpfelhyäne. Im Vergleich zum Körpergewicht besitzen Hyänen nämlich den mit Abstand stärksten Kiefer aller Raubtiere. Dank ihrer außergewöhnlichen Kiefermuskulatur und einer speziellen Kiefermechanik können Tüpfelhyänen Beißkräfte von über 9000 Newton entwickeln. Eine Beißkraft, die sie in die Lage versetzt, sogar die Knochen eines Elefanten oder eines Flusspferdes zu knacken.

Jüngste Funde von Paläontologen beweisen, dass Menschen bereits in der Steinzeit zum Beutespektrum von Hyänen gehört haben. Die Wissenschaftler entdeckten nämlich in der südafrikanischen Gladysvale-Höhle in rund 200 000 Jahre alt fossilem Hyänenkot menschliches Haar. Ein klarer Beweis, dass auch unsere Vorfahren in Afrika auf dem Speisezettel der Raubtiere mit dem gewaltigen Gebiss standen. Aber auch in Europa mussten sich unsere Altvorderen mit Hyänen herumschlagen – Höhlenhyänen, die deutlich größer und kräftiger waren als ihre heute in Afrika und Asien lebenden Vettern. Paläontologen gehen davon aus, dass zum Beispiel Neandertaler und Hyänen in der Steinzeit nicht nur miteinander in Nahrungskonkurrenz traten, sondern dass die großen Raubtiere auch ab und an einen unserer Vorfahren verspeist haben. Einige Forscher gehen sogar so weit zu behaupten, dass es vor allem die Angst vor den damals auch in Alaska weit verbreiteten Höhlenhyänen war, die die Menschen in Sibirien lange Zeit davon abhielt, die Beringstraße zu überqueren und die Neue Welt zu besiedeln. Wie archäologische Funde beweisen, stimmt der Zeitpunkt der Besiedlung Alaskas nämlich exakt mit dem Zeitpunkt des Aussterbens der Höhlenhyäne in der Neuen Welt überein.

Von den vier noch heute lebenden Hyänenarten vergreifen sich nur zwei Arten, nämlich die Tüpfelhyäne und die Streifenhyäne, gelegentlich an Menschen. Besonders häufig kommt es im südostafrikanischen Staat Malawi zu Angriffen von Tüpfelhyänen auf Menschen. In den 1950er-Jahren kam es im malawischen Mulanje-Distrikt sogar zu einer regelrechten Serie von tödlichen Hyänenattacken. Die Angriffe begannen 1956, als fünf Menschen von Hyänen getötet wurden. In den Jahren 1957 und 1958 folgten insgesamt weitere elf Opfer. Die Angriffe dauerten bis ins Jahr 1961 an, als in der Region noch einmal acht Menschen Tüpfelhyänen zum Opfer fielen. Die Angriffe fanden fast alle im heißesten Teil des Jahres zwischen September und Dezember statt, wenn die Menschen, um der nächtlichen Hitze wenigstens teilweise zu entgehen, oft im Freien schliefen.

Der ehemalige US-Präsident Theodore Roosevelt beschrieb in seinem 1910 erschienenen Buch *Afrikanische Wanderungen eines Naturforschers und Jägers*, wie zwischen 1908 und 1909 in Uganda Menschen, die an der Schlafkrankheit litten und deshalb im Freien schliefen, mit schöner Regelmäßigkeit von Hyänen getötet wurden.

Der ehemalige britische Kolonialbeamte und spätere Autor Sir Hector Livingstone Duff erzählt in seinen Memoiren sehr eindrücklich, wie 1903 im Mzimba-Distrikt des heutigen Malawis Tüpfelhyänen oft im Morgengrauen vor den Hütten der Eingeborenen lauerten, um diese anzugreifen, sobald sie ihre Tür öffneten.

Im Januar 1968 teilte der *Tanzania Standard* seinen Lesern mit, dass im *Loliondo*-Wildkontrollgebiet innerhalb kürzester Zeit immerhin 60 Menschen von Hyänen gebissen worden seien.

Auch im Dezember 2002 sorgten die gefleckten Räuber für negative Schlagzeilen, als im Süden Malawis, nahe der Provinzhauptstadt Blantyre, kurz hintereinander insgesamt sechs Menschen, darunter ein fünfjähriges Kind, von Tüpfelhyänen getötet wurden. Das Entsetzen und die Wut über die blutigen Vorfälle in der Bevölkerung waren so groß, dass sich Malawis Präsident Bakili Muluzi persönlich genötigt sah, den staatlichen Wildhütern öffentlich den Auftrag zu erteilen, die Hyänen zu verfolgen und zu töten.

2003 griff dann eine Tüpfelhyäne die Bewohner von insgesamt vier Dörfern in Malawi so häufig an, dass rund 4000 Menschen aus Angst vor den Raubtieren ihre Dörfer verließen und erst wieder zurückkehrten, als ihnen bewaffnete Wächter zur Seite gestellt wurden. Die Hyäne, die als Malawi-Terror-Beast in die Geschichte des afrikanischen Landes einging, hatte drei Menschen getötet und anschließend ihre Eingeweide und Genitalien verzehrt. Die 16 Menschen, die die Angriffe überlebten, behielten zum Teil schwerste Verletzungen zurück. Einige verloren Hände und Füße, andere sogar beide Beine. Einer Frau wurde das ganze Gesicht völlig zerfetzt. Auch hier hatten alle Opfer außerhalb des Schutzes ihrer Hütten genächtigt.

Nach Meinung von Umweltschützern ist vor allem im Süden Malawis die Gefahr groß, dass es in Zukunft zu weiteren Hyänenattacken kommt, da hier die natürlichen Lebensräume der Räuber immer weiter eingeschränkt werden und die Hyänen deshalb automatisch näher an menschliche Behausungen heranrücken müssen.

In Malawi werden Angriffe von Hyänen auf Menschen traditionell auch immer wieder mit Hexerei in Zusammenhang gebracht. So glauben viele Malawier noch heute, dass sich der Zauberei kundige Menschen in Hyänen verwandeln, um so ihre Feinde besser terrorisieren oder töten zu können. Auf einen ähnlichen Aberglauben trifft man auch in Borno, einem Bundesstaat im Nordosten Nigerias. Auch hier sind noch heute viele Menschen davon überzeugt, dass unter ihnen sogenannte Werhyänen leben – Menschen, die sich bei Vollmond in eine Hyäne verwandeln.

Aber auch in den Naturreligionen diverser anderer afrikanischer Staaten spielen Tüpfelhyänen eine große Rolle. So wird zum Beispiel immer wieder behauptet, die gefleckten

Räuber hätten nicht nur magische Kräfte, sondern würden auch Hexen auf ihrem Rücken reiten lassen. Bei den Hyänen, die in Clans von bis zu 70 Mitgliedern leben, herrscht übrigens das Matriarchat. Es sind ausschließlich die Weibchen, die immer und überall das Sagen haben. In der strengen Hyänenhierarchie steht selbst das ranghöchste Männchen noch unter dem rangniedrigsten Weibchen. Insbesondere beim Fressen müssen die Herren der Schöpfung stets den Damen den Vortritt lassen. Nähert sich eine männliche Hyäne einem Weibchen, dann kommt es übrigens stets zu einer Unterwürfigkeitsgeste der besonderen Art: Das Männchen legt ein Vorderbein im Stehen über das andere, das dabei leicht einknickt. Anders ausgedrückt, es macht einen Hofknicks.

Nach Ansicht des Hyänenexperten und Naturbuchautors Hans Kruuk sind es vor allem die sehr großen Hyänen, die Menschen angreifen. So brachten zwei Hyänen, die 1962 in Malawi 27 Menschen getötet hatten, stolze 77 bzw. 72 Kilogramm auf die Waage, nachdem sie von Jägern erschossen worden waren. Das durchschnittliche Gewicht einer Tüpfelhyäne liegt bei etwa 45 bis 50 Kilogramm.

In den letzten Jahren ist es auch in Mosambik immer wieder zu Angriffen von Tüpfelhyänen auf Menschen gekommen, Tendenz steigend. Nach Angaben der Sociedade para a Gestão e Desenvolvimento da Reserva do Niassa Moçambique (SGDRN), der Verwaltung der Niassa Game Reserve, einem Naturschutzgebiet im Norden Mosambiks, kam es allein im Jahr 2003 im Grenzgebiet zu Tansania zu 52 Hyänenattacken, bei denen 35 Menschen getötet wurden. Und das sind nur die offiziellen Zahlen. Nach Ansicht der SGDRN liegt die Dunkelziffer weit höher.

In anderen afrikanischen Staaten wurden dagegen deutlich weniger Hyänenangriffe registriert: 1975 wurde in Kenia ein schlafendes Mädchen von einer Tüpfelhyäne angegriffen und schwer verletzt. 20 Jahre später wurde eine amerikanische Touristin in der Serengeti von einer Hyäne aus ihrem Safarizelt gezerrt und konnte nur mit Mühe und schwer verletzt von dem zu Hilfe eilenden Camppersonal gerettet werden. Etwas glimpflicher kam vor rund 30 Jahren ein Buschmann in Namibia davon, der zu tief ins Glas geschaut hatte und seinen Rausch im Freien ausschlief. Ihm wurde von einer Hyäne lediglich das Ohr abgebissen. Besonders dreist verhielt sich im Februar 2009 eine Hyäne in der an den südafrikanischen Krüger Nationalpark angrenzenden Sabi Sand Game Reserve. Das Tier marschierte am helllichten Tag in eine im Park gelegene Lodge und attackierte einen Angestellten, der es sich gerade vor dem Fernsehapparat gemütlich gemacht hatte. Die von den Schreien des Mannes alarmierten Sicherheitskräfte schafften es zwar, das Tier mit Schlägen durch Bullenpeitschen zu vertreiben, aber die Hilfe kam zu spät, die Hyäne hatte ihrem Opfer bereits das Genick durchgebissen. Offensichtlich war die Hyäne, die später von Rangern erschossen wurde, vom Duft des gebratenen Fleisches, das gerade auf der Lodge zubereitet wurde, angelockt worden.

Das Lachen der Hyänen

Es ist eigentlich eher ein hysterisches Kichern als ein herzhaftes Lachen, das der Tüpfelhyäne ihren zweiten Namen »Lachende Hyäne« eingebracht hat. Allerdings ist das Hyänengekicher nicht etwa auf einen besonders ausgeprägten Humor der Tiere mit dem gewaltigen Kiefer zurückzuführen. Nein, im Gegenteil, Hyänen kichern, wenn sie nervös sind oder sich bedrängt fühlen. Vor Kurzem haben französische und amerikanische Verhaltensforscher herausgefunden, dass das berühmte Kichern der Hyänen jedoch weit mehr als nur Nervosität signalisiert. Mit ihrem Gekicher geben die gefleckten Raubtiere nämlich eine Menge über sich selbst preis. Artgenossen können an der Art des Kicherns Identität, Alter und soziale Stellung des Lautproduzenten ablesen. So kann eine Hyäne, wenn sie genau hinhört, zum Beispiel die wichtige Information erhalten, welche Futterrechte das kichernde Tier für sich beansprucht und noch wichtiger, wen es bei seinen Mahlzeiten als »Mitesser« dulden würde.

Streifenhyänen sind, was Menschen betrifft, wesentlich scheuer als die deutlich größeren Tüpfelhyänen. Nur ganz wenige Fälle aus der Vergangenheit sind bekannt, in denen Streifenhyänen Menschen angegriffen haben. Allerdings wird noch heute nach über 100 Jahren in der Türkei mit großem Schaudern die Geschichte einer berüchtigten Streifenhyäne erzählt, die 1880 in der heutigen Provinz Igdir drei Jahre lang gezielt Jagd auf Menschen gemacht hat und dabei viele ihrer Opfer, darunter viele Kinder, verletzt hat. Grund genug für die Behörden, ein hohes Kopfgeld auf jede getötete Hyäne auszusetzen. In Aserbaidschan sollen Streifenhyänen in den 1930er- und 1940er-Jahren auf der Suche nach Nahrung vereinzelt sogar in die Innenhöfe von Häusern eingedrungen sein und dort schlafende Kinder zerfleischt haben. Ähnliches wird für den gleichen Zeitraum auch aus Turkmenistan berichtet, und auch in Indien sollen Streifenhyänen in den 1960er- und 1970er-Jahren mehrere Kleinkinder getötet haben.

Aber es geht, bzw. ging, auch vice versa. Streifenhyänen sind nämlich, neben diversen Bärenarten, die einzigen Menschenfresser unter den Säugetieren, die auch mal auf dem Teller von uns Menschen gelandet sind. So weiß man, dass etwa die Tuareg, ein zu den Berbern zählendes Nomadenvolk aus dem nördlichen Afrika, zumindest bis in die 1940er-Jahre Streifenhyänen regelrecht gemästet haben, um sie anschließend zu verzehren. Eine Praxis, der übrigens auch die alten Ägypter gefrönt haben.

Hyänenmenschen

Wer einmal einen Markt in der nigerianischen Hauptstadt Lagos besucht hat, kann mit etwas Glück auf einen der berühmt-berüchtigten Hyänenmenschen treffen. Es sind umherziehende Gaukler und Wunderheiler, die ihren Namen ihren auffälligen tierischen Begleitern verdanken: abgerichteten Tüpfelhyänen, welche die Gadawan Kura, wie die Hyänenmenschen in Westafrika genannt werden, meist wie einen angeleinten Hund mit sich führen. Durch die Vorführung der gezähmten Hyänen wollen die Hyänenmänner das staunende Publikum dazu animieren, Amulette, Tinkturen, Salben und Zauberpulver, die gegen allerlei Widrigkeiten des Lebens helfen sollen, käuflich zu erwerben. Den Willen der Raubtiere brechen ihre Besitzer meist mit einer Kombination aus Betäubungsmitteln und Schlägen. Aber vollständig zähmen lassen sich Tüpfelhyänen in der Regel nicht, wie meist zahlreiche Narben im Gesicht, am Körper und den Gliedmaßen ihrer Bändiger zeigen. Manche Hyänenmänner nutzen die abgerichteten Hyänen auch für kriminelle Aktivitäten. So sind in den letzten Jahren mehrere Fälle bekannt geworden, in denen mit Hyänen an der Leine bei zahlungsunwilligen Geschäftsleuten Schutzgelder eingetrieben worden sind. Eine äußerst effektive Methode: Wer einmal aus nächster Nähe direkt ins Gebiss einer wütenden Tüpfelhyäne geblickt hat, ist gerne bereit, jede Summe zu zahlen.

Das Rotkäppchensyndrom
oder

Wer hat Angst vor dem bösen Wolf?

Der Wolf hat ein Imageproblem. Kaum einem Tier wird so hartnäckig nachgesagt, ein notorischer Menschenfresser zu sein. Und das nicht allein wegen der Sache mit Rotkäppchen. In zahlreichen historischen Berichten vom Mittelalter bis hin zur Renaissance wurde »Isegrim« gerne als menschenmordendes Ungeheuer dargestellt. Das hat sich offenbar hartnäckig in unseren Köpfen festgesetzt. Auch heute noch lernt nahezu jedes Kind, sich vor dem »bösen Wolf« zu fürchten. So ist es kein Wunder, dass der letzte frei lebende Wolf in Deutschland bereits Mitte des 19. Jahrhunderts erlegt wurde.

Unsere Naturschutzorganisationen, vor allem diejenigen, die eine Wiederansiedlung des Wolfes in Deutschland propagieren, bemühen sich dagegen sehr, ein anderes Bild von den grauen Raubtieren zu zeichnen. So ist oft aus Natur- bzw. Tierschutzkreisen zu hören, dass Wölfe sich durchaus schon mal an Haustieren vergreifen würden, dass es jedoch keinen einzigen dokumentierten Fall gäbe, wonach ein gesunder Wolf einen Menschen angegriffen hätte. Der Mythos vom »Menschenfresser Wolf« sei auf aasfressende Wölfe zurückzuführen, die sich nach Kriegen oder Seuchen an Leichen gütlich getan hätten.

Nach dem Erscheinen des sogenannten *Linnel-Report*, einer 2002 veröffentlichten Studie des »Norsk institutt for naturforsking«, an der 18 führende europäische Wolfsexperten beteiligt waren, kann diese Behauptung allerdings nicht mehr auf-rechterhalten werden. Nach einer umfassenden Sichtung und Überprüfung von Dokumenten aus dem 16. Jahrhundert bis hin zur Neuzeit konnten die Wissenschaftler klar aufzeigen, dass in der heutigen Zeit Wolfsangriffe zwar zumindest in Europa und Nordamerika relativ selten sind, dass es jedoch in der Vergangenheit durchaus zu – übrigens gut dokumentierten – Wolfsattacken auch mit tödlichem Ausgang gekommen ist.

Zusammenfassend kommt die Studie zu dem Schluss, dass:

- Menschen sicherlich nicht zum »normalen« Beutespektrum eines Wolfs gehören und von den scheuen Tieren im Regelfall eher gemieden werden.
- Angriffe von Wölfen heute zwar selten, in der Vergangenheit jedoch regelmäßig vorgekommen sind.
- in den Fällen, in denen Menschen von Wölfen getötet wurden, die Angriffe oft von tollwütigen Wölfen verübt worden sind.
- bei sogenannten Prädatorenangriffen, d. h. wenn Wölfe angreifen, um ihren Nahrungsbedarf zu decken, in den meisten Fällen Kinder die Opfer waren.
- wenn Wölfe einmal zu Menschenfressern mutiert sind, sie dieses Verhalten beibehalten.

Tollwütige Wölfe

Gerade in der Vergangenheit wurden zahlreiche tödliche Wolfsangriffe von tollwütigen Wölfen verursacht. Offensichtlich grassiert die Seuche Tollwut unter Wölfen schon ziemlich lange. Erste Berichte über tollwütige Wölfe stammen aus dem 13. Jahrhundert. Bei der Tollwut handelt es sich um eine Erkrankung des Zentralnervensystems, die durch eine Infektion mit dem Tollwutvirus hervorgerufen wird. Der Mensch infiziert sich hauptsächlich durch Biss- oder Kratzverletzungen über den Speichel eines mit Tollwut infizierten Tieres.

Im menschlichen Organismus wandern die Tollwutviren über die Nervenbahnen in Rückenmark und Gehirn und verursachen dort eine Entzündung der Nervenzellen. Im Gehirn vermehrt sich das Virus und breitet sich dann über andere Körperorgane aus. Die Tollwut verläuft in drei Stadien. Im ersten Stadium kommt es zunächst zu unspezifischen Symptomen wie Fieber, Kopfschmerzen, Übelkeit, Erbrechen, Bauchschmerzen und Durchfall. Im weiteren Verlauf kommt eine Empfindlichkeit gegen Licht, Geräusche und Luftzug hinzu. Das Fieber steigt weiter kontinuierlich an. Es kommt zu Angstgefühlen und einem abwechselnd aggressiven und depressiven Gemütszustand. Charakteristisch ist auch eine ausgeprägte Hydrophobie (Wasserscheu), die zu Krämpfen führt, die sich auf die gesamte Muskulatur erstrecken können. Im letzten Stadium kommt es dann zu einem Nachlassen der Krämpfe und fortschreitenden Lähmungen, bis der Tod eintritt.

Gegen Tollwutviren gibt es keine erfolgreiche Behandlung. Eine einmal ausgebrochene Tollwuterkrankung ist nicht mehr heilbar und endet immer tödlich. Der einzige Schutz vor einer Erkrankung besteht in einer rechtzeitig durchgeführten Tollwut-Impfung.

Infizierte Tiere zeigen sich äußerst verhaltensauffällig. Erkrankte Wölfe können dabei besonders aggressiv und bissig werden, sind übererregt, zeigen einen gesteigerten Geschlechtstrieb und haben Schaum vor dem Maul. Die Tiere laufen regelrecht Amok und beißen jedes Tier bzw. jeden Menschen, der ihnen im Weg steht. Es sind Fälle bekannt, in denen ein tollwütiger Wolf in kürzester Zeit hintereinander 20 Menschen und mehr gebissen hat. Bei Wölfen scheint diese von Experten als »rasende Wut« bezeichnete Phase in besonderem Maß aufzutreten.

Anders als nicht infizierte Wölfe, die sich meist Kinder oder Frauen als leichte Beute aussuchen, greifen tollwütige Wölfe wahllos alle Menschen an. Im Gegensatz zu gesunden »menschenfressenden« Wölfen verzehren tollwütige Wölfe ihre Opfer nicht.

In Frankreich wurden – folgt man historischen Aufzeichnungen zwischen 1580 und 1830 – über 3000 Menschen von Wölfen getötet. So wurde zum Beispiel 1765 das in der Nähe von Paris gelegene Städtchen Soissons zwei Tage lang von einem menschenfressenden Wolf terrorisiert. Der Wolf, der überwiegend Frauen und Kinder attackierte, verletzte insgesamt 18 Menschen, vier davon erlagen ihren Wunden. Nach einer dramatischen Verfolgungsjagd gelang es einem Bauern namens Antoine Savarelle, den Wolf mit einer Heugabel (!) so lange auf dem Boden festzuhalten, bis ein mit einer Schusswaffe bewaffneter Bauer dem Tier den Rest geben konnte. Savarelle wurde von König Ludwig XV. für seine Tapferkeit mit einem großzügigen Geldgeschenk belohnt.

Zu großer Berühmtheit brachten es ein Jahr später die sogenannten Wölfe des Périgord, ein Rudel von menschenfressenden Wölfen, das im Februar 1766 das Périgord, eine Landschaft im Südwesten Frankreichs, heimsuchten. Alten Aufzeichnungen zufolge töteten die Wölfe 18 Menschen und verwundeten zahlreiche weitere, bevor sie von den Bewohnern des Landstrichs unter tatkräftiger Hilfe eines professionellen Jägers zur Strecke gebracht wurden.

300 Jahre zuvor, nämlich im Winter 1450, war sogar Paris von Wölfen heimgesucht worden. Ein Wolfsrudel unter der Führung eines Leitwolfs namens Courtaud (franz.: gestutzter Schwanz) drang durch Mauerbreschen in die französische Hauptstadt ein und tötete dort über 40 Menschen. Dem Vernehmen nach sollen die Pariser, als sie die Nase vom »schändlichen Treiben« der Wölfe voll hatten, Courtaud und seine Mitmenschenfresser im Zentrum der Hauptstadt zusammengetrieben und vor den Toren Notre Dames gesteinigt haben.

Kommt man auf die Wölfe zu sprechen, die in der Vergangenheit in Frankreich Menschen getötet haben, kommt man an einem Thema nicht vorbei: der Geschichte der Bestie von Gévaudan, jenem berühmt-berüchtigten Lebewesen, das zwischen 1764 und 1767 die Bewohner des Gévaudan, einem einsamen Landstrich im Süden des französischen Zentralmassivs, einem unglaublichen Terrorregime unterzog und dem angeblich rund 100 Menschen zum Opfer fielen. Um gleich zu Beginn Missverständnissen vorzubeugen: Bei der Bestie von Gévaudan handelt es sich keinesfalls um ein Fabelwesen oder einen Mythos. Zahlreiche zeitgenössische Dokumente beweisen, dass »La Bête« genauso real existierte wie die von ihr verstümmelten und verspeisten Opfer.

Erstmals in Erscheinung trat die Bestie Anfang 1764, als sie eine Frau bedrohte, die gerade ihr Vieh in die Stallungen trieb. Ihre Hunde hätten beim Anblick der riesigen wolfsähnlichen Kreatur sofort die Flucht ergriffen, berichtete die zu Tode erschrockene Frau. Ihr Leben hätte sie allein ihren braven Ochsen zu verdanken, die die ungewöhnliche Kreatur mit ihren Hörnern in die Flucht getrieben hätten.

Die erste von der Bestie verübte Bluttat, die von den französischen Behörden registriert wurde, fand am 30. Juni 1764 statt: Ein 14-jähriges Mädchen aus der Pfarrei Saint Etienne de Lugdarès wurde grausam verstümmelt aufgefunden. Weitere Opfer folgten rasch, meist Frauen und Kinder, denen der Kopf abgetrennt und deren Herz und andere lebenswichtige Organe von der Bestie aus dem Leib gerissen und offenbar verspeist worden waren. So fand man am Neujahrstag des Jahres 1765 von der kleinen Marie Jeane Rousset nur noch ihren bis an die Knochen abgenagten Kopf. Lediglich an den hervorquellenden Augen konnte das Mädchen identifiziert werden.

Einige Menschen, die mit dem Leben davongekommen waren, beschreiben die Bestie als riesiges, rothaariges, wolfsähnliches Wesen mit einem großen Kopf, gewaltigen Kiefern und starken Klauen. Um was für ein Wesen es sich bei der Bestie handelte, blieb allerdings völlig unklar. Andere Augenzeugenberichte sprachen nämlich von einer großen Raubkatze oder von einer eberähnlichen Kreatur, allerdings mit gigantischen Stacheln, ähnlich einer Art überdimensioniertem Stachelschwein. Und was wusste man noch? »La Bête« konnte große Sprünge machen und schüttelte ihre Verfolger gerne im sumpfigen Gelände ab. Bald machten Berichte die Runde, wonach die Bestie in den Dörfern nachts um die Häuser schleiche und die schlafenden Bewohner beobachte. Daraufhin trauten sich viele Dörfler nachts nicht mehr, ihr Haus zu verlassen.

Am 8. Oktober 1764 sahen angeblich zwei Jäger die Bestie und schossen aus nur zehn Schritten Entfernung insgesamt dreimal auf sie. Jedes Mal fiel die Bestie um, stand aber sofort wieder auf. Die Jäger waren sich sicher, die Bestie ernsthaft verwundet zu haben und gingen davon aus, dass sie am nächsten Tag tot aufgefunden werden würde. Eine verhängnisvolle Fehleinschätzung! Eine Leiche wurde nämlich trotz intensivster Suche keineswegs gefunden. Stattdessen wurden in den Tagen darauf noch mehr Menschen getötet. Es war, als ob die Bestie für die Schüsse Vergeltung üben würde.

Und da damals unter der einfachen Landbevölkerung der Glaube an Hexerei und übernatürliche Kräfte weitverbreitet war, machten auch hier bald Gerüchte die Runde, bei der mörderischen Kreatur handle es sich um eine Art Werwolf – einen Menschen, der sich nachts in bester Dr.-Jekyll-und-Mr.-Hyde-Manier in einen riesigen reißenden Wolf verwandle. Es war offensichtlich ein fruchtbarer Boden für Aberglauben und Hysterie, auf den die Bestie da ihre krallenbewehrten Pfoten setzte.

Auch der Klerus nahm sich in bewährter Weise des Monsters an. Der Bischof von Mende verkündete von der Kanzel herab, die Bestie sei von Gott gesandt worden, um die sündhaften Menschen für ihre Verfehlungen zu bestrafen: »Die Gerechtigkeit Gottes, sagt der heilige Augustinus, kann nicht hinnehmen, dass die Unschuld unglücklich ist. Die Strafe, die er verhängt, setzt immer eine Verfehlung dessen voraus, der sie sich zugezogen hat. Aus diesem Prinzip heraus wird es für euch einfach sein, zu verstehen, dass euer Unglück nur aus euren Sünden entstanden sein kann.« Andere Geistliche verkündeten, der Teufel selbst ginge um.

Nach einem besonders grausamen Angriff der Bestie auf zwei kleine Kinder baten die örtlichen Behörden den Königshof von Versailles um Hilfe. Ludwig XV. entsandte daraufhin eine 57-köpfige Dragonereinheit unter dem Kommando eines Kapitän Duhamel in das Gévaudan mit dem Auftrag, das Untier zu finden und zu töten. Duhamel, der sich zunächst sicher war, es mit einem riesigen Wolf zu tun zu haben, veranstaltete riesige Treibjagden in der Hoffnung, auch die Bestie würde irgendwann unter den erlegten Wölfen sein. Aber das Morden des Ungeheuers ging weiter. Jetzt wurde Duhamel vom König gewaltig unter Druck gesetzt. Mittlerweile berichteten nämlich Zeitungen in ganz Europa über die Geschehnisse im Gévaudan, und besonders in der deutschen und englischen Presse wurde der französische König wegen seiner augenscheinlichen Unfähigkeit, einen simplen Wolf erlegen zu lassen, mit Kübeln von Spott übergossen. Duhamel wechselte daraufhin die Taktik. Er wollte die Bestie in einen Hinterhalt locken, bei dem als Frauen verkleidete Soldaten als Köder dienten – ging man doch davon aus, dass die mörderische Kreatur die vermeintlich »leichtere« Beute eher angreifen würde. Als jedoch wiederum der Erfolg ausblieb, zog Duhamel mit seinen Dragonern frustriert wieder ab. Bei Hofe und bei Ludwig XV. war der glücklose Kapitän inzwischen in Ungnade gefallen. Der König griff jetzt tief in die Staatskasse und setzte ein Kopfgeld von 6000 Livres für die Ergreifung der Bestie aus – eine für die damalige Zeit ungeheuerliche Summe. Eine Summe, die etwa dem Gegenwert von 60 Pferden entsprach. Von der Belohnung angelockt, traten Wolfsjäger aus allen Teilen Frankreichs zu einer beispiellosen Wolfsjagd an, der mehrere 100 Wölfe zum Opfer fielen. Bei der größten Treibjagd im Februar 1765 waren angeblich über 20 000 Personen beteiligt. Aber auch während dieser Treibjagden fanden weitere tödlich verlaufende Überfälle außerhalb des bejagten Gebietes statt. Das sinnlose Dahinmetzeln ganzer Wolfspopulationen ließ die Bestie offenbar völlig unberührt. Ihre blutige Serie ging weiter.

Im Sommer 1765 begab sich dann schließlich François Antoine, seines Zeichens königlicher Armbrustträger und Zweiter Jäger des Königs, zusammen mit 14 Jagdhütern und einigen Dutzend Hunden auf die Jagd nach der Bestie. Und die Bemühungen des »persönlich Beauftragten des Königs« waren von Erfolg gekrönt: Am 21. September 1765 brachte Antoine auf dem Gelände einer Abtei einen stattlichen Wolf, den sogenannten Loup de Chazes, zur Strecke. Zur positiven Identifizierung wurde ein unter dem Namen »La Pucelle« bekanntes 16-jähriges Mädchen, das die Bestie einige Wochen zuvor mit einer Spindel (!) vertrieben hatte, als Zeugin herangezogen. Danach reiste Antoine recht zügig ab, zum einen, um sich in Paris für seine Heldentat gebührend feiern zu lassen, vor allem aber, um dort natürlich auch die ausgesetzte Belohnung zu kassieren. Der Kadaver des Wolfs wurde ebenfalls nach Paris gebracht, wo sich der König selbst stolz mit dem Fell der Bestie zeigte. Als nur wenig später erneut zwei Kinder von der Bestie angefallen werden, vertuschen die Behörden die Geschehnisse. Es sollte endlich Ruhe einkehren im Gévaudan. Außerdem war ja bereits die Belohnung ausgezahlt worden!

Im Juni 1767 scharte dann der damals 20-jährige Marquise d'Apcher, der in der von der Bestie heimgesuchten Gegend lebte, mehrere 100 Jäger und Spurenleser um sich, um der Bestie ein für alle Mal den Garaus zu machen. Die Jagdgesellschaft teilte sich in viele kleine Gruppen auf und durchkämmte systematisch das Land. Und am 19. Juni 1767 war es dann endlich so weit: Der Wildhüter Jean Castel, der seine Waffen mit Silberkugeln geladen hatte, spürte die Kreatur in einem Wald auf und schoss zwei Mal auf sie. Die zweite Kugel traf die Bestie mitten ins Herz und tötete sie auf der Stelle. Als der Leib des Kadavers obduziert wurde, fand man in seinem Magen angeblich die Überreste eines kleinen Mädchens. Die Leiche des Biests von Gévaudan wurde noch mehrere Wochen lang durchs Land gefahren, um den Tod des Monsters zu feiern.

Wer oder was die Bestie von Gévaudan jedoch tatsächlich war, wird wohl nie geklärt werden können. Theorien gab es in den letzten 200 Jahren viele. Ein Wolf kam wohl eher nicht infrage. Das Gévaudan war zwar berühmt für seine Wölfe, aber die Bestie war den Beschreibungen zufolge größer und wilder als jeder bekannte Wolf gewesen. Einige Zoologen glauben schon eher an eine sehr große Hyäne, die da möglicherweise im Gevaudan ihr Unwesen getrieben hat. Natürlich kann auch eine wie auch immer geartete Mitwirkung von Menschen an den Untaten der Bestie nicht ausgeschlossen werden. So sind einige Wissenschaftler heute der Ansicht, dass es sich bei dem schrecklichen Lebewesen um einen von Menschen abgerichteten Mischling eines Wolfes mit einer Dogge gehandelt haben könnte. Bei dieser Theorie kommt auch wieder Jean Chastel ins Spiel, der angeblich viele Jahre im Ausland verbracht haben und dabei Kreuzungsversuche zwischen Hyänen und anderen Raubtieren, wie z. B. Großkatzen, unternommen haben soll.

Natürlich nahm sich auch die Filmindustrie dankbar des spektakulären Themas an. Im Jahr 2001 wurde die Geschichte der Bestie von Gévaudan unter dem Titel *Der Pakt der Wölfe* verfilmt. Der berühmte US-amerikanische Filmkritiker und Pulitzer-Preisträger Roger Ebert war von der Authentizität des Films jedoch nur wenig beeindruckt: »In dem Film geht es um Quasi-Werwölfe, französische Aristokraten, Geheimgesellschaften, Irokesen-Indianer, Kampfkünste, okkulte Zeremonien, heilige Pilze, Prahlhänse, inzestuöses Verlangen, politische Unterwanderung, tierische Geister, blutige Schlachtszenen und Bordelle. Das Einzige, was man nicht tun sollte, ist, diesen Film ernst zu nehmen. Seine Wurzeln liegen in traditionellen Monster-Sex-Fantasy-Filmen mit Spezial-effekten.«

Aber zurück zu den echten Wölfen. Nicht nur in Frankreich, sondern auch in anderen europäischen Ländern gab es in der Vergangenheit Wolfs-Opfer zu beklagen: In Italien fielen zwischen dem 15. und dem 19. Jahrhundert allein in der Po-Ebene über 400 Personen Wölfen zum Opfer.

In Schottland wurden im 16. und 17. Jahrhundert Wölfe als eine solch große Bedrohung angesehen, dass man an den größeren Straßen spezielle Häuser, sogenannte »Spittals« errichtete, in denen Reisende nachts Schutz finden konnten.

Auch Deutschland hatte seinen menschenfressenden Wolf, nämlich den Wolf von Ansbach, der um 1865 im bayrischen Ansbach wahrscheinlich aus Mangel an Wild mehrere Menschen attackiert und getötet haben soll. Wie der Münchner Schriftsteller Franz von Kobell berichtet, glaubten die Bewohner von Ansbach damals fest daran, dass es sich bei dem Wolf nicht um ein Tier, sondern um eine Art Werwolf handeln würde: »Im Volk verbreitete sich nun bald die Sage, dieser Wolf sey der kurz vorher gestorbene Bürgermeister von Ansbach, Michael Leicht, von dem es auch hieß, er habe von seinem Dachfenster aus seinem eigenen Leichenbegängniß zugeschaut; nun sey er in einen Wolf verwandelt worden und ziehe als ein solcher herum«.

Das Ende des Wolfs war dann jedoch eher prosaisch: Bei der Verfolgung eines schnöden Huhns stürzte der Wolf in eine der zahlreichen von den Bürgern angelegten Wolfsgruben und wurde von der aufgebrachten Menge erschlagen. Nachdem man dem toten Wolf das Fell über die Ohren gezogen hatte, wurde der mit Pappmaske, Perücke und Umhang verkleidete Kadaver des »Untiers« an einem eigens errichteten Galgen in der Nähe von Ansbach aufgehängt.

Auch in Russland, wo heute mit geschätzten 40 000 Individuen die meisten Wölfe Europas leben, kam es in der Vergangenheit immer wieder zu tödlichen Zwischenfällen. Allein zwischen 1840 und 1861 registrierten die Behörden in Russland 273 Wolfsattacken, bei denen insgesamt 169 Kinder und sieben Erwachsene zu Tode kamen.

Während des Ersten Weltkriegs kam es in Russland wolfsbedingt wohl zum außergewöhnlichsten Waffenstillstand aller Zeiten. Im Baltikum hatten riesige Wolfsrudel entlang der deutsch-russischen Front sowohl russische als auch deutsche Truppen derart massiv angegriffen, dass sich die Kombattanten genötigt sahen, für eine kurze Zeit eine Waffenruhe zu vereinbaren, um gemeinsam der Wolfsplage Herr zu werden. Die New York Times berichtete unter der Überschrift »Russische Wölfe« in ihrer Ausgabe vom 29. 7. 1917 detailliert von den Geschehnissen: »Im Verlauf des letzten Winters haben sich die Wölfe in den Gebieten des polnischen und baltischen Russlands derart vermehrt, dass sie im Kovno-Wilna-Minsk-Distrikt zu einer regelrechten Plage sowohl für die russischen als auch für die deutschen Truppen geworden sind. Die halb verhungerten Tiere attackierten selbst kleinere Gruppen von Soldaten so hartnäckig, dass sie sogar für die Männer in den Schützengräben zu einer ernsten Bedrohung wurden. Gift, Gewehrfeuer, Handgranaten und sogar Maschinengewehre, was wurde nicht alles ausprobiert, um der Plage Herr zu werden. Aber all das fruchtete nichts. Die Wölfe – nirgendwo gibt es so große und mächtige wie in Russland – waren verzweifelt in ihrem Hunger und scheuten keine Gefahr. Ständig tauchten neue Wolfsrudel auf, um die von russischen und deutschen Truppen getöteten zu ersetzen. Sozusagen als letztes Mittel vereinbarten die sich gegenüberliegenden feindlichen Truppenverbände – mit Zustimmung ihrer Kommandeure – einen Waffenstillstand und vereinigten ihre Truppen, um die Wolfsplage zu beseitigen. Für einen kurzen Augenblick herrschte Frieden. Die Aufgabe, den gemeinsamen Gegner zu beseitigen, wurde jedoch keineswegs in einer planlosen Art und Weise angegangen. Die Wölfe wurden einer nach dem anderen zusammengetrieben und mehrere Hundert von ihnen wurden getötet. Die anderen flohen in alle Richtungen, um einem Gemetzel, wie sie es wohl noch nie erlebt hatten, zu entkommen. Berichten zufolge wurden die Soldaten danach nicht mehr belästigt.«

Auch während des Zweiten Weltkriegs attackierten immer wieder Wölfe Menschen auf dem Gebiet der damaligen Sowjetunion. So kam es zum Beispiel zwischen 1944 und 1954 im russischen Verwaltungsbezirk Kirov zu einer regelrechten Wolfsepidemie. Die Wölfe hatten sich dort seit langer Zeit wieder ungestört verbreiten können, da die Feuerwaffen der Bevölkerung für militärische Zwecke requiriert worden waren und die meisten Wolfsjäger zu diesem Zeitpunkt in der Roten Armee dienten. Im Verlauf der »Kirov-Wolfs-Attacken« wurden insgesamt 22 Kinder im Alter zwischen drei und 17 Jahren getötet.

Um eine Art Sonderfall handelte es sich beim sogenannten Wolf von Gysinge, der von 1820 bis 1821 im schwedischen

Dorf Gysinge sein Unwesen trieb und dort 15 Kinder und Jugendliche im Alter zwischen drei und 19 Jahren tötete, bis er im Februar 1821 erlegt wurde. Beim Studium alter Aufzeichnungen stellte sich später heraus, dass der infrage kommende Wolf offenbar im Jahr 1817 als Welpe von Jägern gefangen wurde und mehrere Jahre in Gysinge in Gefangenschaft verbracht hatte, bis er offensichtlich von der menschlichen Gesellschaft die Nase voll hatte und das Weite suchte. Wissenschaftler glauben, dass der einsame Wolf zum einen ohne Rudelanschluss nicht in der Lage war, ausreichend »natürliche« Beute zu jagen, und zum anderen durch das lange Zusammenleben mit Menschen seine natürliche Scheu vor ihnen verloren und sie dann irgendwann nur noch als Beute betrachtet hatte.

Abschließend muss hier allerdings noch einmal klar betont werden, dass das Risiko, heute in Europa von einem Wolf angegriffen zu werden, verschwindend gering ist. So sind in den letzten 50 Jahren in Europa gerade mal vier Menschen von Wölfen getötet worden. In Westeuropa fand der letzte Wolfsangriff auf einen Menschen im Jahr 2001 statt, als ein Schäfer in dem im Südosten Frankreichs gelegenen Mercantour National Park bei der Verteidigung seiner Herde von einem Wolf gebissen wurde.

Aber nicht nur in Europa, sondern vor allem in Asien kam es in der Vergangenheit immer wieder zu Angriffen von Wölfen auf Menschen. Allein 1878 sollen im damaligen Britisch-Indien 624 Menschen von Wölfen getötet und zum Teil auch gefressen worden sein. Aber auch nach der Kolonialzeit wurden immer wieder tödliche Wolfsattacken auf dem indischen

Subkontinent registriert. So tötete ein Rudel von fünf Wölfen zwischen Februar und August 1981 in der Umgebung der indischen Stadt Hazaribagh insgesamt 13 Kinder. Die Wölfe waren offensichtlich von Schlachtabfällen, die auf der Müllhalde der Stadt deponiert worden waren, bzw. von noch nicht bestatteten Toten, die nahe der örtlichen Leichenhalle aufgebahrt worden waren, in die Stadt gelockt worden. Die Wölfe wurden nach und nach von der Bevölkerung getötet.

Nur fünf Jahre später töteten die sogenannten Wölfe von Ashta, ein aus sechs Tieren bestehendes Wolfsrudel, 17 Kinder im indischen Bundesstaat Madhya Pradesh. Die Furcht vor den Wölfen war derart groß, dass Gerüchte die Runde machten, bei den menschenfressenden Wölfen handle es sich nicht um echte Wölfe, sondern um Dämonen in Wolfsgestalt. Aber auch Dämonen scheinen nicht kugelfest zu sein, denn die fraglichen Wölfe wurden bald darauf einer nach dem anderen, mit Ausnahme der beiden zum Rudel gehörenden Welpen, von Jägern bzw. Forstoffiziellen erschossen. Zwischen 1996 und 1997 kam es dann im Bundesstaat Uttar Pradesh zu zahlreichen Zwischenfällen mit Wölfen, in deren Verlauf 74 Menschen, die meisten davon Kleinkinder, getötet oder schwer verletzt wurden.

Auch in Nordamerika ist es in der Vergangenheit zu Angriffen von Wölfen auf Menschen gekommen. Aber obwohl es in Nordamerika immerhin rund 60 000 Wölfe gibt, fiel die Zahl der Angriffe dort vergleichsweise geringer aus als in Europa oder Asien. So konnte der Wolfsexperte Mark McNay, Biologe der Wild- und Fischereibehörde Alaskas, in den letzten 30 Jahren gerade mal 39 Fälle ermitteln, in denen sich Wölfe gegenüber Menschen aggressiv gezeigt hatten. Bei zwölf dieser Fälle war vermutlich eine Tollwutinfektion im Spiel. In sechs Fällen wurden die attackierten Menschen von Hunden begleitet, sodass vermutlich der Hund der eigentliche Auslöser der Attacke war. In 16 der dokumentierten Fälle wurden Menschen von Wölfen gebissen, die nachweislich nicht mit Tollwut infiziert waren. In nahezu allen diesen Fällen waren die angreifenden Wölfe vorher provoziert worden, die Angriffe hätten daher leicht vermieden werden können. Keine der Bissverletzungen war übrigens lebensbedrohlich.

Eine viel größere Gefahr als von Wölfen geht in Nordamerika übrigens von den sogenannten Wolf-Hund-Hybriden aus, Folgen eines großen Zuchtbooms, der vor rund 20 Jahren in den USA einsetzte. Zuerst wurden dort vor allem Schäferhunde und Huskys mit Wölfen verpaart, später Dutzende andere Hunderassen. Nach Schätzungen gibt es zurzeit in den USA rund 250 000 dieser Wolf-Hund-Mischlinge.

Bis zur Geschlechtsreife haben die Besitzer der Wolfshybriden in der Regel nur wenige Probleme mit ihren Tieren. Aber nach zwei bis drei Jahren bricht dann meist schlagartig das Wolfserbe durch, mit der Folge, dass das Tier unberechenbar wird und die Halter oft vollständig die Kontrolle über ihre exotischen Hausgenossen verlieren. Eine große Zahl an Hybriden wird daher jährlich von ihren völlig überforderten Besitzern einfach in die vermeintliche Freiheit entlassen. Dort können sie sich dann durchaus zu einer nicht nur potenziellen Gefahr für den Menschen entwickeln, da die Tiere in sich eben nicht nur das hundegemäße Fehlen jeglicher Scheu vor dem Menschen, sondern auch den räuberischen Instinkt ihrer wölfischen Vorfahren vereinen. In den USA wurden zwischen 1981 und 1999 13 Menschen von Hybriden getötet, weitere 38 wurden schwer verletzt.

Auch bei uns in Deutschland ist mittlerweile eine gesteigerte Nachfrage nach Wolfshybriden zu verzeichnen. Offensichtlich fasziniert der Gedanke, ein »halbwildes Wolfsblut« im eigenen Haushalt zu haben, nicht nur die üblichen Verdächtigen aus dem Rotlichtmilieu.

Viele Tierparks, aber auch Zoologische Institute, die Wölfe halten, bekommen deshalb in letzter Zeit nahezu täglich Anrufe von Menschen, die ihren Hund von einem Wolf decken lassen wollen, um dann nach rund zwei Monaten ein paar Wolfmix-Welpen ihr Eigen nennen zu können. Ein Wunsch, dem der Gesetzgeber bei uns jedoch glücklicherweise einen ziemlich großen Riegel vorgeschoben hat: Wolfshalter benötigen bei uns in Deutschland nämlich eine behördliche Genehmigung und müssen darüber hinaus noch eine artgerechte Unterbringung sowie ein besonderes Interesse an der Haltung nachweisen. Das ist eine Anordnung, die sich auch auf die Nachkommenschaft erstreckt. Und da heißt es sich in Geduld üben, denn erst, wenn eine Wolf-Hund-Romanze bereits fünf Generationen zurückliegt, geht dann der sogenannte F5-Mischling rein rechtlich nicht mehr als Wolf, sondern als Hund durch.

Die zweite Chance

Einst war der Wolf das am weitesten verbreitete Raubtier der Erde. Auch in Deutschland gehörten Wölfe noch vor einigen Jahrhunderten zum festen Arteninventar. Aber durch eine erbarmungslose Verfolgung durch den Menschen wurden die grauen Räuber vor allem in großen Teilen Westeuropas bis zur Mitte des 19. Jahrhunderts fast vollständig ausgerottet. Der letzte frei lebende Wolf Deutschlands wurde am 27. Februar 1904 in der Lausitz erschossen. Allerdings handelte es sich beim sogenannten Tiger von Sabrodt, der übrigens heute ausgestopft im Museum des Schlosses Hoyerswerda zu besichtigen ist, sehr wahrscheinlich um ein ausgebrochenes Zirkustier. In den folgenden Jahren wanderten zwar immer wieder vereinzelt Wölfe aus unseren östlichen Nachbarländern nach Deutschland ein, konnten sich hier jedoch nicht etablieren. Allein zwischen 1945 und 1990 wurden im Osten Deutschlands nachweislich mindestens 22 Wölfe entweder von Jägern erschossen oder fielen dem Straßenverkehr zum Opfer. Es dauerte bis ins Jahr 2000, bis sich ein aus Polen eingewandertes Wolfspärchen wieder dauerhaft im Osten Deutschlands ansiedelte und Junge bekam. Mittlerweile schätzt man, dass in Sachsen und Brandenburg wieder rund 40 bis 50 Wölfe in insgesamt sechs Rudeln leben. Als Kernlebensraum dient ihnen dabei offensichtlich der Truppenübungsplatz »Oberlausitz«. Einzelne Wölfe wurden auch in Mecklenburg-Vorpommern, Niedersachsen und Hessen nachgewiesen.

Experten gehen davon aus, dass sich der Wolf bei einer weiteren Ausbreitung und bei konsequentem Schutz auch in anderen Teilen Deutschlands wieder dauerhaft etabliert. Mit dem konsequenten Schutz ist das jedoch leider eine problematische Angelegenheit. Zwar ist der Wolf in Deutschland gleich durch drei Richtlinien (das Washingtoner Artenschutzabkommen, die Genfer Konvention sowie durch die Fauna-Flora-Habitat-Richtlinie der Europäischen Union) streng geschützt, dennoch werden immer wieder Wölfe – angeblich aus Notwehr oder wegen einer vorgeblichen Verwechslung mit wildernden Hunden – illegal von Jägern getötet. Und auch in Gegenden mit Nutztierhaltung sind die grauen Räuber nicht gerne gesehen. So berichtet der WWF, dass gerade Schafhalter sich oft vehement gegen die Rückkehr des Wolfes wehren, da Schafe für Wölfe relativ einfach zu erbeuten sind. Vor allem aber ist es das Bild von der menschenfressenden Bestie Wolf, das in den Köpfen vieler Menschen offenbar immer noch sehr tief verankert ist und das bei der Bevölkerung zum Teil für große Ressentiments gegen eine Rückkehr der Wölfe nach Deutschland sorgt. In Sachen Aufklärungsarbeit und Akzeptanzschaffung wartet hier auf die verantwortlichen Naturschutzbehörden, aber auch die Naturschutzverbände, also noch eine ganze Menge Arbeit.

Problembär Bruno

oder

Warum Usain Bolt auf 100 Metern keine Chance gegen einen Grizzly hätte

Wohl selten war die potenzielle Gefahr, die von einem Bären ausgeht, Gegenstand solch erbitterter und unter großer Medienbeachtung geführter Diskussionen wie im Fall des Braunbären Bruno. Bruno war nach mehr als 170 Jahren der erste Braunbär, der in Deutschland in freier Wildbahn auftrat. Der letzte Braunbär war 1835 im bayerischen Ruhpolding erlegt worden. Bruno war 2006 aus der italienischen Provinz Trentino auf unwegsamen Bergpfaden über die Alpen nach Bayern eingewandert und mit Sicherheit der populärste und beliebteste tierische Einwanderer aller Zeiten. Seinen Migrationsdrang musste er jedoch bereits einen Monat nach seiner Einreise nach Deutschland mit dem Leben bezahlen, da er in seiner neuen Heimat »verhaltensauffällig« geworden und deshalb als unkalkulierbare Bedrohung für die bayerische Bevölkerung eingestuft worden war.

Wenn man es genau nimmt, war Bruno eigentlich das Produkt eines EU-Projekts, nämlich des internationalen EU-LIFE-Nature-Co-op-Projekts, das sich die Wiederansiedlung von Braunbären im Alpenraum bzw. die Vernetzung der dort bereits bestehenden Bärenpopulationen zur Aufgabe gemacht hat. Im Rahmen des Wiederansiedlungsprojekts wurden im italienischen Naturpark Adamello-Brenta, dessen Braunbärenpopulation Ende des 20. Jahrhunderts nur noch aus kümmerlichen zwei bis drei Individuen bestand, zwischen 1999 und 2002 insgesamt zehn Bären aus Slowenien freigelassen. Unter den slowenischen Migrantenbären befanden sich auch Brunos Eltern Joze und Jurka. Bruno, der 2004 in Italien in freier Wildbahn geboren wurde, erhielt, wie international üblich, als Erstgeborener zunächst den aus den Anfangsbuchstaben der Namen der Eltern gebildeten Namen »JJ1«. Sein Spitzname »Bruno« wurde dem Bären erst zu Beginn seiner Wanderung von einigen österreichischen Medien verliehen.

Nachdem Bruno bei seiner Alpenwandertour erfolgreich Österreich durchquert hatte, wurde er am 20. Mai 2006 das erste Mal in Deutschland, nämlich im Kreis Garmisch-Partenkirchen, gesehen. Wenig später verließ der wanderlustige Bär Deutschland jedoch schon wieder und ließ es sich im benachbarten Tirol gut gehen. In der Folgezeit wechselte Bruno immer mal wieder seinen Standort. Mal war er für ein paar Tage in Österreich, dann wieder in Deutschland.

Bruno wanderte offenbar vorzugsweise nachts. Dabei legte er meist Strecken von zehn Kilometern und mehr zurück und hielt sich nur selten länger als einen Tag in einem Gebiet auf. Auf seinen Touren hinterließ Bruno eine beachtliche Blutspur. Die Reisewege des Bären ließen sich nämlich anhand der von ihm auf seinen nächtlichen Wandertouren geschlagenen und anschließend verzehrten Haustiere recht gut dokumentieren. Und Brunos Sündenregister war lang: 2005 und 2006 hatte er in Italien bereits mehrfach Bienenstöcke aufgebrochen und war in Schafställe eingedrungen. In Bayern soll er nach Angaben des Bayerischen Staatsministeriums für Umwelt, Gesundheit und Verbraucherschutz zwischen dem 20.5. und dem 26.6.2006 angeblich 31 Schafe getötet haben.

Im gleichen Zeitraum hatte er außerdem noch in drei Bienen-stöcken, zwei Hühnerställen und einem Kaninchenstall übel gewütet.

Um die Akzeptanz der Bevölkerung für das Zusammenle-ben mit Braunbären zu fördern, hat man in einigen europäi-schen Ländern mit permanentem Braunbärenvorkommen Maßnahmenkataloge entwickelt, mit deren Hilfe durch Bären verursachte Schäden verhindert oder zumindest minimiert werden sollen. So werden in »Braunbärengegenden« etwa Viehställe oder Imkereien gegen hungrige Petze durch Elek-trozäune gesichert. Wiederholungstätern versucht man die Lust am Nutzvieh durch den Einsatz von Gummigeschos-sen zu vergällen. Eine Tötung von Bären ist nur dann vor-gesehen, wenn diese aggressiv gegenüber Menschen auftreten und somit zu einer unkalkulierbaren Bedrohung werden. In Deutschland existierten zur Zeit von Brunos Einreise – man-gels bereits vorhandener Bären – solche Maßnahmenkataloge allerdings nicht.

Am Anfang planten die zuständigen Behörden noch, Bruno lebend einzufangen, und versuchten ihr Glück mit einer so-genannten Culvert-Trap, einer speziellen Röhrenfalle. Diese wird vor allem in Nordamerika zur Umsiedlung von Bären verwendet, die sich unerwünschterweise in der Nähe von Siedlungen herumtreiben. Die Fallenfang-Versuche blieben jedoch, insbesondere wegen der geringen Ortstreue Brunos, erfolglos.

Als Nächstes setzte man auf eine mobile Eingreiftruppe von fünf extra eingeflogenen finnischen Bärenjägern, die mit ihren norwegischen Elchhunden Bruno näher auf den Pelz rücken sollten. Bei Elchhunden handelt es sich um ausgebildete Jagdhunde, die darauf spezialisiert sind, wehrhaftes Wild wie z. B. Elche, aber eben auch Bären auf große Distanzen zu verfolgen und so lange zu stellen, bis die Jäger eingetroffen sind. Beim Einsatz der Hunde wurde an nahezu alles gedacht. So wurde den Tieren, die aus ihrer Heimat eher an niedrige Temperaturen gewöhnt waren, noch schnell das Fell geschoren, um ihnen den Aufenthalt in der herrschenden Sommerhitze Bayerns etwas zu erleichtern. Begleitet wurden das finnische Bärenjägerteam von einem österreichischen Betäubungsexperten, der Bruno mittels eines Spezialbetäubungsgewehrs ins Reich der Träume befördern sollte, sollte er denn von den Hunden aufgespürt werden.

Ein sofortiger Einsatz der frisch eingeflogenen Jäger scheiterte übrigens – wie ja in Deutschland nicht gerade selten – zunächst einmal an einer bürokratischen Hürde. Juristen mussten überhaupt erst einmal prüfen, ob finnische Jäger überhaupt grenzüberschreitend in Deutschland und Österreich bewaffnet ihrer Tätigkeit nachgehen dürfen. Sie durften.

Aber auch den Bemühungen der finnisch-norwegischen Elchhundestaffel, deren Einsatz den deutschen bzw. österreichischen Steuerzahler immerhin stolze 30 000 Euro kostete, war kein Erfolg beschieden, und so musste dieser ergebnislos abgebrochen werden. Die Bärenjäger konnten Brunos Standort zwar mehrere Male eingrenzen, es gelang dem Team jedoch nicht, sich dem Bären auf weniger als 600 Meter zu nähern – eine viel zu große Entfernung selbst für das leistungsstärkste Betäubungsgewehr.

Die Jagd auf den »Problembären« wurde bald nicht nur zu einem Politikum, sondern auch zu einem Medienereignis von internationalem Rang. Bruno mutierte innerhalb weniger

Tage zum regelrechten Medienstar. Sogar die *New York Times* berichtete unter der Überschrift: »Herr Bruno Is Having a Picnic, but He's no Teddy Bear« über den wanderlustigen Bären. Die Sympathien der Bevölkerung – zumindest, wenn sie nicht in Brunos bevorzugtem Wandergebiet wohnte – lagen klar beim Braunbären mit Migrationshintergrund. Im Internet wurden Wetten auf ihn abgeschlossen und Solidaritäts-T-Shirts mit Aufdrucken wie »Mich kriegt ihr nie« oder »JJ Guevara« angeboten. Ganz prosaische, meist mehr oder weniger stark links orientierte Brunofreunde sahen in dem jungen Braunbären gar ein »Symbol der Freiheit«, quasi den »letzten Einzelkämpfer«, der es noch schaffte, durch die engen Maschen eines reglementierfreudigen Staates zu schlüpfen. Und Bruno war einfach nicht beizukommen: Während die Behörden eine Pressekonferenz nach der anderen gaben, wanderte Bruno völlig ungerührt mitten durch die bayerischen Ferienorte. Einmal legte der gejagte Bär sogar unter den Augen erstaunter Kneipengänger ausgerechnet vor einer Polizeiwache seelenruhig ein Päuschen ein. Seine Verfolger führte er ein ums andere Mal an der Nase herum. In der Regel hatte sich der Bär nämlich lange vor deren Eintreffen wieder aus dem Staub gemacht.

Von Normal-, Schad- und Problembären

Im Zusammenhang mit Auftreten und Tod des Braunbären Bruno etablierte sich ein Begriff, der zuvor in Deutschland unbekannt war: der »Problembär«.

So richtig populär wurde das Wort »Problembär« durch eine Pressekonferenz des ehemaligen bayerischen Ministerpräsidenten Edmund Stoiber im Mai 2006, auf der der Politiker versuchte, den Abschuss Brunos zu rechtfertigen. In seiner Rede unterschied Stoiber dabei in wissenschaftlich mehr als fragwürdiger Weise zwischen »Normalbären«, die ein erwartungsgemäßes Verhalten aufweisen würden, sogenannten »Schadbären« sowie schließlich den »Problembären«, zu denen auch der gemeuchelte Bruno zählen würde.

Die reichlich unreflektierte neue »Bärensystematik« des bayerischen Ministerpräsidenten sorgte in den Medien für großes Aufsehen, aber auch für große Heiterkeit. So war in Zeitungen und Magazinen öfters spöttisch von der »Stoiber'schen Bärenkunde« die Rede, und er selbst wurde als »Problembär der Staatsregierung« oder »Stoibär« bezeichnet. Aber auch andere Politiker wurden zu »Problembären« gekürt. So titelte etwa die Frankfurter Rundschau im Mai 2008 einen Artikel über den damaligen Bundeswirtschaftsminister Michael Glos mit der Überschrift »Neues vom Problembären«. Ganz übel erwischte es den rheinland-pfälzischen Ministerpräsidenten und damaligen SPD-Vorsitzenden Kurt Beck, dessen Porträt unter der Überschrift »Problembär außer Rand und Band: Knallt die Bestie ab!« auf dem Titel des Satiremagazins *Titanic* prangte. Die Anwälte des neuen SPD-Vorsitzenden erwirkten daraufhin umgehend eine einstweilige Verfügung gegen den *Titanic*-Verlag, die es diesem untersagte, das Heft weiter zu vertreiben. Bei der Wahl zum Wort des Jahres 2006 erreichte der Begriff »Problembär« immerhin den siebten Platz.

Nachdem man wochenlang vergeblich versucht hatte, Bruno lebend zu fangen, wurden von Experten, aber auch aus Teilen der Bevölkerung, vermehrt Forderungen laut, den renitenten Bären zum Abschuss freizugeben, da dieser zu sehr die Scheu vor Menschen verloren hätte und damit zu einer unkalkulierbaren Gefahr für die Allgemeinheit geworden wäre. Letztendlich war es dann diese vermeintliche »Gefahr für den Menschen«, die den damaligen bayerischen Ministerpräsidenten Edmund Stoiber höchstpersönlich dazu veranlasste, Bruno zum »Problembären« zu erklären und auf die Abschussliste zu setzen. Und so kam es, wie es kommen musste: Am 26.06.2006 wurde der »verhaltensauffällige« Bär auf der 1500 m hoch gelegenen Kümpflalm, einer in der Nähe der Rotwand im Spitzingseegebiet gelegenen Alm, von einer mobilen Eingreiftruppe des zuständigen Landratsamtes erschossen. Offensichtlich fürchtete man vonseiten der Bayerischen Staatsregierung von Anfang an, dass es zu Vergeltungsmaßnahmen von aufgebrachten Tierschützern kommen könnte, denn über die Identität des oder der Schützen sowie über Details des Abschusses wurden vom Bayerischen Umweltministerium keinerlei Angaben gemacht. In einer Presseerklärung hieß es lediglich, Brunos Tötung sei »von jagdkundigen Personen« vorgenommen worden.

Als Brunos Tod bekannt wurde, kam es vielerorts zu wütenden Protesten gegen die staatlich verordnete Bärenhinrichtung. Allein bei der Staatsanwaltschaft München ging eine riesige Flut von Anzeigen ein, unter anderem gegen den damaligen bayerischen Umweltminister Werner Schnappauf. Schnappauf selbst bekam Morddrohungen. Auch Natur- und Tierschützer kritisierten den Abschuss des beliebten Bären erwartungsgemäß scharf. So empfand der Präsident des Deutschen Naturschutzrings, Hubert Weinzierl, Brunos Exekution als »dümmste aller Lösungen« und riet den »Bären der Welt«, Bayern zu meiden, da sie hier zwangsläufig liquidiert werden würden. In das gleiche Horn blies auch der damalige deutsche Umweltminister Sigmar Gabriel, der öffentlichkeitswirksam darüber nachdachte, »ob es nicht auch möglich gewesen wäre, Bruno zu betäuben oder mit Hartgummigeschossen zu vergrämen statt ihn zu erschießen«. Auch die bayerische Jägerschaft kritisierte den Abschuss, da »der Bär ein geschütztes Tier und entsprechend dem bayerischen Jagdgesetz kein jagdbares Wild sei«. Die Abschussbefürworter, vor allem die Landesregierung, beteuerten dagegen, der Abschuss sei zwar »äußerst bedauerlich, aber objektiv unvermeidbar« gewesen, und konterten die Proteste mit der Frage, »ob man hätte warten sollen, bis jemand zu Tode kommt« oder bis Bruno »etwa ein Kind angefallen« hätte.

Die von vielen als völlig unnötig empfundene Exekution des Braunbären hatte auch einen massiven Einfluss auf das Verhalten zahlreicher deutscher Urlauber. Zahlreiche zutiefst empörte Bärenfreunde stornierten nämlich aus Protest über Brunos Hinrichtung ihren Urlaub in Bayern, und in den Internet-Gästebüchern der oberbayerischen Ferienorte waren gehäuft wütende Einträge wie etwa »Bei Mördern machen wir keinen Urlaub« zu lesen. Spötter meinten damals, der italienischstämmige Wanderbär Bruno hätte wohl dummerweise einfach den Slogan »Die Welt zu Gast bei Freunden« der zur gleichen Zeit in Deutschland stattfindenden Fußballweltmeisterschaft allzu wörtlich genommen.

Auf der anderen Seite: Auch wenn der Bär mit Migrationshintergrund in seiner Wahlheimat Gnade vor Recht gefunden hätte, so richtig wohlgefühlt hätte sich Bruno in seiner neuen Heimat wahrscheinlich nicht. In Bayern hätte er nämlich der sexuellen Enthaltsamkeit frönen müssen, die letzte deutsche Bärin wurde – wie bereits erwähnt – ja vor mehr als 170 Jahren erlegt.

Brunos Heimatland Italien erhob übrigens sofort Anspruch auf den Kadaver, der von der Bayerischen Staatsregierung aber nicht anerkannt wurde. Seit 2008 ist der mittlerweile ausgestopfte Bruno im Museum »Mensch und Natur« im Schloss Nymphenburg zu bewundern. Das Diorama, das Bruno bei einer seiner vermeintlichen Lieblingstätigkeiten, nämlich einen Bienenstock räubernd, zeigt, steht zum Schutz vor den Besuchern hinter Glas.

Übrigens waren auch andere Mitglieder von Brunos Familie nicht gerade vom Glück verfolgt. Sein jüngerer Bruder Lumpaz alias »JJ2«, der 2005 im Engadin und in Tirol unterwegs war, gilt seit Herbst 2005 als verschwunden. Wahrscheinlich ist er einem Wilderer zum Opfer gefallen. Ein weiterer Bruder, »JJ3«, wurde 2008 in der Schweiz zum »Problembär« erklärt, da er nach Aussage von Wissenschaftlern offenbar durch eine »frühkindliche Fehlprägung« jegliche Scheu vor dem Menschen verloren und seine Nahrung systematisch in Siedlungen gesucht hatte, wo er vor allem immer wieder Abfallcontainer geplündert hatte. Nach monatelangen vergeblichen Vergrämungsversuchen war den zuständigen Behörden das Risiko für die Menschen im Verbreitungsgebiet des Bären zu groß geworden, woraufhin »JJ3« am 14.04.2008 in Mittelbünden von professionellen Jägern erschossen wurde.

Auch Jurka, die Mutter von »JJ1«, war in den letzten Jahren in der italienischen Provinz Trentino immer wieder verhaltensauffällig geworden und hatte mehrfach Schäden in Ställen und Bienenstöcken verursacht. Eine Tötung von Jurka wurde jedoch nie erwogen, da sie nie aggressiv gegenüber Menschen auftrat. Da die Bärin ihr Verhalten jedoch auch nach Durchführung der üblichen Vergrämungsmaßnahmen, wie etwa dem Einsatz von Knallkörpern oder einem Beschuss mit Gummischrot, nicht änderte, wurde sie schließlich eingefangen und in einem Gehege untergebracht.

In Europa greifen Braunbären Menschen nur sehr selten an. In der Regel versuchen die Tiere Begegnungen mit Menschen zu vermeiden. Trotzdem kam es auch in Europa vereinzelt zu Todesfällen, die allerdings meist auf unvorsichtiges Verhalten oder Provokationen seitens der Menschen zurückzuführen waren. Denn natürlich wird eine Bärin ihre Jungen oder ein männlicher Bär sein Revier gegenüber als zudringlich empfundenen Menschen mit allen Mitteln verteidigen.

So wird aus Rumänien, wo mit geschätzten 5000 bis 6000 Individuen Europas größte Braunbärenpopulation lebt, immer wieder von Angriffen auf Menschen berichtet. Vor allem in den Südkarpaten lockt die Aussicht auf leicht zugängliche Nahrung in Form von Essensresten in Mülltonnen die Bären immer häufiger nicht nur in die Nähe der Städte, sondern sogar in die Städte selbst. Es ist nachvollziehbar, dass die Scheu vor dem Menschen hier mit der Zeit einer zunehmenden Gewöhnung weicht. Verstärkt wird die Problematik der »Müllbären« noch zusätzlich durch windige Geschäftemacher, die die Bären gezielt anfüttern, um Touristen gegen eine entsprechende Entlohnung zu eindrucksvollen Urlaubsfotos zu verhelfen.

Gelegentlich kommt es in Rumänien aber auch zu Angriffen auf Camper. So wurde im August 2008 im Gebiet Lunca Padinei ein im Zelt nächtigender deutscher Tourist von einem Bären, der offenbar auf Nahrungssuche war, angefallen und schwer verletzt. Im Lunca Padinei ist Campen daher seit einiger Zeit von den Behörden strikt untersagt, nachdem es auch bereits in der Vergangenheit immer wieder zu unerfreulichen Vorkommnissen mit Bären gekommen war. Letztendlich wurde dem Mann seine mangelnde Fremdsprachenkenntnis zum Verhängnis, er hatte einfach nicht die zahlreichen entsprechenden, aber natürlich rumänisch beschrifteten Bärenwarnschilder entziffern können.

Es sind immer wieder die Menschen selbst, die entweder aus Unkenntnis oder aus grenzenloser Dummheit Zwischenfälle mit Bären provozieren. Bezeichnend für diese Tatsache ist ein Vorfall aus dem Jahr 2007, als eine Gruppe Touristen im Buceci-Gebirge in der Nähe einer Berghütte eine Bärin so lange mit Blitzlicht fotografierte, bis das völlig verängstigte und wütende Tier, das zudem auch noch mit Hunden gehetzt worden war, eine Amerikanerin angriff und tödlich verletzte.

Die russische Unterart des Braunbären, der sogenannte Kamtschatkabär, gilt als noch deutlich aggressiver als sein europäischer Vetter. Diese Bären dringen auf der Suche nach Nahrung öfter mal in Hütten von Jägern oder Goldsuchern ein und zerstören diese dabei oft völlig. Allerdings wurden in der Vergangenheit nur wenige wirklich gefährliche Angriffe auf Menschen registriert. Eine Ausnahme bildet hier ein Vorkommnis aus dem Jahr 2008, als eine Gruppe von rund 30 offenbar sehr hungrigen Bären im Norden Kamtschatkas eine Platinmine regelrecht belagerten, zwei Arbeiter töteten und die Kollegen der Opfer stundenlang daran hinderten, das Minengelände zu verlassen.

Kein Platz für Könige?

Noch vor wenigen Jahrhunderten waren Braunbären fast überall in Europa zu finden. Damals existierten auf unserem Kontinent noch riesige zusammenhängende Wälder, die den braunen Riesen als Lebensraum dienten. Im Laufe der Zeit wurde dem »König des Waldes« dieser Lebensraum jedoch durch Abholzung entzogen. Als ob das nicht gereicht hätte, wurden auch die Braunbärenbestände selbst durch intensive Bejagung gnadenlos dezimiert, galt es doch, die Bevölkerung vor der vorgeblich menschenmordenden Bestie Bär nachhaltig zu schützen. Noch die meisten Braunbären gibt es heute im Osten Europas, vor allem in Russland, Rumänien, Slowenien und der Slowakei. Während die Bären in Slowenien und der Slowakei relativ gut geschützt sind, werden die Petze in Rumänien und Russland aber weiterhin stark bejagt. Bei uns in Mitteleuropa sind die braunen Riesen mittlerweile vom Aussterben bedroht und nur noch in vereinzelten Regionen zu finden. Zurzeit versuchen Naturschützer verzweifelt, den größten Landraubtieren Europas im Rahmen eines EU-Projekts in den ruhiger gelegenen Berg- und Waldregionen der Alpen erneut ein Refugium zu schaffen. Doch wie der Fall »Bruno« zeigt, sind die Menschen zumindest in Deutschland, aber offenbar auch anderswo, einfach noch nicht wieder auf ein Zusammenleben mit Bären vorbereitet. Der moderne Mensch hat im Laufe der Zeit verlernt, mit den großen Raubtieren zu leben. So ist die fehlende Akzeptanz zumindest eines Teils der Bevölkerung wahrscheinlich das größte Problem, das der Wiederbesiedlung der Alpen mit Braunbären gegenübersteht. Ein weiteres Problem ist, zumindest in unserem Nachbarland Österreich, die Wilderei. So gab der World Wildlife Fund 2008 bekannt, dass von den über 30 seit 1991 in Österreich geborenen Braunbären gerade noch vier auffindbar seien. Mehrere der Braunbären waren illegalen Abschüssen zum Opfer gefallen Der Verbleib der restlichen Tiere ist unklar. Natürliche Ursachen sind in diesem Fall sehr unwahrscheinlich. Vielmehr deutet vieles darauf hin, dass auch diese Bären Wilderern zum Opfer gefallen sind.

Auch die nordamerikanische Unterart des Braunbären, der legendäre Grizzlybär, ist deutlich größer und aggressiver als sein europäischer Konterpart. Allein in den 1990er-Jahren wurden in den USA und Kanada 29 Menschen von Grizzlys getötet. Zu fatalen Begegnungen zwischen Grizzly und Mensch kommt es vor allem in den Nationalparks. Im Yellowstone Nationalpark wurden seit 1916 insgesamt fünf tödliche Angriffe von Grizzlys auf Besucher registriert, das letzte Mal 1986, als ein unvorsichtiger Fotograf in der Hoffnung auf spektakuläre Fotos einer Bärin offensichtlich zu nahe auf den Pelz rückte.

Auch in Kanada gibt es immer wieder Tote und Verletzte zu beklagen. Allein in British Columbia wurden zwischen 1985 und 2003 fünf Menschen von Grizzlys getötet und weitere 100 verletzt. Bei einem Kampf gegen einen Grizzlybären hat ein unbewaffneter Mensch nicht den Hauch einer Chance, denn natürlich verfügen die gewaltigen Bären über gewaltige Kräfte. Ein Grizzly kann nämlich dank seiner Größe und seiner mächtigen Muskelpakete relativ mühelos auch sehr große Beutetiere wie etwa einen Elch oder einen Bison niederwerfen. Es sind mehrere Fälle bekannt, in denen ein Grizzly mit einem einzigen Schlag seiner riesigen, klauenbewehrten Pranken ein Pferd getötet hat.

Und in der Tat ist der Anblick eines auf den Hinterbeinen stehenden Grizzlys mit einer Größe von über drei Metern und einem Kampfgewicht von bis zu 600 Kilogramm ziemlich furchteinflößend. Auch die Laute, die ein wütender Grizzly so von sich gibt, sind durchaus geeignet, einem das Blut in den Adern gefrieren zu lassen. »Ich kam mit jedem Sprunge, den ich tat, näher; jetzt hörte ich die Stimme des Bären, oder vielmehr nicht die Stimme, denn auch dadurch, dass es keine Stimme hat, unterscheidet sich dieses gewaltige Tier von den andern Bärenarten; es brummt nicht, sondern sein einziger Laut in Zorn oder Schmerz ist ein eigentümliches, lautes und rasches Schnauben und Fauchen«, so eindrucksvoll beschreibt der berühmteste deutsche Abenteuerschriftsteller Karl May in *Winnetou I* die Geräusche, die ein männlicher Grizzlybär verursacht, wenn er verärgert ist.

Natürlich haben diverse Experten jede Menge Empfehlungen parat, wie man sich am besten bei einer unerwarteten Begegnung mit einem schlecht gelaunten Grizzly verhalten sollte. So wird gerne empfohlen, zunächst einmal beide Arme hoch über den Kopf zu strecken, um im Auge des Bären deutlich größer und damit wehrhafter zu erscheinen. Parallel dazu soll man laut schreien, um den geräuschempfindlichen Bären sozusagen akustisch in die Flucht zu schlagen. Die meisten Bären ziehen sich nämlich zurück, wenn sie Lärm hören. Wegzurennen bzw. auf einen Baum zu klettern ist nach Ansicht von Zoologen dagegen weniger empfehlenswert, da dadurch eventuell die Jagdinstinkte des Bären geweckt werden können.

Wegrennen würde auch nicht helfen: Grizzlys sind bis zu 60 km/h schnell. Da hätte auch der aktuelle Weltrekordler über 100 Meter, der Jamaikaner Usain Bolt, der es immerhin auf 43 km/h bringt, keine Chance.

Ist der Bär schon bedrohlich nahe, so lautet der gängige Ratschlag meist, sich auf dem Boden in einer Fötushaltung niederzukauern, um auf den Bären zum einen so wenig bedrohlich wie möglich zu wirken und zum anderen die lebenswichtigen Organe zu schützen. Hilft das alles nichts, wird empfohlen, sich am besten gleich tot zu stellen.

Als verlässliche Abwehrmaßnahme haben sich auch die in den letzten Jahren auf den Markt gekommenen »Anti-Bärensprays« erwiesen. Eine amerikanisch-kanadische Studie zeigte, dass immerhin 92 Prozent der mit dem pfefferhaltigen Spray besprühten Grizzlys daraufhin sofort ihr unerwünschtes Verhalten einstellten. Kein Wunder also, dass die National-parkverwaltungen ihren Besuchern die Mitnahme eines »Anti-Bärensprays« dringend ans Herz legen. In manchen Parks ist die Mitnahme von Pfefferspray zur Abwehr bei Wildnis-wanderungen sogar vorgeschrieben.

Die wahrscheinlich brutalste Braunbärenattacke aller Zeiten fand übrigens im Jahr 1915 im kleinen Dörfchen Sankebetsu auf der japanischen Insel Hokkaido statt. Sankebetsu lag An-fang des 20. Jahrhunderts noch in einer relativ einsamen Ge-gend. Ein Landstrich, den die Bewohner des Dorfes damals noch mit einigen Braunbären teilen mussten. Dabei erwies sich ein besonders großes Bärenmännchen namens Kesagake bald als rechte Landplage. Kesagake drang nämlich regelmäßig in Scheunen und Häuser des Ortes ein, um sich an den dort aufbewahrten Vorräten zu bedienen. Als der gewaltige Bär eines schönen Morgens im November 1915 wieder mal das Haus der Familie Ikeda heimsuchte, fürchtete der Hausherr um die Gesundheit seiner Familie und eröffnete das Feuer auf den bepelzten Eindringling, worauf dieser verletzt das Weite suchte. Die Dorfbewohner glaubten, dass der renitente Bär durch die rüde Behandlung seine Lektion gelernt habe und in Zukunft mit Sicherheit einen großen Bogen um menschliche

Siedlungen machen würde. Ein verhängnisvoller Trugschluss, wie sich nur wenig später herausstellte. Am 9. Dezember 1915 tauchte Kesagake nämlich erneut in Sankebetsu auf. Er drang diesmal in das Haus der Familie Ota ein, tötete dort ein Baby, verletzte die Frau des Farmers schwer und verschleppte sie in den nahen Wald. Ein hastig zusammengestellter Jagdtrupp, der sich sofort an die Verfolgung des Braunbären machte und das Tier dabei erneut anschoss, konnte leider nur noch die angefressenen Überreste der Frau bergen. Aber der Bär hatte seinen Rachefeldzug noch lange nicht beendet. Am nächsten Tag brach das außer Rand und Band geratene Tier in das Haus der Familie Miyoke ein und tötete dort weitere vier Menschen: drei Kinder und eine schwangere Frau. In gerade mal zwei Tagen hatte Kesagake so sechs Menschen getötet. Die mit der Situation völlig überforderten Dorfbewohner entschieden sich, professionelle Hilfe in Anspruch zu nehmen, und baten den bekannten Bärenjäger Heikichi Yamamoto, dem mörderischen Bären, koste es was es wolle, ein für alle Mal den Garaus zu machen. Kein einfaches Unterfangen, denn der berühmte Jäger hatte gerade sein Gewehr versetzt, um seine letzte Schnapsrechnung zahlen zu können. Aber auch dieses Problem ließ sich offenbar lösen, denn Yamamoto stellte relativ rasch ein Team von 60 Jägern zusammen, dem es innerhalb nur weniger Tage gelang, den gefürchteten Bären endgültig zu töten. Die Geschichte von Kesagake ist auch heute in Japan noch unglaublich präsent. Kein Wunder, haben sich in der Vergangenheit doch gleich mehrere Bücher, unzählige Comics und sogar ein Film mit dem fünftägigen Amoklauf des wütenden Braunbären beschäftigt.

Natürlich können auch andere Bärenarten wie der Amerikanische und der Asiatische Schwarzbär, der Lippenbär oder der König der Arktis, der Eisbär, schon allein durch ihre beeindruckende physische Kraft einem Menschen gefährlich werden. Bereits ein einziger Biss oder Prankenhieb eines Bären kann bei einem Menschen schwere Verletzungen oder sogar den Tod verursachen.

Die im Vergleich zum Grizzly deutlich kleineren amerikanischen Schwarzbären gelten landläufig als eher harmlose Gesellen. Ein Irrtum, zumindest, wenn man die Statistik betrachtet. So wurden zwischen 1960 und 1980 in Nordamerika über 500 Menschen von Schwarzbären verletzt, deutlich mehr als von den vermeintlich aggressiveren Grizzlys. Eine auf den ersten Blick verblüffende Tatsache, wenn man weiß, dass Schwarzbären bei einer Begegnung mit einem Menschen zwar meist recht ungehalten reagieren, drohend brummen, mit den Vorderfüßen scharren oder den ein oder anderen Scheinangriff ausführen, aber relativ selten Menschen tatsächlich angreifen.

Aber es kam und kommt auch immer wieder zu tödlichen Zwischenfällen, bei denen die Opfer zum Teil von den Bären gefressen werden. Insgesamt wurden im Zeitraum zwischen 1900 und 1980 23 Menschen von Schwarzbären getötet. Verhältnismäßig deutlich mehr Opfer sind in den letzten 30 Jahren zu verzeichnen, nämlich 28, allein 15 davon zwischen 2000 und 2010. Die im Vergleich zum Grizzly höhere Anzahl von Angriffen auf Menschen lässt sich übrigens ganz simpel mit der Tatsache erklären, dass es in Nordamerika deutlich mehr Schwarz- als Braunbären gibt.

Der schlimmste Schwarzbärenzwischenfall aller Zeiten ereignete sich übrigens im Mai 1978 im Algonquin Park in Kanada, als ein Bär kurz hintereinander drei Teenager tötete, die gerade beim Fischen waren.

Großes Aufsehen erregte auch der Fall der 50-jährigen Lehrerin Glenda Ann Bradley, die im Mai 2000 im Great Smoky Mountains National Park von einer Bärenmutter mit Jungtier getötet und teilweise verzehrt worden war. Die zu Hilfe gerufenen Parkranger brauchten insgesamt 19 Pistolenschüsse, um die beiden Schwarzbären zu töten, die in aller Seelenruhe die Leiche der Lehrerin verspeisten.

Der Löwenanteil der Schwarzbärattacken findet in Nationalparks statt, in denen die Bären sich meist seit Langem an Menschen gewöhnt haben, in Mülltonnen oder Zelten nach Nahrung suchen oder die Besucher auch direkt um Futter anbetteln. Diese wiederum verhalten sich den »netten« Bären gegenüber oft sehr leichtsinnig. So sind Fälle bekannt, in denen Touristen den immerhin bis zu 150 Kilogramm schweren Tieren die Tatze schütteln wollten oder sogar ihre Kinder für einen Schnappschuss auf den Rücken eines Bären gesetzt haben. Einmal schmierte ein offensichtlich von allen guten Geistern verlassenes Ehepaar ihrem Kleinkind sogar Marmelade ins Gesicht, in der Hoffnung, ein Foto ergattern zu können, auf dem ein Bär ihrem bemitleidenswerten Sprössling »liebevoll« das Gesicht ableckt. Bei einem solchen Verhalten sind blutige Zwischenfälle natürlich vorprogrammiert.

Die asiatischen Schwarzbären sind etwas größer und auch deutlich gefährlicher als ihre amerikanischen Vettern. Eine Gefährlichkeit, die der englische Großwildjäger und Schriftsteller Reginald George Burton nahezu dramatisch, aber auch sehr anschaulich beschreibt: »Der Asiatische Schwarzbär ist ein wildes Tier, das manchmal ohne jede Provokation angreift, schreckliche Wunden verursacht, da er generell den Kopf und das Gesicht mit seinen Klauen attackiert, während er bei einem bereits niedergestreckten Opfer auch noch die Zähne einsetzt. Es ist durchaus nicht ungewöhnlich, Menschen zu begegnen, die schrecklich verstümmelt wurden, einigen wurde der Skalp vom Schädel gerissen und auch viele Jäger wurden von diesen Bären getötet.«

Obwohl die Tiere normalerweise recht scheu sind, kommt es besonders in Japan immer wieder zu Angriffen von Schwarzbären, bei denen Menschen schwer verletzt oder gar getötet werden. Die meisten dieser Zwischenfälle ereignen sich im Frühsommer, wenn die Japaner gerne in den Wald gehen, um wilde Bambussprossen zu sammeln. Offensichtlich sind die Schwarzbären nicht geneigt, ihre Lieblingsnahrung mit den menschlichen Nahrungskonkurrenten zu teilen. In Japan wurden zwischen 1979 und 1989 insgesamt neun Menschen von Schwarzbären getötet. Großes Medienaufsehen erregte ein Vorfall aus dem Jahr 2009, als ein asiatischer Schwarzbär in der Nähe der in Zentraljapan gelegenen Stadt Takayama eine Gruppe von Touristen an einer Bushaltestelle angriff und vier von ihnen schwer verletzte.

Aber auch in Indien und Nepal ereignen sich immer wieder gefährliche Zwischenfälle mit asiatischen Schwarzbären. In Indien hat die Zahl der Attacken in den letzten Jahren sogar deutlich zugenommen. Wurden im Bundesstaat Himachal Pradesh zwischen 1988 und 1989 noch zehn Menschen von Schwarzbären angegriffen, waren es zwischen 1991 und 1992 bereits 21 Attacken. In Kaschmir müssen nach Aussage von Medizinern mittlerweile jedes Jahr sogar Dutzende von Menschen, die Opfer von Schwarzbären geworden sind, ärztlich versorgt werden. In China schrieb ein Schwarzbär indirekt sogar Medizingeschichte: Der aggressive Bär hatte 2005 in der Provinz Yunnan bei einem Angriff auf einen Jäger diesen mit seinen Krallen im Gesicht derart entstellt, dass das Opfer einer Gesichtstransplantation unterzogen werden musste – der ersten überhaupt in China und der zweiten weltweit.

Die den Schwarzbären sehr ähnlichen, aber nicht mit ihnen verwandten Lippenbären sind eigentlich von Natur aus friedliche Gesellen. Dummerweise sind die Bären, die fast ausschließlich in den Ländern des indischen Subkontinents zu Hause sind, nur mit einem äußerst mäßigen Gesichts- und Gehörsinn ausgestattet. Und da Lippenbären zudem noch einen sehr tiefen Schlaf haben, bemerken sie sich nähernde Menschen erst im letzten Augenblick, sodass es für eine Flucht meist zu spät ist. So in eine Konfrontation mit dem vermeintlichen Störenfried hineingezwungen, reagieren die Bären auf die vermeintliche Gefahr aus nächster Nähe äußerst aggressiv und können in Sekundenschnelle für den Menschen zu einer tödlichen Bedrohung werden. Die verärgerten Bären richten sich blitzartig auf ihre Hinterbeine auf und schlagen mit ihren krallenbewehrten Pranken ganz gezielt und sehr effektiv nach dem Gesicht des Störenfrieds. Die riesigen, sichelförmigen Krallen dieser Pranken erinnern an die Krallen eines Faultiers, was dem Lippenbären im Englischen den Namen Sloth Bear (»Faultierbär«) eingebracht hat. Klar, dass Bären mit solchen Krallen fürchterliche Wunden schlagen können. Menschen, die die Attacken eines Lippenbären überlebten, wurden meist im Gesicht grässlich verstümmelt. Üblicherweise verloren die Opfer ein oder sogar beide Augen. Anderen wurde die ganze Nase abgerissen oder die kompletten Wangen zerbissen.

Fatale Begegnungen zwischen Menschen und Lippenbären sind nicht gerade selten. Im indischen Bundesstaat Madhya Pradesh wurden nach Aufzeichnungen der zuständigen Forstbehörden allein zwischen April 1989 und März 1994 insgesamt 735 Menschen von Lippenbären angegriffen und verletzt – 48 davon tödlich. Auch im Bundesstaat Chhattisgarh wurden zwischen April 1998 und Dezember 2000 137 Lippenbärattacken registriert, von denen immerhin elf tödlich endeten. Die meisten Angriffe fanden in Küchengärten, Getreidefeldern oder angrenzenden Wäldern statt. Kein Wunder also, dass in einigen Gegenden Indiens die Menschen Lippenbären mehr fürchten als alle anderen Raubtiere.

Eine Meinung, die übrigens auch Experten teilen. So schreibt der berühmte Naturforscher und exzellente Kenner der indischen Fauna Sir Robert Armitage Sterndale (1839–1902) in seinem Buch *Natural History of the Mammalia of India and Ceylon*: »Blutige Zusammenstöße mit Lippenbären sind unglücklicherweise sehr häufig, das Opfer wird dabei oft schrecklich verstümmelt oder gar getötet, da der Bär meist Kopf und Gesicht angreift. Blanford neigte dazu Lippenbären als gefährlicher als Tiger einzustufen.« Ins gleiche Horn blies der Großwildjäger und spätere US-Präsident Theodore Roosevelt, der, wie er in seinen Jagdmemoiren schreibt, Lippenbären sogar »für noch gefährlicher als Pumas« hielt.

Zu trauriger Berühmtheit brachte es der sogenannte Lippenbär von Myosore, ein offensichtlich außer Rand und Band geratener Lippenbär, der im Alleingang zwölf Menschen getötet und weitere zwei Dutzend verstümmelt hatte, bevor er von dem britisch-indischen Großwildjäger Kenneth Anderson nach monatelanger Jagd zur Strecke gebracht wurde.

Die Gründe für das ungewöhnlich aggressive Verhalten des Killer-Lippenbären liegen im Dunkeln. Auch Anderson fand in seiner 1957 erschienenen Biografie *Maneaters and Jungle Killers* keine rechte Erklärung, warum der Lippenbär von Myosore zum Serienkiller mutiert war, und schrieb daher lapidar, wenn auch prosaisch: »Lippenbären sind in der Regel reizbare, aber eigentlich harmlose Kreaturen. Dieser besondere Bär trug jedoch das Kainsmal, weil er mutwillig und vorsätzlich zum Mörder mehrerer Menschen geworden war, die er, ohne provoziert zu werden, auf die grausamste Art und Weise getötet hatte.«

In den Dörfern der Eingeborenen zirkulierten dagegen zwei ziemlich unwahrscheinliche, aber dafür sehr menschliche Geschichten. Nach der ersten Version hatte der vermeintlich männliche Bär zunächst ein junges Mädchen mit eindeutigen Absichten aus einem Dorf entführt. Einige Dörfler hätten das Mädchen zwar rechtzeitig gerettet, dadurch aber unstillbare Rachegelüste beim tierischen Entführer geweckt. Die andere Variante sieht im Mörderbär ein Weibchen, dem von bösen Menschen – aus welchen Gründen auch immer – die Jungen weggenommen worden waren und das daraufhin seinen Groll über den Verlust der Kinder an der Menschheit im Allgemeinen ausgetobt hat.

Obwohl Lippenbären oft Menschen angreifen und tödlich verletzen, verzehren sie ihre Opfer relativ selten. Lediglich zu

Beginn des letzten Jahrhunderts wurde ein Fall aus dem indischen Chanda-Distrikt bekannt, bei dem eine außer Rand und Band geratene Lippenbärin zumindest einen der von ihr getöteten Menschen auch verspeist hat. Und auch der Lippenbär von Myosore verzehrte zumindest drei seiner Opfer.

Lippenbären sind heute vom Aussterben bedrohte Tiere. In der Roten Liste der Weltnaturschutzunion IUCN werden sie als »gefährdet« eingestuft. Die Gesamtpopulation der Lippenbären wird auf gerade mal noch 7000 bis 10000 Tiere geschätzt. Die größte Bedrohung für die Bären ist der ständig voranschreitende Verlust ihres Lebensraums, da im Verbreitungsgebiet des Lippenbären immer wieder riesige Waldflächen gerodet werden, um später als Tee-, Eukalyptus- oder Teakholzplantagen zu dienen. Durch die Einebnung von Termitenhügeln werden die Bären mit den großen Klauen oft auch noch ihrer Nahrungsquellen beraubt.

Mit Sicherheit ist aber auch die illegale Jagd durch Wilderer ein bedeutender Faktor, der zum Rückgang der Lippenbärbestände geführt hat. Gejagt werden Lippenbären vor allem wegen ihrer überaus begehrten Gallenblase. Lippenbärgalle wird in der traditionellen chinesischen Medizin nämlich sehr gerne als Mittel gegen Fieber, Schwindel, Kopfschmerzen und andere Beschwerden eingesetzt.

Gerade in Indien werden aber auch immer wieder Lippenbären gefangen, um sie als Tanzbären abzurichten. Doch damit nicht genug: Aus »Sicherheitsgründen« werden den armen Tieren meist Krallen und Zähne entfernt. Ihrer wichtigsten Waffen beraubt, lassen sich die Bären dann leichter handhaben.

Wie die Lippenbären zu ihrem Namen gekommen sind

Lippenbären verdanken ihren Namen ihren sehr beweglichen Lippen, die die Tiere so weit vorstrecken können, dass sie eine Röhre bilden und als eine Art Saugapparat zum Aufsaugen von Insekten fungieren können. Die absolute Lieblingsnahrung der Bären mit dem meist schwarzen und ziemlich zotteligen Fell sind nämlich Ameisen und Termiten. Um an die begehrten Insekten heranzukommen, reißen die Bären zunächst mit ihren riesigen Klauen die Ameisen- bzw. Termitenbauten auf und blasen mit ihrer Lippenröhre immer wieder heftig in die Öffnung, um den Staub wegzupusten. Danach saugen sie durch kräftiges Einziehen der Luft ihre Beute wie mit einem Staubsauger genüsslich auf. Und auch, was die Lautstärke betrifft, braucht der »Lippensaugapparat« den Vergleich mit einem echten Staubsauger nicht zu scheuen: Bis zu 200 Meter weit sind die Sauggeräusche eines Lippenbären noch deutlich zu hören. Neben Insekten stehen aber auch Früchte, Blüten und Honig auf dem Speiseplan der asiatischen Bären.

Und wie sieht es mit der Gefährlichkeit des Eisbären aus? Schließlich ist der König der Arktis das größte Landraubtier überhaupt. Menschen passen zwar nicht unbedingt in das Beuteschema eines Eisbären, aber als fast reine Fleischfresser sind die größten Bären der Welt für Menschen dennoch zumindest potenziell gefährlicher als alle anderen Bärenarten, die nicht nur kleiner sind, sondern zudem noch auf Mischkost stehen.

Und auch wenn es wegen der bekanntermaßen dünnen Besiedlung der Arktis zu relativ wenigen Begegnungen zwischen Mensch und Eisbär kommt, können diese durchaus tödlich ausgehen. Für die riesigen Raubtiere – Männchen können ein Gewicht von über 800 Kilogramm und eine Länge von fast drei Metern erreichen – das entspricht aufgerichtet einer Größe von rund vier Metern – ist ein unbewaffneter Mensch kein auch nur einigermaßen ernst zu nehmender Gegner.

In vielen Fällen handelt es sich bei den vierbeinigen Angreifern um hungrige, noch relativ unerfahrene männliche Jungtiere, die zuvor von einem älteren Männchen von ihrer eigentlichen Beute vertrieben worden sind. Zu Angriffen auf Menschen kommt es meistens in der Nähe menschlicher Behausungen wie Jagdcamps oder Wetterstationen. Der letzte tödliche Angriff fand im März 2010 auf Spitzbergen statt, als ein deutscher Tourist am Ortsrand des Städtchens Longyearbyen von einem Eisbären getötet wurde.

Übrigens sind es in vielen Fällen die Eisbären, die bei einer Konfrontation mit Menschen den Kürzeren ziehen, da die Menschen in der Arktis fast ausnahmslos Schusswaffen mit sich führen und von diesen bei einer Bedrohung durch die riesigen Bären auch meist sofort Gebrauch machen. Vielleicht sollten Menschen, die – wo auch immer – mit den Weißen Riesen der Arktis näher in Kontakt treten, auch einfach dem Rat der Inuit folgen, die fest davon überzeugt sind, Eisbären könnten Gedanken lesen: »Denke nicht schlecht von den Bären, sie könnten dadurch verärgert werden.«

Sportlich, Sportlich

Eisbären sind ganz ausgezeichnete Schwimmer, die mehrere Stunden am Stück schwimmen können. Man hat sogar Eisbären beobachtet, die 100 km und mehr schwimmend zurückgelegt haben, ohne sich auch nur das kleinste Päuschen auf einer Eisscholle zu gönnen. Aber nicht nur auf der Langstrecke, sondern auch im Sprint sind die Petze mit dem weißen Fell äußerst leistungsfähig: Eisbären erreichen schwimmend immerhin Spitzengeschwindigkeiten von bis zu zehn km/h. Eine Geschwindigkeit, mit der man sich bei den Olympischen Spielen im Endlauf über 100 Meter Freistil locker die Goldmedaille sichern könnte! Übrigens: Eisbären sind auch gute Taucher. Wenn die Bären eine Robbe verfolgen, schaffen sie Tauchtiefen von bis zu sechs Metern. Das alles sind Fähigkeiten, die man den doch ziemlich korpulent wirkenden Tieren auf den ersten Blick nicht zutrauen würde. Aber im Laufe der Evolution haben sich die 1000-Kilo-Kolosse gut ans kühle Nass angepasst. Sehr hilfreich für die Fortbewegung im Wasser sind zum Beispiel die Schwimmhäute, die sich zwischen den Zehen der Vorderpfoten befinden. Den zur Bewältigung großer Strecken nötigen Vortrieb erzeugen die Bären mit ihren mächtigen paddelförmigen Tatzen, die sie auch wie solche einsetzen. Die Hinterfüße werden dagegen beim Schwimmen lediglich als Steuerruder eingesetzt. Aber da wäre ja auch noch die Sache mit der extrem niedrigen Wassertemperatur, die in den arktischen Gefilden vorherrscht. Für Eisbären kein Problem: Dank einer bis zu zwölf cm dicken Speckschicht können es die Tiere nahezu unbegrenzt im eiskalten Wasser aushalten.

Aber die Zukunft der riesigen Bären sieht alles andere als gut aus. Der World Wildlife Fund fürchtet, dass der Eisbär noch in diesem Jahrhundert ganz aussterben könnte, denn kaum einem anderen Säugetier macht die globale Erwärmung so zu schaffen wie dem König der Arktis. Eisbären sind nämlich bei der Jagd auf ihre Hauptnahrungsquelle, die Robben, auf Packeis angewiesen. Die großen Bären können ihre Beutetiere nur dann erwischen, wenn diese zum Luftschnappen in einem Eisloch auftauchen. Im offenen Wasser dagegen sind die Robben viel zu schnell für einen Eisbären. Eisbären sind deshalb essenziell vom arktischen Packeis abhängig. Die Bären verbringen daher den weitaus größten Teil ihres Lebens auf dem Packeis. Auf das Festland kommen sie dagegen nur, wenn sie unbedingt müssen, etwa, wenn im Sommer im Süden ihres Verbreitungsgebietes das Packeis schmilzt. Durch die globale Erwärmung ist das Packeis heute jedoch nur noch halb so dick wie noch vor etwa 20 Jahren. Im Frühling schmilzt es immer früher, im Herbst gefriert es immer später. Eine Katastrophe für die Bären, für die jede zusätzliche Woche, die sie jagend auf dem Eis verbringen können, überlebenswichtig ist. Die Verkürzung der Jagdzeit macht es für die Bären nämlich deutlich schwieriger, genügend Robben zu erbeuten, um sich auch genügend Fettreserven für den ernährungstechnisch gesehen kargen Sommer anzufuttern. Stark vereinfacht formuliert: Den Eisbären schmilzt ihr Lebensraum unter dem Hintern weg. Und das bereits jetzt mit dramatischen Folgen. Oft trifft man auf Eisbären, die völlig abgemagert sind. Kanadische Forscher haben festgestellt, dass die Tiere heute durchschnittlich zehn Prozent weniger wiegen als noch vor 20 Jahren. Immer häufiger kommt es aus Futtermangel auch zum Kannibalismus. Die Männchen fressen aus der Not heraus einfach die körperlich unterlegenen Weibchen beziehungsweise Jungtiere auf. Andere Bären wiederum ertrinken bei der Futtersuche, weil sie zu weit auf das Meer hinausschwimmen müssen, um Beutetiere zu finden. Viele Tiere stellen auch aufgrund des Nahrungsfindungsstresses einfach die Fortpflanzung ein. Allein an der Westküste der Hudson Bay ist nach Berechnungen des kanadischen Wissenschaftlers Ian Stirling die Zahl der Eisbären zwischen 1987 und 2004 um satte 22 Prozent gesunken. Und so sieht es für das weitere Schicksal des

Eisbären alles andere als gut aus. Zwar leben weltweit noch etwa 20 000 bis 25 000 Eisbären, aber die Experten der Weltnaturschutzorganisation IUCN fürchten, dass dieser Bestand in den nächsten 45 Jahren um 30 bis 50 Prozent zurückgehen könnte. Klimamodelle prognostizieren für die Zukunft eine immer geringere Eisbedeckung der Arktis. Einige Klimamodelle sagen sogar voraus, dass die Eisdecke bis zum Jahr 2080 im Extremfall ganz verschwinden könnte. Kein Wunder also, dass der Eisbär 2008 erstmals auf die Rote Liste der vom Aussterben bedrohten Tierarten gesetzt wurde.

Immer wieder zu Konfrontationen mit Eisbären kommt es alljährlich im Herbst im kanadischen Städtchen Churchill. In dieser Zeit sammeln sich nämlich 100 über die Sommermonate ausgehungerte Eisbären an der Mündung des Churchill Rivers und warten ungeduldig darauf, dass die Hudson Bay zufriert und sie sich dann endlich wieder auf die Robbenjagd begeben können. Während der Wartezeit dringen die Bären auf der verzweifelten Suche nach Nahrung aber auch immer wieder in das direkt an der Bucht gelegene 800-Seelen-Städtchen ein. Vor allem zwischen Mitte Oktober und Mitte und Ende November ist in der selbst ernannten »Welteisbärenhauptstadt« im wahrsten Sinne des Wortes der Bär los, denn auf der Suche nach etwas Fressbarem streunen die notorisch hungrigen Bären ungehemmt durch die Straßen und Gärten von Churchill, durchwühlen die Mülltonnen nach Essensresten oder halten auch mal in einem Vorgarten ein Nickerchen. Oft dringt auch ein hungriger Bär in ein Haus ein und bedient sich in der Speisekammer oder verputzt in aller Gemütsruhe im Wohnzimmer eine Packung Hundefutter.

Auch wenn sich die Bewohner Churchills schon seit Langem auf die alljährliche Eisbäreninvasion eingestellt haben – wenn die Eisbären in Churchill sind, herrscht hier der Ausnahmezustand. In bei Bären beliebten Zonen warnen »Eisbärenalarm-Schilder«. Autoschlüssel lässt man tunlichst immer im Zündschloss stecken, und auch Haustüren sollten nicht abgeschlossen werden – für den Fall, dass man schnell vor einem Bären flüchten muss. Dringt andererseits ein Bär ins Haus ein, ruft man eben die Eisbären-Notrufnummer an, die 24 Stunden am Tag besetzt ist. Kinder dürfen in der »Eisbärenzeit« draußen nur unter Aufsicht spielen und werden von bewaffneten Begleitern oder im sicheren Schulbus in die Schule gebracht. Aber natürlich kennen in Churchill bereits die jüngsten Kinder die wichtigsten Verhaltensregeln im Umgang mit Eisbären:

1. Schaue einem Eisbären niemals direkt in die Augen – das provoziert ihn.
2. Es bringt nichts, bei einer Begegnung mit einem Bären wegzulaufen – er ist schneller.
3. Nähert sich ein Bär, gehe langsam rückwärts und ziehe ein oder mehrere Kleidungsstücke aus. Der Bär wird deine Klamotten beschnüffeln, das verschafft dir Zeit, dich langsam, aber sicher aus dem Gefahrenbereich zurückzuziehen.

Die Afrikaner der Arktis

Wer einmal einen Eisbären rasiert (aber wer traut sich das schon), wird relativ schnell eine äußerst überraschende Entdeckung machen: Unter dem strahlend weißen Pelz der Riesen der Arktis trifft man auf eine rabenschwarze Haut. Und das ist durchaus auch gut so, denn die schwarze Hautfarbe spielt neben dem dichten Fell und der gewaltigen unter der Haut befindlichen Fettschicht eine wichtige Rolle beim Wärmeschutz der Tiere. Schwarze Haut absorbiert nämlich – im Gegensatz zu heller Haut – alle Wellenlängen des sichtbaren Lichts. Will heißen, sie kann viel mehr Wärme aufnehmen und speichern als eine helle Haut, eine im extrem kalten Lebensraum der Bären überlebensnotwendige Eigenschaft. Wegen ihrer schwarzen Haut werden Eisbären daher auch manchmal scherzhaft als »Afrikaner der Arktis« bezeichnet.

Die Fellhaare des Eisbären sind übrigens innen hohl. Deshalb hat man früher angenommen, diese hohlen Haare würden als eine Art Lichtleiter fungieren, die die Sonnenenergie ähnlich einer Glasfaser von außen nach innen leiten. Dort wird sie dann von der schwarzen Haut des Bären absorbiert, ähnlich wie Glasfasern. Neuere Untersuchungen haben jedoch gezeigt, dass die Haare keine guten Lichtleiter sind, aber einen wichtigen Beitrag zur Wärmedämmung leisten.

Mit ihrem weißen Fell sind die Eisbären in Eis und Schnee nahezu perfekt getarnt, wäre da nicht ihre schwarze Nase. Aber auch für dieses Problem haben die cleveren Bären eine Lösung gefunden: Wenn sie an einem Eisloch auf eine Robbe lauern, verdecken sie ihre verräterische Nase einfach mit einer ihrer großen Tatzen.

Um der Eisbärenbedrohung auch dauerhaft Herr zu werden, ließen sich die Stadtväter Churchills 1980 sogar etwas ganz Besonderes einfallen: Sie errichteten das weltweit erste und auch einzige Gefängnis exklusiv für Eisbären. Bären, die in Churchill selbst oder in unmittelbarer Nähe des Städtchens angetroffen werden und als »verhaltensauffällig« eingestuft werden, werden von der »Polar Bear Police« mit einem Narkosegewehr betäubt und wandern dann sofort ins Eisbärengefängnis. Im Knast gibt es für die Übeltäter nur Wasser zu trinken, denn die Eisbären sollen ja ihren Gefängnisaufenthalt in möglichst schlechter Erinnerung behalten, damit sie zukünftig um Churchill einen großen Bogen machen. Die pelzigen Strafgefangenen bleiben stets so lange im Eisbären-Gefängnis, bis sich auf der nahe gelegenen Hudson Bay wieder Eis bildet und sie entlassen werden können. Dazu werden sie vorsichtig in Netze verpackt, anschließend per Hubschrauber rund 40 Kilometer nach Norden geflogen und dort wieder ausgesetzt. Da der Eisbärenknast in der Hochsaison des Öfteren an seine Kapazitätsgrenzen stößt, wird zurzeit über eine Erweiterung des Zellentrakts nachgedacht. Das Eisbärengefängnis war bereits 2006 von 28 auf 32 Zellen erweitert worden.

Erweist sich ein Eisbär als unbelehrbar und taucht mehr als drei Mal hintereinander in Churchill auf, wird der weiße Riese behördlicherseits in die Kategorie »Problembär« eingeordnet und muss – zum Schutze der Einwohner – den Rest seines Lebens künftig im Zoo verbringen. In Churchill wird das Gefahrenpotenzial, das von den streunenden Eisbären ausgeht, ganz gerne heruntergespielt. Man möchte nämlich auf gar keinen Fall die Touristen verschrecken, die mittlerweile die wichtigste Einnahmequelle für die Bewohner der »Eisbärenwelthauptstadt« sind. Zahlungskräftige Ökotouristen aus aller Welt zahlen nämlich bis zu 800 Dollar die Stunde, um die weißen Riesen gut gesichert aus sogenannten Tundra Buggys, busähnlichen Spezialfahrzeugen, aus nächster Nähe beobachten zu können. Tatsächlich von Eisbären getötet wurden seit 1717 in Churchill gerade mal zwei Menschen. Beide Opfer waren jedoch nicht ganz unschuldig an ihrem Schicksal. 1968 bewarfen zwei Teenager einen Eisbären mit Steinen, worauf der Bär sich zur Wehr setzte und einen der Jugendlichen tötete. 15 Jahre später brach ein wohl betrunkener Mann auf der Suche nach Nahrung in die Küche des »Churchill-Hotels« ein. Als er in einem der Gefrierschränke Fleisch fand, stopfte er sich damit die Taschen voll. Durch den Fleischgeruch wurde jedoch dummerweise ein Eisbär angelockt, der den Einbrecher kurzerhand tötete. Die vermeintlichen »Killerbären« wurden in beiden Fällen erschossen.

Der wahre Moby Dick und seine Erben

oder

Die tödlichen Rammstöße der Pottwale

»Auch war es nicht so sehr seine außerordentliche Größe und auffallende Färbung, noch sein missgestalteter Unterkiefer, was ihn zu einem so gefürchteten Ungetüm machte, es war vielmehr seine beispiellose Durchtriebenheit und Tücke, die er nach bestimmten Aussagen bei seinen Angriffen immer wieder bewiesen hat. Vor allem seine hinterlistigen Rückzüge verbreiteten Furcht und Schrecken. Mehr als einmal soll er mit allen Zeichen der Angst vor seinen frohlockenden Verfolgern das Weite gesucht haben, nur um dann unversehens kehrtzumachen und sich auf seine Feinde zu stürzen, wobei er entweder ihre Boote in Trümmer schlug oder die Entsetzten zu rasender Flucht zurück auf ihr Schiff zwang ... die Grausamkeit des Weißen Wals war von so teuflischer Ausgeklügeltheit, dass jede Verstümmelung oder jeder Todesfall, den er verursacht hatte, nicht lediglich als das Werk einer dumpfen Naturkraft angesehen wurde.«

Grausam, tückisch, teuflisch – kaum ein Tier kommt so schlecht weg wie »Moby Dick« – der weiße Wal aus Herman Melvilles 1851 erschienenem gleichnamigem Epos, das zu Recht als einer der berühmtesten und anspruchsvollsten Romane der amerikanischen Literatur gilt.

Melvilles Geschichte von der schicksalhaften Fahrt des Walfangschiffes *Pequod*, dessen Kapitän Ahab mit blindem Hass einen weißen Pottwal jagt, beginnt auf der Walfängerinsel

Nantucket: Als der junge Seemann Ismael und sein Freund, der Harpunier Queequeg, ein über und über tätowierter Südseeinsulaner, dort anheuern, wissen sie noch nicht, auf was sie sich einlassen. Ahab, der wahnsinnige Kapitän der *Pequod*, ist nämlich nur von einem einzigen Gedanken beseelt: Moby Dick, der schneeweiße Pottwal, groß wie ein Berg und brandgefährlich, muss sterben, denn dieser weiße Wal hat Ahab vor Jahren ein Bein abgerissen und damit sein Leben zerstört. So beginnt eine maritime Höllenfahrt, an deren Ende Ahab vom Jäger zum Gejagten wird und sein Schiff mit Mann und Maus ins Verderben führt. Moby Dick rammt schließlich die *Pequod* und reißt sie in die Tiefe. Lediglich Ismael, der sich an Queequegs Sarg klammert, überlebt den wahrhaft apokalyptischen Angriff des riesigen Meeressäugers und kann so später die Geschichte von Moby Dick erzählen.

Was ist in der Vergangenheit nicht alles in die Geschichte von Moby Dick hineininterpretiert worden! Meist wird im weißen Wal ein Symbol für das Böse gesehen, das am Ende den Sieg davonträgt. Aber auch das Gegenteil ist möglich: der riesige weiße Wal als Symbol des Guten, des Göttlichen, an dem Kapitän Ahab sich versündigt und der deshalb zum Untergang verurteilt wird. So mancher Kritiker behauptet, dass dieser große Roman, der ganz nebenbei eine präzise Beschreibung des Walfangs des 19. Jahrhunderts mit all seinen Gefahren und Härten liefert, ebenso viele Interpretationen zulässt, wie er Leser hat. Was jedoch die wenigsten Menschen wissen: Für die literarische Figur Moby Dick hat es ein real existierendes Vorbild gegeben, das Melville zu seinem Roman inspiriert hat: »Mocha Dick«, den Schrecken aller Walfänger.

1839 publizierte der Marineoffizier Jeremiah Reynolds im

New Yorker *Knickerbocker Magazine* den Artikel »Mocha Dick: or The White Whale of the Pacific«, in dem er über den Fang eines riesigen weißen Pottwales berichtete, der wegen seiner zahlreichen Attacken auf Schiffe und ihre Besatzungen unter Walfängern berüchtigt war. Der ungewöhnliche Name des Pottwales lässt sich leicht erklären. Zur damaligen Zeit war es unter Walfängern üblich, Kampfwale, sprich Walbullen, die sich gegen ihre Verfolger aggressiv zur Wehr setzten, mit Namen zu belegen, die zum einen auf ihren vermeintlichen Aufenthaltsort hinwiesen und zum anderen einen ganz gewöhnlichen Vornamen wie Bill, Jack oder Dick enthielten. Mocha Dick z. B. bekam seinen Namen, weil er oft in der Nähe der chilenischen Insel Mocha gesichtet wurde. Und so gab es neben den Walen »Timor Jack« und »New Zealand Tom« eben auch »Mocha Dick«. Oder, wie es Melville etwas prosaischer schrieb: »Jeder dieser berüchtigten Wale stand nicht nur in dem Ruf einer meerweiten individuellen Eigenheit, er war nicht nur zu seinen Lebzeiten berühmt und lebte nach seinem Tode in den Schauergeschichten der Mannschaften weiter, er genoss auch alle Rechte, Vorrechte und Auszeichnungen, die sich an einen großen Namen, wie an den des Kambyses oder Caesar, knüpften.«

Erstmals trat Mocha Dick 1810 vor der chilenischen Küste in Erscheinung: ein riesiger weißer Pottwal von ganz außergewöhnlichem Aussehen. Nach Augenzeugenberichten soll die Haut von Mocha Dick nämlich derart stark von Seepocken befallen gewesen sein, dass der Wal auf den ersten Blick wie ein riesiger zerklüfteter Felsen aussah. Reynolds beschrieb den »stämmigen Gentleman der Meere« bzw. den »Terror des Pazifiks« etwas politisch unkorrekt: »Das wohlbekannte

Monster, das mehr als hundert Schlachten mit seinen Verfolgern siegreich überstanden hat, war ein alter Bulle von überragender Größe und Stärke. Entweder altersbedingt oder aus einer Laune der Natur heraus war der Wal weiß wie Wolle, ähnlich wie das bei einem äthiopischen Albino der Fall ist.«

Sein ungewöhnliches Aussehen, seine Aggressivität und die Tatsache, dass er bereits zu Anfang seiner Karriere als »Monster der Meere« gleich mehrere Schlachten mit Walfängern überlebt hatte, verhalfen Mocha Dick bald zu Kultstatus – und das nicht nur unter den Besatzungen von Walfangschiffen. Zeitweilig hatte der weiße Pottwal eine derart große Popularität, dass bei Begegnungen zwischen Walfangschiffen auf dem Pazifik meist eine der ersten Fragen der Kapitäne lautete: »Gibt es etwas Neues von Mocha Dick?«

Natürlich versuchten nicht wenige Kapitäne, den Wal mit der legendären Kampfkraft zu erbeuten, und es kam daher in der Folge immer wieder zu blutigen Auseinandersetzungen zwischen Mocha Dick und seinen Häschern. So soll es Mocha Dick gewesen sein, der im Jahr 1840 rund 200 Meilen vor der chilenischen Küste gleich zwei Fangboote des englischen Walfangschiffes *Desmond* mit seiner gewaltigen Schwanzflosse zu Kleinholz verarbeitet hat. Und rund ein Jahr später attackierte angeblich der gleiche Wal östlich der Falklandinseln die Fangboote des englischen Walfängers *John Day*. Im Verlauf des Kampfes, bei dem zwei Seeleute getötet wurden, wurde der weiße Riese erfolgreich harpuniert. Eine Tat, die den Pottwal aber erst so richtig in Rage brachte. Er schleppte das entsprechende Fangboot mehr als zwei Seemeilen hinter sich her, um es dann völlig zu zerstören. Mocha Dick jedoch entkam seinen Verfolgern einmal mehr.

Ewigen Ruhm verschaffte Mocha Dick dann sein sagenumwobener Kampf gegen drei britische Walfangschiffe im Oktober 1842, als der gewaltige Meeressäuger mehrere Fangboote durch Schwanzschläge versenkte und sogar einen der Schoner per Rammstoß auf den Boden des Meeres schickte. Insgesamt sollen dem »König der Wale« über 30 Seeleute zum Opfer gefallen sein.

Manchmal zeigte sich Mocha Dick aber auch von einer eher freundlichen Seite und schwamm friedlich neben einem Schiff her. Aber wehe, er wurde angegriffen! Dann wehrte sich der riesige Wal mit allen Mitteln, die ihm zur Verfügung standen. Nicht selten tauchte er dann mit einer so immensen Geschwindigkeit und Aggressivität auf, dass er seinen ganzen Körper hoch in die Luft schraubte, nur um ihn dann auf die zerbrechlichen Fangboote fallen zu lassen.

Titanenkämpfe

Oft hat man in Pottwalmägen unverdauliche Hornschnäbel der geheimnisvollen Riesenkraken gefunden und aufgrund der Größe dieser Mundwerkzeuge geschlossen, dass der Wal einen deutlich größeren Gegner überwältigt hatte. Tellergroße runde Narben, die man immer wieder auf der Haut von Pottwalen findet, zeigen deutlich, dass sich die Tintenfische mit ihren saugnapfbewehrten Fangarmen heftig zur Wehr gesetzt hatten. In der Tiefe der Ozeane finden also regelrechte »Titanenkämpfe« statt, die allerdings bisher noch nie ein Mensch beobachten konnte.

Pottwale gehören mit einer Länge von über 18 Metern und einem Gewicht von bis zu 60 Tonnen zu den größten Lebewesen überhaupt. Die Männchen der zu den Zahnwalen gehörenden

Riesen sind stets größer und schwerer als die Weibchen. Kein Wunder also, dass die Jagd auf die riesigen Meeressäuger im 19. Jahrhundert eine lebensgefährliche Angelegenheit war: Viele Walfänger mussten den höchsten Preis für ihre recht einträgliche Tätigkeit zahlen und blieben für immer auf See. In der Walfang-Hochburg Nantucket beispielsweise war zur Blütezeit des Walfangs ein Viertel aller Frauen über 23 verwitwet. Die Männer begaben sich nämlich in wahren Nussschalen auf die Jagd – kleinen, rund acht Meter langen Ruderbooten, die gerade mal sechs bis acht Mann Platz boten und von den wütenden Meeressäugern leicht mit einem einzigen Schlag der riesigen Schwanzflosse zerschmettert werden konnten. Die meisten Matrosen waren damals übrigens Nichtschwimmer.

Attackiert wurde der Wal entweder direkt von vorne oder von hinten in seinem toten Blickwinkel. Nur so war es möglich, sich dem Tier auf eine effektive Harpunenwurfweite zu nähern. Saß die Harpune dann in der Speckschicht fest, folgte oft ein kilometerlanger Höllenritt, bei dem der aufgeschreckte Wal die Boote mit Geschwindigkeiten von bis zu 20 Knoten hinter sich herzog. Besonders gefährlich war die Jagd in den Polargebieten. Hier kam es öfters vor, dass ein flüchtender Wal, wenn die Fangleine nicht rechtzeitig gekappt wurde, die Bootsbesatzungen unter das Eis zog. Waren die Tiere dann schließlich von ihren vergeblichen Fluchtbemühungen völlig erschöpft, wurde ihnen mit einem langen Lanzenmesser der Todesstoß in Herz, Lunge oder Lungenarterie verpasst. Der erlegte Wal wurde dann längsseits des Walfangmutterschiffs geschleppt, dort vertäut und abgespeckt. Die Speckstücke wurden an Bord gehievt und in Fässer verpackt. Aus dem Speck wurden in den Heimathäfen oder auf nahe gelegenen Inseln pro Wal etwa 17 000 Liter Tran gebrannt – ein begehrtes und gut bezahltes Brenn- und Schmiermittel. Und so beleuchtete das Öl der geschlachteten Wale nicht nur die Straßen der zivilisierten Welt, sondern schmierte auch die Maschinen der Industriellen Revolution. Die Reste der abgewrackten Wale ließ man für Raubfische und Seevögel zurück.

Nach Reynolds Bericht wurde Mocha Dick schließlich 1838 getötet, der Legende nach, als er – auch Ungeheuer können Gentlemen sein – einer verzweifelten, von Walfangbooten in die Enge getriebenen Waldame zu Hilfe eilen wollte. Anderen Berichten zufolge hat der gefürchtete Pottwalbulle aber noch weitere 20 Jahre den Pazifik unsicher gemacht, bevor im Jahre 1859 dem eigentlich als unbesiegbar geltenden Riesen von einem schwedischen Walfänger endgültig der Garaus gemacht wurde. Zu diesem Zeitpunkt war der »Schrecken der Ozeane« allerdings bereits heftig vom Alter gezeichnet und angeblich auf einem Auge blind, sodass er nicht mehr in der Lage war, sich zur Wehr zu setzen. In seinem narbenübersäten Körper steckten 19 Harpunen. Mit einer Länge von angenommenen 28 Metern war »Mocha Dick« nahezu anderthalbmal so groß gewesen wie ein normaler Pottwal.

Walfang in Zahlen

Früher wurden Großwale hauptsächlich wegen ihrer Speckschicht gejagt. Das aus dem Speck gewonnene Öl wurde für Lampenöl, Seife, Margarine und andere Produkte verwendet. Schon zu Herman Melvilles Zeiten wurden die »langsamen« Wale, wie die zu den Glattwalen gehörenden Nordkaper und Grönlandwale, nahezu ausgerottet. Mit Erfindung der Harpunenkanone und der Einführung des Dampfschiffes ging es dann auch den »schnellen« Walen wie Blau-, Finn- und Pottwal an den Kragen. So sind heute von den über 250 000 Blauwalen, die einst in den südlichen Meeren lebten, gerade mal 1000 bis 2000 übrig. Der Bestand der Finnwale, der nach dem Blauwal größten Bartenwalart, ist von einer halben Million auf wenige 10 000 reduziert worden. Man schätzt, dass allein im 19. Jahrhundert über zwei Millionen Großwale getötet wurden. Bereits in den 1930er-Jahren war selbst den Walfängern klar, dass sie nicht mehr hemmungslos weiter Wale in beliebigen Mengen erlegen konnten, und so gründeten 14 Walfangnationen im Jahr 1948 die Internationale Walfangkommission (IWC), um eine »angemessene und wirksame Nutzung und Erhaltung der Walbestände zu gewährleisten«. Mitte der 1940er-Jahre wurden die Pottwalpopulationen auf zwei Millionen Individuen weltweit geschätzt. Zunächst blieb ihre Anzahl relativ hoch, da noch die großen Bartenwalarten das bevorzugte Ziel der Walfänger waren. Als diese aber immer weniger wurden, nahm die Verfolgung der Pottwale trotz besseren Wissens massiv zu. So wurden Anfang der 1960er-Jahre jährlich über 30 000 Pottwale erlegt. Seit Gründung der IWC wurden nach offiziellen Angaben nochmals 1,7 Millionen Großwale getötet. Aber die Besorgnis um den Fortbestand der Pottwale und der anderen Großwale führte schließlich im Jahr 1986 zu einem zumindest befristeten Verbot des kommerziellen Walfangs. 1994 beschloss die IWC dann ein Walschutzgebiet im Südpolarmeer, in dem die Nahrungsgründe für fast 90 Prozent der Großwale liegen. Aber unter dem Deckmantel, »wissenschaftliche Untersuchungen« an Walen durchführen zu wollen, setzten Norwegen und Japan den Walfang fort. So starben seit Inkrafttreten des Walfangmoratoriums von 1986 weitere 15 000 Großwale durch die Harpunen der Walfänger. In der jüngeren Vergangenheit war allerdings Norwegen das einzige Land, das sich nicht an das globale Walfangverbot hielt – allein im Jahr 1999 gab Norwegens Regierung 753 Wale zum Abschuss frei.

Und wie wurde Mocha Dick zu Moby Dick? Historiker glauben, dass Melville den Namen wahrscheinlich änderte, um zum einen die unglaubliche Mobilität des sagenhaften Pottwals zu unterstreichen und zum andern, um eine Assoziation der Farbe Mokka (≐ engl. mocha) mit seinem schneeweißen Wal zu verhindern. Und noch eine weitere wahre Geschichte inspirierte Melville zu seinem Walfang-Epos: Der Untergang des Walfangsegelschiffs *Essex* im Jahr 1820, der zu seiner Zeit genauso spektakulär und mythenumwoben war wie die *Titanic*-Katastrophe 100 Jahre später.

Begonnen hat alles in Nantucket. Die Insel vor der Ostküste der USA war damals das Zentrum des amerikanischen Walfangs. Von hier aus starteten im 19. Jahrhundert mehr Walfangschiffe in die Weltmeere als von allen anderen Häfen zusammen. Und von hier aus machte sich 1819 auch das Walfangschiff *Essex* auf den langen und beschwerlichen Weg in den Pazifik, um Pottwale zu jagen. Am 20. November 1820, kaum 40 Seemeilen südlich des Äquators, kam es dann zu einer schicksalhaften Begegnung mit einer Herde Pottwale: Die Walfänger sahen sich, anstatt reiche Beute zu machen, schnell in einen Kampf auf Leben und Tod verwickelt. Einer der harpunierten Wale attackierte nämlich die Fangboote, die daraufhin die Jagd abbrechen und zur *Essex* zurückkehren mussten. Das eigentliche Drama stand jedoch noch bevor: Noch ehe die Bootsbesatzungen wieder an Bord gehen konnten, tauchte ein riesiger Pottwal auf und attackierte die *Essex*. Ein »85 Fuß langes«, männliches Tier, den gewaltigen Kopf »von Narben übersät«, wie der Kabinensteward Nickerson, der den großen Pottwal als Erster sah, später zu Protokoll gab.

Ohne zu zögern schwamm der gewaltige Meeressäuger mit hoher Geschwindigkeit direkt auf das Schiff zu und krachte mit voller Wucht in die Backbord-Seite des Segelschiffs. Das

238-Tonnen-Schiff wurde durch den Aufprall derart durchgeschüttelt, dass es die Besatzung regelrecht von den Beinen riss. Nach einer kurzen Atempause attackierte der offensichtlich außer Rand und Band geratene 80-Tonner aus Fleisch und Blut das Schiff erneut und brach nach einem Anlauf von mehreren Hundert Metern direkt in den Bug der *Essex*. »Ich sah ihn aus etwa 40 Fuß Entfernung noch zweimal schneller als vorher auf uns zuschießen, wie von Sinnen vor Wut und Rachegelüsten«, notierte der Oberbootsmann der *Essex*, Owen Chase, der die Geschichte vom Untergang später in einem Augenzeugenbericht veröffentlichte. Der Angriff war so heftig, dass der Wal das Schiff nicht nur stoppte, sondern mit kräftigen Flossenschlägen sogar noch einige Meter rückwärts schob. Erst dann löste sich der riesige Bulle vom lädierten Dreimaster und verschwand in den Tiefen des Ozeans. Ob es, wie damals oft behauptet, Mocha Dick war, der am 20. 11. 1820 die *Essex* attackierte und versenkte, lässt sich heute nicht mehr mit Sicherheit klären.

Fast identisch beschreibt übrigens Melville diese gespenstische Szene rund 30 Jahre später in seinem Romanepos, als Moby Dick die *Pequod* mit Mann und Maus in die Tiefe schickt. Fraglos diente ihm hier die *Essex*-Katastrophe als Vorlage, von der er wahrscheinlich erstmals 1840 hörte, als er – selbst auf einem Walfänger unterwegs – vom Sohn des Obermaats Owen Chase eine Kopie des Augenzeugenberichts erhielt. Dieser letzte Angriff besiegelte zugleich auch das Schicksal der *Essex*, denn durch den Rammstoß wurden mehrere der schweren Eichenplanken des Schiffes regelrecht zersplittert, sodass große Mengen Meerwasser in die Laderäume eindrangen.

Das Schiff sank in Höhe des Äquators, rund 3700 km westlich der Westküste Südamerikas. Die 21-köpfige Besatzung rettete aus dem sinkenden Schiff neben Navigationsinstrumenten, Werkzeugen und Waffen rund 800 Liter Frischwasser und 300 Kilo Schiffszwieback und schaffte alles in drei Walfangboote, die man vorher mit provisorischen Segeln versehen und, so gut es in der gebotenen Eile ging, hochseetauglich gemacht hatte. Ziel war es, zunächst nach Süden zum 25. oder 26. Breitengrad zu segeln, um dann von dort aus mithilfe günstiger Winde die chilenische Küste zu erreichen. Nach einer entbehrungsreichen Fahrt, die von Stürmen, brennender Sonne sowie quälendem Hunger und Durst geprägt war, erreichten die drei Boote zunächst die unbewohnte Pitcairn-Insel Henderson. Dort fanden die Schiffbrüchigen jedoch kaum Nahrung und nur eine äußerst spärlich rinnende Süßwasserquelle vor, sodass sie sich entschlossen, erneut aufzubrechen und zu versuchen, die Osterinseln zu erreichen. Nur drei Besatzungsmitglieder glaubten, auf der Insel bessere Überlebenschancen zu haben, und blieben zurück.

Rund 50 Tage nach dem Untergang der *Essex* verlor dann das von Obermaat Owen Chase geführte Boot während eines Sturms den Kontakt zu den beiden anderen Booten. Auf Owens Boot gingen kurz darauf die Nahrungsmittel aus und die ersten Besatzungsmitglieder verhungerten. Die Überlebenden waren vom Hunger derart gepeinigt, dass sie dazu übergingen, die Toten zu verspeisen. Der grausige Akt des Kannibalismus rettete mit Sicherheit die drei verbliebenen Besatzungsmitglieder – neben Owen noch den Steuermann Benjamin Lawrence und den Kabinenjungen Thomas Nickerson. Am 18. Februar 1821 konnten sie in der Nähe des

Juan-Fernández-Archipels, einer zu Chile gehörenden Inselgruppe, vom britischen Handelsschiff *Indian* gerettet werden.

Auch auf den beiden anderen Booten wurden aus der Not heraus die an Hunger und Erschöpfung gestorbenen Schiffskameraden verspeist. Am 28. Januar verlor auch das Boot von Kapitän Pollard den Kontakt zum dritten Boot, von dem man nie wieder etwas hörte. Im Boot Pollards wurde die Situation dann derart dramatisch, dass Lose gezogen wurden, wer getötet werden sollte, um seinen Schiffskameraden als Nahrung zu dienen. Der »schwarze Fleck« traf zuerst den Schiffsjungen. Wenig später starb noch ein weiteres Besatzungsmitglied. Als am 23. Februar das Walfangschiff *Dauphin* in der Nähe der chilenischen Küste auf die Schiffbrüchigen traf, bot sich den Walfängern ein Bild des Grauens: Menschenknochen übersäten die Planken des Boots, das die Retter kurz zuvor in der Dünung gesichtet hatten. Zwei ausgemergelte Gestalten kauerten in Bug und Heck – lediglich Kapitän Pollard und der Matrose Charles Ramsdell hatten überlebt. Das ganze bizarre Ausmaß des Grauens schildert der amerikanische Historiker Nathaniel Philbrick eindrücklich in seinem auf Augenzeugenberichten beruhenden Buch *Im Herzen der See. Die letzte Fahrt des Walfängers Essex*: »Die Haut mit Geschwüren übersät, nagten die Schiffbrüchigen mit hohlwangigen Gesichtern an den Knochen ihrer toten Kameraden. Selbst als schon die Retter herbeieilten, wollten sie nicht von ihrem grausigen Mahl lassen.« Die drei Seeleute von der Henderson Insel wurden wenig später von einem Handelsschiff an Bord genommen. Insgesamt überlebten von den 22 Besatzungsmitgliedern gerade mal acht die Katastrophe, von den 13 Toten waren fünf von ihren Schiffskameraden verspeist worden.

Die *Essex* war nicht das einzige Walfangschiff, das einem wütenden Pottwalbullen zum Opfer gefallen war. Auch die *Pusie Hall* (1835), die *Two Generals* (1838), die *Pocahontas* (1850) und die *Ann Alexander* (1851) wurden von Pottwalen durch Rammstöße mit dem Kopf versenkt. Und vor der japanischen Küste soll ein Wal sogar vier Schiffe angegriffen und zwei davon versenkt haben.

Möglich macht die tödlichen Rammstöße der gewaltige Kopf der Pottwale, der rund ein Drittel der Gesamtlänge der großen Meeressäuger ausmacht. Der lateinische Name des Pottwales (*Physeter macrocephalus*) lautet deshalb auch frei übersetzt »großkopfiger Bläser«. Die eigentümliche, nahezu viereckige Form des Kopfes ist durch ein massiges Polster auf dem Vorderkopf bedingt. In diesem Polster befindet sich ein riesiger Hohlraum, in dem sich eine gelbliche, wachsartige Substanz, der sogenannte Walrat, befindet. Früher glaubte man, der Walrat sei die Samenflüssigkeit des Pottwales und bezeichnete ihn deshalb als »Spermaceti« = Walsamen. Aus dem gleichen Grund heißt der Pottwal im anglo-amerikanischen Sprachraum Sperm-Whale = Samenwal. Die tatsächliche Bedeutung des Spermaceti-Organs, das bis zu zwei Tonnen schwer sein kann, ist noch nicht vollständig geklärt. Sehr wahrscheinlich dient es jedoch dem Wal als Tauchhilfe, da es den Auftrieb regelt und dem Tier so das kontrollierte Absinken in große Tiefen ermöglicht. Umgeben von einer Hülle, die so zäh ist, dass auch die schärfste von Menschenhand geschleuderte Harpune wirkungslos bleibt, erfüllt das Spermaceti-Organ aber noch eine weitere Aufgabe: Es verleiht dem Kopf des Wals eine solche Stabilität, dass dieser im Kampf als Waffe genutzt werden kann. »Es ist so, als wäre die Stirn des Pottwals mit Pferdehufen gepflastert«, schreibt Melville, wohl wissend, dass in zahlreichen gut dokumentierten Fällen Pottwale ihre Stirn offenbar bewusst, gezielt und effektiv als Rammbock gegen Schiffe eingesetzt haben. Ein wütender Pottwal war durchaus in der Lage, mit seiner massiven Stirn auch ein größeres Segelschiff zu rammen und dabei dessen Planken so zu zerstören, dass es nicht mehr gerettet werden konnte.

Mit der Einführung von Metallrümpfen an Schiffen sank das Risiko für Walfänger nahezu auf null. Im Gebiet der Kanarischen Inseln ist es in den letzten Jahren immer wieder zu – wenn auch unbeabsichtigten – Zusammenstößen zwischen Großwalen und Schiffen gekommen. Spanischen Zeitungsberichten zufolge wurde 1999 sogar ein zehn Meter langer Fischkutter von einem Pottwal versenkt.

Weltmeister im Tauchen

Pottwale kommen in den meisten Weltmeeren außer in der hohen Arktis vor. Sie bevorzugen tiefere Gewässer und können in der Regel nur weit vor der Küste gesichtet werden. Keiner taucht tiefer als ein Pottwal. Wissenschaftler gehen davon aus, dass die grauen Riesen Tiefen von rund 3000 Metern erreichen und dabei zwei Stunden unter Wasser bleiben können. In diese extreme Tiefen können Pottwale nur vordringen, indem sie den Rauminhalt ihrer Lungen auf ein Zehntel verringern, um dem gewaltigen Wasserdruck standhalten zu können. Zusätzlich sind Pottwale wie viele andere Meeressäuger auch in der Lage, den für diese langen Tauchgänge benötigten Sauerstoff nicht nur im Blut, sondern auch in den Muskeln zu speichern. Zusätzlich werden der Herzschlag verlangsamt und nur die wichtigsten Organe, wie Hirn und Herz, mit Sauerstoff versorgt. Pottwale müssen so tief tauchen, um in den Lebensraum ihrer Lieblingsbeute vorzustoßen – Riesenkraken, die nur in dieser Tiefe leben.

Es gibt nur wenige Geschichten aus dem Alten Testament, die so bekannt sind wie die vom Propheten Jona und dem Wal. Die berühmte »Verschlingungsstory« ist schnell erzählt: Jona entzieht sich dem göttlichen Auftrag, die Stadt Ninive vor dem Untergang zu warnen, durch die Flucht über das Meer. Erzürnt entfacht Gott einen gewaltigen Sturm, durch den das Schiff in Seenot gerät. Jona wird durch das Los als Verantwortlicher entlarvt, bekennt seine Schuld und lässt sich ins Meer werfen. Und dann passiert das, was in Jona 2.1–11, wie folgt zu lesen ist: »Und der Herr bestellte einen großen Fisch, Jona zu verschlingen; und Jona war drei Tage und drei Nächte im Bauch des Fisches. Und Jona betete zum Herrn, seinem Gott, aus dem Bauch des Fisches … und der Herr befahl dem Fisch, und er spie Jona auf das Trockene aus.«

Während im modernen Christen- bzw. Judentum die Geschichte von Jona und dem Wal, die Verschlingung und Rettung Jonas als Symbol für den Tod und die Auferstehung Jesu gesehen wird (»Denn wie Jona drei Tage und drei Nächte im Bauch des Fisches war, so wird der Menschensohn drei Tage und drei Nächte im Schoß der Erde sein«, Matthäus 12,40), so glauben Bibelfundamentalisten vor allem im Land der unbegrenzten Möglichkeiten fest daran, dass sich die Geschichte tatsächlich so abgespielt hat wie im Alten Testament beschrieben. Befragt man Experten, bekommt man aber relativ einmütig zu hören, dass fast alle bekannten Wal- bzw. Fischarten schon rein anatomisch nicht dazu in der Lage sind, einen ausgewachsenen Menschen »auf einen Happen« zu verschlucken. So haben z. B. die größten Wale überhaupt, die sogenannten Furchenwale – eine Walfamilie, zu der auch das größte Tier der Erde, der Blauwal gehört – einen so engen

Schlund, dass ihnen bereits ein Fisch von der Größe eines Herings Erstickungsanfälle bescheren würde. Zudem ernähren sich Furchenwale vorwiegend von Plankton.

Auch Walhaie kommen als biblische Menschenverschlinger nicht infrage. Die mit einer Länge von bis zu 15 Meter größten Fische der Welt verfügen zwar über ein gewaltiges Maul, der Schlund dieser Fische, die sich ebenfalls hauptsächlich von Kleinstlebewesen ernähren, ist jedoch mit einem Durchmesser von gerade mal zwölf Zentimetern deutlich zu eng.

Pottwale sind mit einer Länge von 18 Metern und mehr die größten Vertreter der sogenannten Zahnwale. Ob sie allerdings dazu in der Lage sind, einen ganzen Menschen zu verschlingen, ohne ihm Verletzungen zuzufügen, ist umstritten. Zu wenig ist über das Fressverhalten dieser gewaltigen Meeresräuber bekannt.

Noch zwei weitere Tatsachen lassen die Wissenschaft an der biblischen Verschlingungsstory zweifeln. Zum einen ist der Sauerstoffgehalt im Verdauungstrakt eines Pottwals mit Sicherheit so gering, dass ein Mensch dort wohl kaum 72 Stunden überleben könnte, und zum anderen wäre da auch immer noch der tödliche Einfluss der überaus aggressiven Verdauungssäfte zu beachten, denen das Opfer über einen längeren Zeitraum ausgesetzt wäre.

All diese Erkenntnisse der modernen Wissenschaften kontern bibelfeste Christen vor allem in den USA gerne mit der Geschichte vom »modernen Jona« James Bartley, einer Geschichte, die im anglo-amerikanischen Kulturkreis weitverbreitet ist. Im Mittelpunkt steht das Walfangschiff *Star of the East*, das sich 1891 in der Nähe der Falklandinseln auf der Jagd nach Walen befand. Als der Ausguck des Walfängers eines schönen Morgens einen großen Pottwal sichtete, wurden sofort zwei kleine Fangboote zu Wasser gelassen. Zwar gelang es den Walfängern relativ rasch, den Wal zu harpunieren, aber der riesige Meeressäuger setzte sich noch im Todeskampf gegen seine menschlichen Gegner erbittert zur Wehr: Er rammte ein Fangboot und warf es um. Von den über Bord gegangenen Walfängern konnten jedoch bis auf zwei alle gerettet werden. Ein Matrose ertrank, ein weiterer namens James Bartley blieb verschwunden. Als die Walfänger am nächsten Morgen dann damit begannen, den toten Wal, der über Nacht längsseits des Walfangmutterschiffs vertäut worden war, in seine Einzelteile zu zerlegen, machten sie eine Entdeckung der besonderen Art: Im Magen des getöteten Tieres befand sich der arg ramponierte, aber immer noch lebende James Bartley. Der vermisste Matrose war vom Pottwal Stunden zuvor verschluckt worden und hatte dennoch überlebt! Die Walfänger reinigten den bewusstlosen Matrosen von Schleim und Blut und brachten ihn in die Kapitänskajüte. Dort erlangte Bartley relativ rasch das Bewusstsein, war jedoch offensichtlich mental derart von seinem Horrorerlebnis angeschlagen, dass er wochenlang nur wirres Zeug von sich gab. Erst etwa nach einem Monat war er geistig wieder so stabil, dass er von seinen Abenteuern im Verdauungstrakt des Pottwals erzählen konnte. Bartley berichtete seinen staunenden Zuhörern, beim Verschlucken durch den riesigen Pottwal habe er einen kurzen Schmerz verspürt, als er über die Zähne des Monsters geglitten sei, danach sei er durch die schleimige Speiseröhre in den Magen des Wals gerutscht. Dort habe er zwar atmen können, hätte aber bedingt durch die große Hitze und den üblen Geruch und auch aus

Todesfurcht bald das Bewusstsein verloren. Gerne wird auch kolportiert, dass die aggressive Magensäure Bartleys Haut derart bleichte, dass er von da an nicht nur mit einer völlig runzeligen, sondern auch schneeweißen Haut durchs Leben laufen musste. In anderen Versionen der Geschichte bekam Bartley durch die 24-stündige Einwirkung der Verdauungssäfte eine dauerhaft bläuliche Färbung verpasst. Auch zahlreiche Ärzte, denen sich Bartley in diversen Londoner Krankenhäusern vorstellte, hätten da nichts mehr tun können. James Bartley blieb also zeit seines Lebens ein gezeichneter Mensch. Da auch seine Augen schwer gelitten hatten, war an eine Arbeit als Matrose nicht mehr zu denken. So fristete er den Rest seines Daseins als schwer sehbehinderter Schuster in seiner Heimatstadt Gloucester in England. Dort liegt er auch begraben.

Über Bartleys Schicksal wurde ausführlich immer wieder in diversen amerikanischen Traktaten und Magazinen berichtet. Vor allem konservative christliche Autoren wie Bernard Ramm und bekannte Kreationisten wie Harry Rimmer und Henry Morris sorgten für eine weite Verbreitung der Geschichte, um anhand der Erlebnisse des »modernen Jona« zu zeigen, dass sich die Geschichte vom biblischen Jona eben durchaus so zugetragen haben könnte, wie sie in der Heiligen Schrift erzählt wird. Das Überleben Bartleys im Walmagen wurde letztendlich zum Beweis hochstilisiert, dass die Bibel Wort für Wort wörtlich zu nehmen ist.

Nachdem er die Geschichte vom Amerikaner, der angeblich anderthalb Tage in einem Pottwalmagen überlebt hatte, immer wieder in christlichen Veröffentlichungen auch der jüngeren Vergangenheit und sogar in einigen Bibelkommentaren gelesen hatte, begab sich der amerikanische Historiker Edward B. Davis in den 1980er-Jahren auf die Spuren von James Bartley. Davis durchforstete nicht nur zahlreiche zeitgenössische Zeitungen, Magazine und Originaldokumente, sondern verbrachte sogar einige Zeit in England, der Heimat von James Bartley, um in diversen Bibliotheken nach Beweisen für die unglaubliche Geschichte vom »modernen Jona« zu forschen. Die Ergebnisse von Davis' Recherche waren ernüchternd. Der Wissenschaftler fand nicht einen einzigen Anhaltspunkt, der die Geschichte Bartleys bestätigte. Im Gegenteil: Je genauer Davis – oft in mühevoller Kleinarbeit – die überprüfbaren Fakten checkte, desto mehr wuchsen seine Zweifel am Wahrheitsgehalt der vorgeblichen Sensationsgeschichte. So fand der amerikanische Historiker unter anderem heraus, dass ein Seemann namens James Bartley weder jemals Crewmitglied der *Star of the East* gewesen war, noch jemals, wie immer behauptet, in London in einem Krankenhaus wegen der verheerenden Wirkung der Magensäfte auf seine Haut behandelt worden war. Den Todesstoß versetzte der Geschichte vom »Jona der Neuzeit« dann ein Brief der Witwe des Kapitäns der *Star of the East*, John Killam, auf den Davis bei der Durchforstung der Archive diverser englischer Zeitungen stieß. In dem 1907 in einem britischen Magazin veröffentlichten Brief erklärte die Kapitänswitwe, dass an der »Walgeschichte« nicht ein einziges wahres Wort sei, sie habe schließlich ihren Ehemann stets auf all seinen Reisen als Kapitän der *Star of the East* begleitet, und während dieser Zeit sei niemals ein Mann über Bord gegangen. Bei der Bartley-Geschichte handele es sich schlicht und einfach um Seemannsgarn.

Die amerikanischen Kreationisten weigern sich bis heute, die Untersuchungsergebnisse von Davis zur Kenntnis zu nehmen. Sie verbreiten weiterhin ungerührt die wirklich wahre »Geschichte vom modernen Jona«.

Das schwarze Gold aus dem Walverdauungstrakt

Neben dem Öl war das sogenannte Ambra der Hauptgrund, warum der Pottwal früher erbarmungslos gejagt wurde. Die auf den ersten Blick unscheinbare, grauschwarze Substanz, die im Verdauungstrakt von Pottwalen gebildet wird, war nämlich bis vor wenigen Jahren für die Herstellung eines guten Parfüms nahezu unabdingbar und wurde von Parfümherstellern in aller Welt mit Gold aufgewogen. Interessanterweise ist Ambra selbst so gut wie geruchlos. Es bindet jedoch als sogenannte Trägersubstanz die Moleküle der Geruchsstoffe besonders gut, sodass sich der Duft gleichmäßig verteilen und sein Aroma besonders lang entfalten kann. Schon in der Antike war Ambra der begehrteste Duftstoff überhaupt. So soll bereits die berühmte ägyptische Königin Kleopatra horrende Summen für das schwarze Gold der Meere gezahlt haben. Gegen Ende des Mittelalters galt Ambra als wertvollste Substanz – wertvoller noch als Gold und Edelsteine. Heute hat Ambra so gut wie keine wirtschaftliche Bedeutung mehr, da es zum einen gelungen ist, synthetische, deutlich preiswertere Ersatzstoffe zu schaffen, und weil zum anderen gemäß dem Washingtoner Artenschutz-Übereinkommen der Handel mit Pottwalprodukten weltweit verboten ist.

Ein Serienkiller namens Gustave

oder

Das gefährlichste Krokodil der Welt

Wer seinen Safariurlaub im Ruzizi-Nationalpark in Burundi verbringt, hat gute Chancen, dort die Bekanntschaft eines tierischen Serienkillers zu machen. Dort treibt schon seit vielen Jahren Gustave, das mit Abstand gefährlichste Krokodil der Welt, sein Unwesen. Betrachtet man die Anzahl seiner Opfer, dann spielt Gustave in einer Liga mit der Tigerin von Champawat (S. 15), dem Leoparden von Rudraprayag (S. 45/46) oder den Löwen von Tsavo (S. 33). Gustave frisst sozusagen in der Champions League der Menschenfresser. Über 300 Menschen sollen bislang dem mit Abstand größten Krokodil Afrikas im Delta des Ruzizi-Flusses und an der Nordküste des Tanganjikasees zum Opfer gefallen sein. Gustave, ein gepanzerter Riese von sechs Metern Länge und einem Gewicht von über einer Tonne, soll, so schätzen Krokodilexperten, mindestens 65 Jahre alt sein. Das normale Durchschnittsalter von Nilkrokodilen liegt bei 45 Jahren.

In Zeitungsberichten wird Gustave gerne als das größte Krokodil der Welt bezeichnet. Eine Behauptung, die allerdings nicht den Tatsachen entspricht. Zwar ist Gustave mit einer Länge von sechs Metern deutlich größer als das durchschnittliche Nilkrokodil; die in Asien bzw. Australien lebenden Leistenkrokodile können jedoch noch ein ganzes Stück größer werden. So wird zurzeit im Guinnessbuch der Rekorde, Ausgabe 2006, ein im indischen Bhitarkanika National Park lebendes Leistenkrokodil mit einer Länge von 7,1 Metern als aktueller Weltrekordler geführt.

Das größte Krokodil auf unserem Planeten war dagegen *Deinosuchus* (griech.: furchterregendes Krokodil), ein Monsterkrokodil von bis zu zwölf Metern Länge, das vor rund 80 Millionen Jahren in der späten Kreidezeit in den Flachmeeren und Sümpfen Nordamerikas auf die Jagd ging. Auf dem Speiseplan des Riesenkrokodils standen wahrscheinlich vor allem Meeresschildkröten, aber auch Dinosaurier, die genauso groß waren wie die gewaltigen Panzerechsen selbst. So zeigten Bissspuren an Dinosaurierknochen, dass den riesigen Zähnen des Urkrokodils auch Exemplare des *Appalachiosaurus montgomeriensis* oder des *Albertosaurus* zum Opfer fielen, beide enge Verwandte des berüchtigten *Tyrannosaurus rex*. Aber deshalb muss sich Gustave nicht grämen. Afrikanischer Rekordhalter zu sein ist ja schließlich auch nicht zu verachten.

Gustave ist so etwas wie ein real existierendes Loch-Ness-Monster. Oft wird er vom Ufer aus beobachtet, ab und an gelingt es auch, ihn zu fotografieren oder zu filmen, aber des gewaltigen Krokodils habhaft zu werden, das gelang bisher nicht. Und anders als sein doch eher friedfertiger schottischer Kollege hinterlässt Gustave in seinem Verbreitungsgebiet eine ziemlich blutige Spur. Vielleicht auch ein Grund dafür, dass die riesige Panzerechse in reißerischen Zeitungsartikeln auch gerne mal als »Moby Dick des Tanganjikasees« bezeichnet wird. Wobei die Rolle des Kapitän Ahab auch schon besetzt wäre: Patrick Faye, ein ortsansässiger französischer Schlangenfänger und Hobby-Reptilienkundler, jagt Gustave nicht nur seit fast 20 Jahren, sondern ist auch sein Entdecker, ja fast schon der Erfinder des Mörderkrokodils.

Das erste Mal hörte Faye 1998 von Gustave. Fischer berichteten ihm von einem riesigen menschenfressenden Krokodil, »größer als ein Nilpferd«, dem immer wieder Menschen am Ufer des Tanganjikasees zum Opfer fallen würden. Die riesige Echse würde nach erfolgreichen Angriffen auf Menschen immer für einige Zeit verschwinden, um dann wieder erneut zuzuschlagen. Nachdem sein Interesse am »Killerkrokodil« erst einmal geweckt war, zog Faye weitere Erkundigungen ein und erfuhr, dass dem Krokodil allein im Jahr zuvor 17 Menschen zum Opfer gefallen waren. Allmählich wurde bei Faye aus einem eher beiläufigem Interesse eine regelrechte »Mörderkrokodil«-Besessenheit und er setzte alles daran, auch mithilfe von geradezu detektivischer Kleinarbeit, das »Monster des Tanganjikasees« aufzuspüren. Polizeistellen und Regierungsbeamte stellten Faye Berichte über die am Nordostufer des Tanganjikasees gelegenen Dörfer zur Verfügung, wo die meisten Krokodilattacken, die bis ins Jahr 1987 zurückreichen, stattgefunden hatten. In jedem einzelnen Fall war von den zuständigen Behörden ein riesiges Krokodil für die Todesfälle verantwortlich gemacht worden. Zu diesem Zeitpunkt waren eine Liste der Opfer und Geschichten über ein riesiges Krokodil noch alles, was Faye in den Händen hielt. Die Frage war jetzt natürlich, welches Krokodil da eine derartig blutige Spur am Tanganjikasee hinterlassen hatte und immer noch hinterließ. Die Antwort auf diese Frage erhielt Faye im Frühjahr 1999 während eines Besuchs des Ruzizi-Nationalparks. Der Chefranger des Parks, Habonimana Ladislas, berichtete Faye nämlich, dass das größte Krokodil des Nationalparks nach sechsmonatiger Abwesenheit wieder aufgetaucht sei. Faye kannte dieses Krokodil, es war der größere von zwei riesigen

Krokodilbullen, die im Park lebten. Wann immer der größere Bulle anwesend war, verzog sich das kleinere Krokodil in eine Flussmündung in der Nähe der Stadt Garuma. Faye hatte den beiden Krokodilbullen sogar bereits Namen gegeben. Das subdominante Männchen hatte er Gatumba, den Herrscher des Parks hatte er dagegen Gustave getauft. Als Faye jetzt die im Park peinlich genau geführten Listen über die An- und Abwesenheit der Krokodile etwas genauer unter die Lupe nahm, stellte er rasch fest, dass Gustaves Abwesenheitszeiten im Delta zeitlich exakt mit den Daten der Angriffe am See- ufer übereinstimmten. Damit war klar, dass es sich beim ge- panzerten Massenmörder nur um Gustave handeln konnte.

Die wirkliche Anzahl von Gustaves Opfern – hartnäckig sich haltenden Gerüchten zufolge soll auch die Ehefrau des russischen Botschafters für Burundi zu Gustaves Opfern zäh- len – ist Gegenstand vieler, nicht unbedingt nur wissenschaft- licher Diskussionen. Während viele Einheimische berichten, die Zahl von 300 Opfern sei eher noch untertrieben, glauben viele Krokodilforscher nicht daran, dass ein einziges Krokodil für eine derart hohe Zahl von Todesfällen verantwortlich sein kann.

Wie andere Krokodile auch tendiert Gustave dazu, nur die Teile des menschlichen Körpers zu verspeisen, die er leicht vom Rumpf abreißen kann. Ein Grund, warum seine be- klagenswerten Opfer fast immer ohne Arme, Beine und Kopf aufgefunden werden. Lediglich der völlig zerfetzte Torso bleibt zurück. Manchmal verzehrt Gustave seine Opfer aller- dings auch überhaupt nicht. Einige Dorfbewohner glauben deshalb, dass die riesige Echse ab und an auch nur aus reiner Mordlust tötet. Glaubt man Krokodilexperten, dann töten

Krokodile gewöhnlich jedoch nicht zu ihrem Vergnügen. Auf der anderen Seite ist Gustave aber natürlich alles andere als ein gewöhnliches Krokodil. In den am Ruzizi gelegenen Dörfern besingen sogar die Schulkinder in einer Art von Galgenhumor das Mörderkrokodil: »Gustave, das große Krokodil, das gekommen ist, um uns alle zu fressen.«

Wenn man Kanyosha, ein ländlich anmutendes Armenviertel am Rande der burundischen Hauptstadt Bujumbura an den Ufern des Tanganjikasees, besucht, wird einem in diesem Zusammenhang gerne eine lokale Berühmtheit präsentiert: Hatungimana Audifax, der einzige Mensch, der bisher eine Attacke von Gustave überlebt hat. Der heute 25-jährige Mann konnte sich vor rund zwölf Jahren nach einem Angriff von Gustave gerade noch ans Ufer retten, musste seine Begegnung mit dem berüchtigten Nilkrokodil jedoch mit dem Verlust eines Beins bezahlen. Audifax ist sehr stolz darauf, dass es ausgerechnet das berühmteste Krokodil der Welt war, dem sein Bein zum Opfer fiel. Das hebt ihn ein wenig aus der perspektivlosen Anonymität des Elendsviertels heraus.

Eigentlich ist es ein Wunder, dass das Mörderkrokodil noch lebt. Einer gern erzählten Geschichte nach sollen burundische Soldaten nämlich mehrfach aus nächster Nähe mit Maschinenpistolen das Feuer auf Gustave eröffnet haben. Ohne jeden Erfolg: »Gustave hat die Kugeln einfach verschluckt«, lautet die gängige Erklärung vieler Dorfbewohner für die vermeintliche Kugelfestigkeit des gefürchteten Krokodils. Auf der anderen Seite berichten zahlreiche Augenzeugen übereinstimmend von ungewöhnlichen narbigen Wülsten am Schädel und an der rechten Körperseite von Gustave. Wülste, die durchaus auch von Schusswunden herrühren könnten.

Natürlich hat Gustave bei den traditionell abergläubischen Bewohnern des Ruzizi-Deltas schon längst mythischen Status erlangt. Neben seiner Kugelfestigkeit soll das gewaltige Nilkrokodil nämlich auch über magische Kräfte sowie einen zügellosen Hunger nach Menschenfleisch verfügen. So besagt eine am Tanganjikasee gerne erzählte, aber doch wenig glaubhafte Legende, dass Gustave auf einem einzigen Beutezug mehr als ein Dutzend Menschen verschlungen haben und, als sich der Tag dem Ende zuneigte, immer noch Appetit gehabt haben soll.

Doch warum wurde Gustave zum Menschenfresser? Die Gründe liegen im Dunkeln, es gibt fast so viele Theorien wie Opfer. Eine beliebte Erklärungsmöglichkeit ist die sogenannte »Ersatztheorie«, die von der Tatsache ausgeht, dass die Bevölkerung im Ruzizi-Delta in den letzten 15 Jahren drastisch zugenommen hat, während die Wildbestände dank hemmungsloser Bejagung drastisch reduziert wurden. Und was läge da näher als die Vermutung, dass Gustave seine Nahrungsgewohnheiten einfach an die aktuell zur Verfügung stehende Beute angepasst hat?

Vielleicht hängt Gustaves fatale Vorliebe für Menschenfleisch aber auch mit den zahllosen Opfern des blutigen und schon lange andauernden Bürgerkriegs in der Demokratischen Republik Kongo zusammen, deren Leichen oft achtlos einfach in den Ruzizi-Fluss geworfen wurden und dort mit Sicherheit den Speisezettel der ansässigen Krokodile ergänzten.

Nach einer weiteren Theorie hindern seine ungewöhnliche Größe und sein gewaltiges Gewicht Gustave daran, schnell bewegliche Beute wie Fische, Antilopen oder Zebras zu erbeuten, weshalb er sich eben auf etwas schwerfälligere Beutetiere wie kleine Nilpferde oder eben leicht zu erbeutende Menschen spezialisiert hat.

2002 sollte Gustave dann endlich zur Strecke gebracht werden. Aber bitte schön lebend! Der geplante Lebendfang von Gustave sollte nämlich gleich mehrere Vorteile bringen: Zum einen hätte die Bevölkerung dann endgültig Ruhe vor dem menschenfressenden Krokodil, und zum anderen wäre ein Gustave hinter Gittern doch eine prächtige Attraktion für zahlungskräftige Krokodilfans aus aller Welt – geradezu ein Segen für den nicht gerade für seine tierischen Highlights bekannten Ruzizi-Nationalpark. Darüber hinaus sollte Gustave die letzten Jahre seines Lebens zwar in Gefangenschaft, aber dennoch mit einer durchaus angenehmen Tätigkeit verbringen, nämlich als eine Art oberster Deckhengst – pardon Deckkrokodil – von Burundi. Krokodilbullen von Gustaves Größe sind in Zentralafrika nämlich äußerst selten. Gerade große Krokodile wurden in der Kolonialzeit von Trophäenjägern in ganz Afrika erbarmungslos gejagt. Und auch später in den 1950er- und 1960er-Jahren wurden Abschussquoten in vielen zentralafrikanischen Staaten oft einfach ignoriert, sodass professionelle Jäger manchmal in einer Nacht Dutzende großer Krokodile abschossen, deren Häute dann irgendwann im Kaminzimmer einer Villa in London, Paris oder Beverly Hills landeten. Umso wichtiger also beim heutigen Mangel an wirklich großen Krokodilen, dass ein »Superkrokodil« wie Gustave seine guten Gene an möglichst viele Nachkommen weitergibt und damit den burundischen Krokodilgenpool tüchtig auffrischt.

Zusammen mit einem Team des amerikanischen Fernsehsenders PBS, den der findige Franzose als Sponsor gewonnen hatte, versuchte Faye, Gustave mithilfe einer riesigen Falle aus dem Verkehr zu ziehen. Die Ausmaße der nach Konstruktionsplänen von Faye gebauten Krokodilfalle waren gewaltig: Zehn Meter lang, zwei Meter breit und zwei Meter hoch. Allein um das tonnenschwere Monstrum aus Stahl zu transportieren, waren mehr als 30 Personen notwendig. Das Team setzte die unterschiedlichsten Köder ein, um das riesige Krokodil in die nicht minder riesige Falle zu locken. Zunächst versuchte man es mit einer lebenden Ziege, dann mittels mit Ochsenblut beschmierter Hühnchen, und als das alles nichts half, musste sogar der ungeliebte Hund des ortsansässigen Medizinmanns als Krokodillockmittel herhalten. Der Erfolg war gleich null. Zwar zeigten die nächtlichen Aufnahmen einer in der Nähe installierten Videokamera immer wieder die leuchtenden Augen eines riesigen Krokodils, die Falle selbst war jedoch am Morgen leer. Offenbar hatte Gustave die Situation mehrfach begutachtet, für zu riskant befunden und dann das Weite gesucht. Statt Hühnern und Hunden schnappte sich Gustave lieber ein paar Kilometer nördlich einen Fischer. Schließlich versank die tonnenschwere Falle im weichen Uferschlick des Ruzizi-Flusses. Das war dann das vorläufige Ende aller Fangversuche. Der Plan, Gustave als Touristenattraktion in einem noch zu bauenden Zoo zu halten, bzw. ihn als »Zuchtbullen« einzusetzen, um den etwas auf den Hund gekommenen Genpool der zentralafrikanischen Krokodile wieder auf Vordermann zu bringen, musste ad acta gelegt werden. Den Rangern im Nationalpark war schon vorher klar gewesen, dass man die gewaltige Panzerechse so nicht fangen kann. »Dazu ist Gustave einfach zu clever«, sagen sie.

Bei den vergeblichen Versuchen, Gustave zu fangen, entstand auch ein Dokumentarfilm, der 2004 unter dem nicht ganz der Wahrheit entsprechenden Titel *Capturing the Killer Croc* im Fernsehen gezeigt wurde. Wenigstens waren im Film aber einige ganz ausgezeichnete Aufnahmen von Gustave zu sehen, sodass jetzt zumindest die Existenz des riesigen Krokodils nicht mehr bezweifelt werden konnte. Nach dem missglückten Fangversuch wurde Gustave über einen längeren Zeitraum zunächst nicht mehr gesehen, und bald machten Gerüchte die Runde, dass das Mörderkrokodil von Rebellen aus der benachbarten Demokratischen Republik Kongo erschossen und verspeist worden sei. Welche Ironie: Ein tierischer Menschenfresser als Opfer einer menschlichen Fressattacke! Aber Fehlanzeige: Ein Jahr später tauchte Gustave wieder bei bester Gesundheit quicklebendig im Ruzizi-Delta auf – und ging wieder seiner gewohnten Tätigkeit nach: Menschen verspeisen.

Den medialen Ritterschlag verpasste der riesigen Panzerechse im Jahr 2007 die Traumfabrik aus Hollywood. Gustave diente nämlich nicht nur als Vorbild, sondern auch als Namenspate für den tierischen, wenn auch lediglich gut animierten Hauptdarsteller des Horrorfilms *Primeval*, der in Deutschland unter dem Titel *Die Fährte des Grauens* die Kinokassen klingeln ließ. Im Film muss ein Journalistenteam in Burundi zwischen Bürgerkrieg und Mörderreptil ums nackte Überleben kämpfen. Der am Computer generierte Gustave zeigt sich übrigens deutlich wilder als sein echtes Vorbild. Es gab nichts, was die Filmechse nicht attackierte, und das schloss sowohl Boote als auch Jeeps ein. Und wie im richtigen Leben kommt Gustave auch im Horrorschocker am Ende mit dem Leben davon. Eine Art von Happy End, das fortsetzungstechnisch natürlich alle Möglichkeiten offenlässt. Heute, im Jahr 2012, wird Gustave immer noch ab und an im Ruzizi-Fluss gesichtet. Menschen sind dem größten Krokodil Afrikas jedoch in letzter Zeit keine mehr zum Opfer gefallen. Die Menschen in den Dörfern am Ruzizi glauben auch den Grund für diese Tatsache zu kennen: »Offensichtlich ist der frühere Menschenfresser im Alter milde geworden.«

Krokodil verursacht Flugzeugabsturz

Diese unglaublich klingende Headline war 2010 weltweit in zahlreichen Zeitungen zu finden. Was auf den ersten Blick wieder einmal stark nach einer Erfindung der Sensationspresse aussah, entsprach aber der Wahrheit, zumindest, wenn man dem Bericht des einzigen Überlebenden des Flugzeugabsturzes glaubt. Das Unglück hatte sich im August 2010 in der *Demokratischen Republik Kongo* ereignet. Ein Flugzeug einer kongolesischen Fluggesellschaft mit 21 Menschen an Bord war beim Anflug auf den Regionalflughafen Bandundu abgestürzt und in ein Wohnhaus gekracht. 20 Menschen starben, darunter auch die beiden Piloten. Der einzige Überlebende berichtete, dass es ein kleines Krokodil war, das letztendlich für den Absturz verantwortlich war. Ein Passagier hatte das Reptil versteckt in einer großen Sporttasche ins Flugzeug geschmuggelt. Als das Flugzeug bereits zum Landeanflug angesetzt hatte, hatte sich das Krokodil befreit und dadurch für eine Panik an Bord gesorgt. Aus Angst vor dem Krokodil, so der Überlebende, sei die Stewardess mit sämtlichen Passagieren im Schlepptau in Richtung Cockpit geflohen, was dazu geführt habe, dass das Flugzeug völlig aus dem Gleichgewicht geriet und allen verzweifelten Bemühungen des Piloten zum Trotz abstürzte. Das Krokodil überlebte übrigens den Absturz, konnte sich dieser Tatsache allerdings nicht allzu lang erfreuen. Als die Echse nämlich von Rettungskräften quietschfidel zwischen den Flugzeugtrümmern entdeckt wurde, wurde sie von diesen kurzerhand mit einer Machete erschlagen.

Gustave ist übrigens nicht allein. Nilkrokodile sind, zumindest wenn man nach der Zahl der Opfer geht, wohl die gefährlichste aller Krokodilarten. Rund 300 bis 400 Menschen werden nach Schätzungen von Experten von den Krokodilen, die im zentralen und südlichen Afrika zu Hause sind, jährlich getötet. Allein in Simbabwe kamen nach einer Meldung der Nachrichtenagentur *Associated Press* zwischen Januar und Oktober 2005 13 Menschen durch Nilkrokodile ums Leben. Experten gehen übrigens davon aus, dass früher, als Nilkrokodile wegen ihrer Haut noch nicht so stark bejagt wurden und in ganz Afrika sehr häufig vorkamen, noch deutlich mehr Menschen den gepanzerten Echsen zum Opfer fielen. Kein Wunder also, dass ein so gefährliches und mächtiges Tier wie das Nilkrokodil in der Kulturgeschichte vieler Völker eine große Rolle spielt, die vor allem von Angst, Ehrfurcht und Bewunderung geprägt ist. Im alten Ägypten wurden Krokodile sogar als heilige Tiere vergöttert und in der Gestalt des krokodilköpfigen Gottes Sobek verehrt. Sobek galt als Gott der Fruchtbarkeit. Die alten Ägypter glaubten, aus seinem Schweiß sei der mächtige Nil entstanden. Sobek waren zahlreiche Tempel, die übrigens stets mit großräumigen Teichanlagen für die heiligen Tiere ausgestattet waren, geweiht. Krokodile, die in diesen Tempeln das Zeitliche segneten, wurden wie Menschen einbalsamiert und als Mumien begraben. Die größten Krokodilmumien waren über fünf Meter lang! Wurde ein Mensch von einem dieser heiligen Nilkrokodile gefressen, so galt sein Tod als besonders schön und ehrenvoll.

Der griechische Historiker Herodot (etwa 484 bis 425 v. Chr.) berichtet im II. Buch seiner *Historien*, wie die Bewohner einiger ägyptischer Regionen die Echsen regelrecht vergötterten: »Die um Theben und den Moiris-See wohnen, die haben ganz besonders den Glauben, dass sie heilig sind. An beiden Stellen hegt man je ein ausgewähltes Krokodil, das abgerichtet und zahm ist, und sie tun ihm Gehänge in die Ohren, von Glasfluss und Gold, und Spangen um die Vorderfüße, und geben ihm vorgeschriebene und geweihte Speisen und pflegen es aufs beste, solange es lebt. Ist es gestorben, balsamieren sie es ein und setzen es in heiliger Lade bei.«

Aber nicht nur bei den alten Ägyptern, sondern auch bei vielen Volksstämmen Zentralafrikas wurde und wird noch heute das Nilkrokodil als heilig verehrt. So war zum Beispiel die im Viktoriasee gelegene Insel Damba früher den Krokodilen geweiht und bis vor rund 100 Jahren ein Ort ziemlich blutrünstiger und grausamer Riten. Wie der britische Missionar und Afrikaforscher John Roscoe berichtet, opferte dort nämlich der Volksstamm der Baganda seine Feinde, um die Seelen der heiligen Krokodile zu besänftigen: »Die Opfer wurden zur Insel Damba gebracht, und nachdem man ihnen mit Betäubungsmittel versetztes Bier zu trinken gegeben hatte, wurden sie zum Strand gebracht, wo man ihnen Arme und Beine brach, damit sie nicht mehr von der Stelle, an der sie abgelegt worden waren, entkommen konnten. Sie wurden in einer Reihe liegend zurückgelassen, und dann kamen die Krokodile und trugen sie ins Wasser und erlösten sie dort von ihren Leiden.«

Körperballast

Krokodile wurden in der Vergangenheit immer wieder dabei beobachtet, wie sie Steine fressen, eine auf den ersten Blick reichlich unsinnige Tätigkeit. Aber eben nur auf den ersten. Die Steine, die nach erfolgreichem Verzehr tatsächlich »schwer wie ein Stein« im Magen der Krokodile liegen, spielen nämlich eine wichtige Rolle in der Jagdstrategie der Panzerechsen. Die sogenannten Gastrolithen haben nach neueren wissenschaftlichen Erkenntnissen die Funktion eines Zusatzballastes, durch den die gepanzerten Echsen ihr spezifisches Gewicht erhöhen und damit den Auftrieb im Wasser verringern können. Durch diesen Trick können die gefürchteten Raubtiere länger auf dem Boden eines Gewässers bleiben und dort unbemerkt auf Beute lauern. Das erklärt auch, warum schwerere Krokodile mehrere größere Steine im Magen haben. Die Magensteine sind aber auch noch anderweitig nützlich. Durch sie wird die Nahrung zermalmt und den Reptilien dadurch die Verdauung erleichtert. Die Steine können ihre Funktion übrigens nicht ewig erfüllen. Sie werden im Laufe der Zeit durch den aggressiven Magensaft der Krokodile aufgelöst und müssen daher immer wieder durch neue ersetzt werden.

Neben dem Nilkrokodil stufen Wissenschaftler lediglich sieben der 23 heute bekannten Krokodilarten als gefährlich für den Menschen ein, und das auch nur, wenn sie eine Größe von drei Metern überschreiten. Das amerikanische Spitzkrokodil, von Wissenschaftlern als vergleichsweise wenig aggressiv eingeordnet, greift z. B. nur gelegentlich Menschen an. Dennoch sind bereits mehrere Menschen in Lateinamerika dieser Krokodilart zum Opfer gefallen. Gleiches gilt für das in Südostasien lebende Sumpfkrokodil. Beim Mohrenkaiman und Orinokokrokodil, beides Krokodilarten, die in Südamerika zu Hause sind, handelt es sich zwar um verhältnismäßig große Krokodile, denen auch eine gewisse Gefährlichkeit nachgesagt wird. Beide Arten sind jedoch mittlerweile so selten geworden, dass es kaum jemals mehr zu Zusammenstößen mit Menschen kommt. In einer ganz anderen Liga spielt da schon der Mississippi-Alligator. Seit 1948 hat die Florida Fish and Wildlife Conservation Commission (FWC) allein im Sunshine State 356 Alligatorenangriffe auf Menschen registriert. 25 dieser Attacken endeten tödlich. In den letzten Jahren hat die Anzahl der tödlichen Angriffe jedoch zugenommen. Während von 1970 bis 2000 lediglich neun Attacken mit tödlichem Ausgang registriert wurden, haben Alligatoren zwischen 2001 und 2010 16 Menschen getötet. Ein Anstieg, der nach Ansicht von Experten gleich zwei Ursachen hat: Zum einen haben sich die, durch die starke Bejagung arg reduzierten Alligatorenbestände, durch die Unterschutzstellung der Art im Jahr 1967 wieder gut erholt, sodass man heute allein in Florida von bis zu zwei Millionen Individuen ausgeht. Gleichzeitig hat aber auch die menschliche Bevölkerung in Florida drastisch zugenommen, sodass es heute schon rein statistisch gesehen zu mehr Zwischenfällen mit Alligatoren kommt als in früheren Zeiten. Zusätzlich wurden die gepanzerten Reptilien durch die Erschließung großer Teile der Sümpfe Floridas, der berühmten Everglades, auch noch gezwungen, ihren Lebensraum mit Menschen zu teilen. Da sind Konflikte natürlich vorprogrammiert.

Apropos gefräßige Alligatoren: Es soll in den 1930er-Jahren gewesen sein, als wohlsituierte New Yorker Floridaurlauber ihren daheimgebliebenen Sprösslingen aus dem Sommerurlaub niedliche kleine Alligatoren mitbrachten, die sie dann später, als die Kinder des lebenden Spielzeugs überdrüssig geworden waren, einfach über die Toilette in die Kanalisation entsorgt hätten. Andere Exemplare der gepanzerten Migranten, die nach einigen Jahren Wohnungshaltung für jedes Terrarium zu groß geworden waren, wären in den Parks der Stadt ausgesetzt worden und hätten dann ebenfalls in der Kanalisation der Weltstadt ein neues Zuhause gefunden. Dort hätten die Reptilien sich an Ratten bzw. Hundeleichen derart gütlich getan, dass sie sich in wenigen Jahren sprunghaft vermehrt hätten. Im Laufe der Zeit hätten die unterirdisch lebenden Panzerechsen aufgrund der im Abwassersystem herrschenden Dunkelheit ihre Farbe und ihr Augenlicht verloren und kröchen jetzt als blinde Albinos durch New Yorks Unterwelt. Ab und an würde den Reptilien auch der eine oder andere unvorsichtige Kanalarbeiter zum Opfer fallen. Solche Vorkommnisse vertuschten allerdings die Behörden der Weltstadt mit schöner Regelmäßigkeit.

Da stellt sich natürlich die Frage, was an der Geschichte von der Krokodilpopulation im Untergrund der Millionenmetropole dran ist. Machen wirklich riesige Krokodile die Kanalisation New Yorks unsicher, oder ist das alles nur ein von der stets hungrigen Sensationspresse befeuerter Großstadtmythos? Da es immer relativ schwierig ist, die Nichtexistenz von etwas zu beweisen – immerhin sind die New Yorker Kanäle insgesamt etwa 10 000 Kilometer lang –, lassen Sie uns mal nach möglichen Beweisen suchen, dass sich tatsächlich Alligatoren in den unterirdischen Abwasserkanälen New Yorks herumtreiben. Von Kanalisationskrokodil-Gläubigen wird als Beweis für die Existenz einer Krokodilpopulation im Kanalsystem gerne ein im Jahr 1959 erschienenes Buch des amerikanischen Romanschriftstellers Robert Daley zitiert, der vor seiner Karriere als Schriftsteller stellvertretender Polizeichef des New York City Police Department (NYPD) war. In *The World Beneath the City* befasst sich nämlich auch ein Kapitel mit den angeblichen Kanalisationskrokodilen, in dem Daley den früheren Superintendent der New Yorker Abwasserbehörde, Teddy May, zu Wort kommen lässt. May zufolge hätten Kanalinspektoren die ersten Alligatoren bereits 1935 im New Yorker Untergrund entdeckt. Er selbst habe die Berichte seiner Mitarbeiter zunächst als Gruselstorys abgetan, bis er die bis zu drei Meter langen Alligatoren während einer Inspektionstour wenig später mit eigenen Augen gesehen habe. May blies daraufhin zur unterirdischen Großwildjagd und befahl seinen Arbeitern, den Kanalisationskrokodilen mit Gewehren und Rattengift auf den schuppigen Panzer zu rücken. Offenbar war die unterirdische Krokodiljagd von Erfolg gekrönt, denn ab dem Jahr 1937 seien dann keine Alligatoren mehr im New Yorker Kanalisationssystem gesichtet worden. An der Glaubwürdigkeit von May, der zum Zeitpunkt des Interviews bereits 84 Jahre alt war, wird heute stark gezweifelt. Mays Geschichte hat nämlich einige kleine Schönheitsfehler. So ist zum Beispiel bereits der Status, den Teddy May in der New Yorker »Kanalisationshierarchie« innehatte, äußerst umstritten: Während May sich selbst bei seinen Erzählungen immer als ehemaligen Superintendent der Kanalisationsbetriebe bezeichnet hat, erinnern sich andere ehemalige Kanalisationsbeamte nur an einen einfachen Arbeiter, bestenfalls Vorarbeiter namens Teddy May. Und Jan Harold Brunvand von der University of Utah, Amerikas führender »Urban-Legends«-Forscher, kam nach umfangreichen Recherchen in Sachen Kanalisationskrokodile zu dem Schluss, dass May, um es vorsichtig auszudrücken, einfach nur ein begnadeter Geschichtenerzähler mit einem Hang zu außergewöhnlichen Storys gewesen war.

Und was sagt die Wissenschaft zu der Möglichkeit, dass Krokodile in der New Yorker Kanalisation hausen? Die meisten Reptilienkundler halten es gleich aus mehreren Gründen für unmöglich, dass Alligatoren über einen längeren Zeitraum in der New Yorker Kanalisation überleben können. Zum einen bevorzugen Krokodile nämlich warme Gebiete und scheuen Kälte und kaltes Wasser. Alligatoren und Kaimane können zwar Kälte deutlich besser vertragen als z. B. Nil- oder Leistenkrokodile. Aber fünf Monate New Yorker Winter, das hält selbst der stärkste Alligator nicht aus. Zum anderen sind Krokodile in erster Linie Fleisch- und keine Aasfresser, und außer Ratten gibt es in der Kanalisation kaum etwas, womit die großen Echsen auf Dauer ihren Appetit stillen könnten. Nicht gerade förderlich für die Gesundheit unterirdisch lebender Panzerechsen ist auch der im Untergrund herrschende permanente Mangel an Sonnenlicht, das die Reptilien nicht nur brauchen, um sich aufzuwärmen, sondern auch, um in ihrer Haut das für die Knochenbildung so wichtige Vitamin D zu bilden. Ohne Vitamin D könnten die Krokodile nämlich kein Kalzium aus dem Darm aufnehmen und in ihr Skelett einlagern. Die Folgeerscheinungen wären für die Echsen äußerst unangenehm, eine schmerzhafte Knochenerweichung, die zu Muskelschwächen, Skelettdeformationen und damit letztendlich zum Tod führen würde. Intime Kenner der New Yorker Kanalisation nennen noch einen vierten Grund, warum ein Alligator auf keinen Fall im Kanalsystem der Millionenmetropole überleben kann: Das Kanalisationswasser ist so mit Schadstoffen belastet, dass die Echsen darin innerhalb kürzester Zeit zugrunde gehen würden. Übrigens: Erkundigt man sich heute beim für die New Yorker Kanalisation zuständigen Department of Environmental Protection nach den Untergrundalligatoren, bekommt man stets zu hören, dass in den unterirdischen Kanälen der Metropole zwar durchaus eine ganze Menge seltsamer Dinge auftauchen würde, darunter wären aber niemals Alligatoren. Eine Tatsache, die die New Yorker Behörde aber keineswegs davon abhält, mit großem Erfolg in ihrem Geschenkshop T-Shirts zu verkaufen, auf denen unter dem Slogan »Die Legende lebt!« ein fröhlicher Kanalisationsalligator abgebildet ist.

Entstanden ist der Großstadtmythos oder die »urban legend« vom Krokodil in der Kanalisation vermutlich 1935 in New York. Am 10. Februar desselben Jahres veröffentlichte nämlich die renommierte *New York Times* eine Geschichte, wonach einige Jugendliche, als sie gerade im Stadtteil Harlem Schnee in ein Gully schaufelten, einen zweieinhalb Meter großen Alligator entdeckten, der offensichtlich in der Kanalisation sein Dasein fristete. Nachdem die Kids die Echse mit einer zum Lasso umfunktionierten Wäscheleine (!) an die Erdoberfläche gezogen hatten, bekamen sie offensichtlich Angst vor der eigenen Courage und erschlugen das wild um sich schnappende Tier mit ihren Schneeschaufeln. Woher der Alligator stammte, wird wohl immer ein Geheimnis des Reptils bleiben. Damals zirkulierenden Gerüchten zufolge soll die Echse, die angeblich auf einem aus Florida kommenden Dampfer als blinder Passagier mitgereist war, in New York in den eisigen

East River gesprungen sein, um dann letztendlich in der Kanalisation der Millionenstadt Zuflucht zu suchen.

Interessanterweise war der »Harlem-Alligator« nicht das einzige Krokodil, das in New York auf offener Straße angetroffen wurde. Insgesamt über 15-mal berichtete die *New York Times* in den letzten 100 Jahren über Alligatoren, Krokodile oder Kaimane, die sich in und um New York herumgetrieben haben – allerdings war nur der Alligator aus dem Jahr 1935 direkt in der Kanalisation gesichtet worden.

Auch in jüngerer Zeit gab es immer wieder Krokodilfunde in diversen New Yorker Stadtteilen. So sorgte im Juni 2001 »Damon the caiman« für Furore, ein rund 70 Zentimeter großer Kaiman, der von Reptilienexperten vor laufenden Fernsehkameras lebend aus einem See im Central Park gefischt wurde und heute in einem Zoo in Florida zu Hause ist. Im November 2006 wurde ein 60 Zentimeter langer Kaiman vor einem Apartmentgebäude in Brooklyn eingefangen. Nach Angaben von Polizisten »zischte er und schnappte nach ihnen«. 2010 war dann der Stadtteil Queens an der Reihe, wo ein ebenfalls nur 70 Zentimeter großer Alligator unter einem parkenden Auto entdeckt wurde. Übrigens: Anders als bei uns in Deutschland ist es Privatleuten in New York per Gesetz verboten, Krokodile zu halten. Aber »Stadtkrokodile« gibt es nicht nur in New York. 1984 wurde in der Kanalisation von Paris direkt unter dem Quai de la Mégisserie ein etwa einen Meter großes Nilkrokodil unbekannter Herkunft gefangen. Heute lebt Eleanore – stattliche drei Meter groß und 250 Kilogramm schwer – im Aquarium du Golfe du Morbihan in Vannes in der Bretagne.

Auf die Spitze getrieben hat den Mythos vom Kanalkrokodil übrigens der amerikanische Tierhorrorfilm *Alligator* aus dem Jahr 1980: Im Film kauft ein kleines Mädchen während eines Floridaurlaubs ein Alligatorenbaby, das jedoch zu Hause in Chicago von ihrem Vater die Toilette hinuntergespült wird und so in die städtische Kanalisation gelangt. Dort mutiert das Reptilienbaby durch den Verzehr von mit Wachstumshormonen kontaminierten Hundeleichen zu einem stattlichen Zwölf-Meter-Krokodil! Merke: Offensichtlich kann man nicht nur Leistungssportler, sondern auch Krokodile dopen. Natürlich betätigt sich das Megakrokodil als Serienkiller, der sich gleich eine ganze Reihe braver US-Bürger einverleibt, bevor er von einem Polizeibeamten durch eine ordentliche Ladung Dynamit ins Jenseits befördert wird. In der letzten Einstellung erfährt man allerdings, dass unbemerkt von den Menschen noch ein Babyalligator existiert. Fortsetzung folgt …

Die amerikanische Wissenschaftsjournalistin Jane Goldman glaubt den Grund dafür zu kennen, warum sich der Großstadtmythos vom Krokodil im Kanalsystem so hartnäckig hält: »Es ist kaum verwunderlich, dass Abwasseranlagen so gut in die erzählerische Volkstradition passen. Sie sind dunkel, stinken, und nur wenige bekommen sie je zu Gesicht. Sie sprechen unsere Urängste an, unsere Faszination für das verborgene Unbekannte, das unter der zivilisierten Oberfläche lauert.«

Krokodilstränen

Die Redensart vom »Vergießen der Krokodilstränen«, die besagt, dass Menschen Trauer und Betroffenheit nur vorheucheln, beruht wahrscheinlich auf der naturwissenschaftlichen Enzyklopädie des französischen Franziskanermönchs Bartholomaeus Anglicus aus dem 13. Jahrhundert. Dort wird berichtet, Krokodile würden Menschen zwar umbringen, aber bevor sie »sie mit Genuss« verspeisten, würden sie bitterlich deren Tod beweinen. Später entstand dann das Märchen, wonach das Krokodil listigerweise wie ein kleines Kind weine und schluchze, um mitfühlende Menschen anzulocken, um sie dann zu verschlingen. Krokodile »weinen« jedoch keineswegs aus Mitleid mit ihren Opfern, sondern vergießen ihre vermeintlichen »Krokodilstränen« einer gängigen Theorie nach eher aus biologischen Gründen: Wenn Krokodile nämlich ihr Maul richtig weit öffnen, wie das z. B. bei der Nahrungsaufnahme der Fall ist, wird Druck auf eine Drüse ausgeübt, die dicht hinter dem dritten Augenlid liegt. Das Auge wird durch die Wischbewegung gereinigt und geschützt, sodass aus diesem zwar keine echten Tränen, aber ein tränenähnliches Sekret fließt. Das Sekret dient als antibakterieller Schutz des Auges. Nach einer anderen Theorie weinen die Echsen, weil sie beim Fressen so heftig zischen und schnaufen, wobei Luft so stark durch die Nasenhöhlen gepresst wird, dass sie in die Tränendrüsen dringt und diese zum Entleeren bringt.

Um einen echten Menschenfresser handelt es sich zweifelsohne bei unserer größten Krokodilart, dem Leistenkrokodil. Wie es bereits ihr englischer Name Salzwasserkrokodil verrät, bewohnen Leistenkrokodile, im Gegensatz zu allen anderen Krokodilen, dank einer hohen Salzverträglichkeit nicht nur Flüsse und Seen, sondern auch das Meer. Möglich machen die Salztoleranz sogenannte Salzdrüsen auf der Zungenoberfläche, mithilfe derer die Krokodile überschüssiges Salz wieder ausscheiden können. Seinen deutschen Namen erhielt das Leistenkrokodil dagegen aufgrund einer auffälligen Doppelreihe leistenartig angeordneter Höcker auf der Oberseite der langen Schnauze.

Aufgrund ihrer Salzverträglichkeit haben »Salties«, wie die

riesigen Tiere in Australien verniedlichend genannt werden, das größte Verbreitungsgebiet aller Krokodile überhaupt. Es reicht von Indien über Südostasien bis nach Australien und umfasst fast die gesamte ozeanische Inselwelt. Man trifft die größten Krokodile der Welt vor allem im Brackwasser der Küstenregionen, in Mangrovensümpfen und in Flussmündungen an. Aber es werden auch immer wieder Leistenkrokodile viele 100 Kilometer vom Land entfernt auf hoher See gesichtet. Aktueller Rekordhalter ist ein großes männliches Exemplar, das ursprünglich im Inselstaat Palau zu Hause war, einige Zeit später jedoch auf der zu den Föderierten Staaten von Mikronesien gehörenden Insel Pohnpei angetroffen wurde. Es hatte eine Strecke von mindestens 1400 km zurückgelegt.

Oft kommen Fischer, Schwimmer, Surfer und Taucher bei der Begegnung mit einem »Saltie« mit dem Schrecken oder lediglich Bisswunden davon, aber vor allem auf Neuguinea und in Indonesien ereignen sich immer wieder tödliche Zwischenfälle mit den riesigen Reptilien, sodass jährlich Dutzende von Opfern zu beklagen sind. Das wohl berühmteste Leistenkrokodil aller Zeiten war ein fast sieben Meter langes Tier namens »Bujang Senang« = der glückliche Junggeselle, ein berüchtigter Menschenfresser, der auf der Insel Borneo über den unvorstellbaren Zeitraum von mehr als 50 Jahren sein Unwesen getrieben hatte. Angeblich hat das Mörderkrokodil in Sri Aman, einem Distrikt im malaysischen Teil der Insel Borneo, über 100 Menschen getötet und dabei gleich ganze Dorfgemeinschaften ständig in Angst und Schrecken versetzt. Sein Ende fand das Krokodil, das auf dem Rücken einen weithin sichtbaren weißen Streifen trug und daher leicht zu identifizieren war, am 22.05.1992 durch Scharfschützen der

Polizei, nachdem es kurz zuvor sein letztes Opfer, ein 22-jähriges Eingeborenenmädchen, verspeist hatte. Es stellte sich heraus, dass »Bujang Senang« nicht nur das größte, sondern wohl auch das älteste Krokodil war, das man je auf Borneo erlegt hat. Der gewaltige Schädel des »Glücklichen Junggesellen« ist jetzt als Touristenattraktion auf einer malaysischen Krokodilfarm zu bewundern.

Leistenkrokodile waren es auch, die im Zweiten Weltkrieg für das sogenannte Massaker von Ramree Island verantwortlich waren. Ein Massaker, das im Guinnessbuch der Rekorde als »die größte jemals von Tieren angerichtete Katastrophe« geführt wird. Auf der direkt vor der burmesischen Küste gelegenen Insel Ramree hatten im Februar 1945 britische und indische Truppen rund 1000 Japaner der dortigen Garnison eingekesselt. Nachdem die Japaner wiederholte Aufforderungen, sich zu ergeben, ignoriert hatten, verhinderten die britischen Truppen der Royal Marines durch gezieltes Gewehrfeuer jeglichen Ausbruchsversuch der japanischen Soldaten, die daraufhin versuchten, durch einen 18 Kilometer langen Mangrovensumpf auf das burmesische Festland zu entkommen. Unglücklicherweise war dieser Sumpf jedoch Heimat vieler Tausender riesiger Leistenkrokodile, die sich sofort auf die japanischen Soldaten stürzten. Der britische Soldat und später berühmte Naturforscher Bruce Wright beschrieb, was dann geschah: »Die Nacht des 19. Februars 1945 war die grauenvollste, die je ein Besatzungsmitglied der Barkassen der Royal Marines erlebt hatte. Vereinzelte Gewehrschüsse im pechschwarzen Sumpf, die Schreie verwundeter Männer, die in den Kiefern der riesigen Krokodile zermalmt wurden, und das beunruhigende Geräusch herumwirbelnder Krokodile vermischten sich zu einer wahren Kakophonie der Hölle, die es auf Erden so wohl nur ganz selten gegeben hat. Im Morgengrauen kamen dann die Geier, um das zu fressen, was die Krokodile übrig gelassen hatten … Von den 1000 Japanern, die den Sumpf betreten hatten, waren gerade mal 20 am Leben geblieben.«

Heute wird stark bezweifelt, dass allein hungrige Krokodile für den Tod von über 900 Japanern verantwortlich waren. So konnten sich im Rahmen einer 2001 erstellten Studie befragte Dorfälteste der Insel nicht an ein derartiges Krokodilmassaker erinnern, und auch die japanischen Veteranen, die von Ramree Island entkommen konnten, erwähnten in ihren Berichten keine Krokodilattacken. Auf der anderen Seite finden sich in Berichten der Burma Star Organization, einer britischen Veteranenorganisation, zahlreiche Erwähnungen von Krokodil-, aber auch Haiangriffen während der Schlacht.

Auch im nördlichen Australien kommt es regelmäßig zu tödlichen Angriffen von Leistenkrokodilen auf Menschen. Am gefährlichsten ist es zu Beginn der Regenzeit im Oktober und November. Dann sind die wechselwarmen Tiere am beweglichsten, am aggressivsten und eben auch am hungrigsten. Immer wieder sind in der Presse dann Meldungen wie »Schnorchelnder Engländer von Krokodil getötet«, »Körper eines Jungen in Krokodil gefunden« oder besonders appetitlich »Krokodil ließ nur den Kopf eines Mädchens zurück« zu lesen. Meist ist Leichtsinn der Grund für Zwischenfälle mit tödlichem Ausgang. So wurde 2002 eine 23 Jahre alte Studentin im Kakadu-Nationalpark von einem riesigen Leistenkrokodil beim Bad in einem Wasserloch getötet. Als es den herbeigerufenen Parkrangern später gelang, den fast fünf Meter langen Man-eater nur ein paar Hundert Meter entfernt ausfindig zu machen und zu harpunieren, steckte die Leiche der Frau immer noch zwischen den gewaltigen Kiefern des Krokodils.

Im Norden Australiens waren die dort lebenden Leistenkrokodile durch intensive Jagd im 20. Jahrhundert nahezu ausgerottet. Bis in die 1970er-Jahre waren Handtaschen, Koffer und Schuhe aus Leistenkrokodilleder derart begehrt, dass allein in den 1950er- und 1960er-Jahren weltweit 100 000 Leistenkrokodile Jahr für Jahr abgeschlachtet wurden. Leistenkrokodilleder gilt wegen der besonders schön geformten Schuppen als wertvollstes Krokodilleder überhaupt. Erst, als die Krokodile dann 1971 im Bundesstaat Northern Territory unter Naturschutz gestellt wurden, konnten sich die Bestände der Panzerechsen wieder erholen. Gleichzeitig wurde mit dem Aufbau von Krokodilfarmen begonnen, in denen Leistenkrokodile für kommerzielle Zwecke gezüchtet wurden. Allerdings gab es bereits nach acht Jahren wieder so viele Exemplare, dass es auch wieder verstärkt zu Angriffen auf Menschen kam, die dann wiederum ihrerseits Jagd auf die »menschenmordenden« Krokodile machen wollten. Es galt also, einen Kompromiss zwischen Artenschutz und dem Sicherheitsbedürfnis der Bevölkerung zu finden. Aus diesem Grund wurden in den 1980er-Jahren die Bestimmungen zum Schutz der Leistenkrokodile wieder etwas gelockert. Zwar dürfen die Echsen nach wie vor nicht gejagt werden, aber zum Ausgleich für ihre Verluste dürfen Farmer, die oft jährlich 20 bis 30 Rinder an Leistenkrokodile verlieren, mit behördlicher Genehmigung eine begrenzte Anzahl von Eiern aus den Gelegen entnehmen und für gutes Geld an Krokodilfarmen verkaufen.

Für den Menschen extrem gefährlich ist auch das ausgeprägte Territorialverhalten der männlichen »Salties«: Die älteren und damit auch stärkeren Tiere vertreiben jüngere Rivalen rigoros aus ihrem Territorium. Die wiederum flüchten dann über die Flüsse in die Nähe menschlicher Siedlungen und werden dadurch oft zu »Problemkrokodilen«. Besonders aggressive Problemkrokodile, sogenannte »rogue crocodiles« = Schurken-Krokodile, die bereits mehrfach durch Angriffe auf Menschen aufgefallen sind, werden üblicherweise recht zügig von den zuständigen Rangern eingefangen und müssen dann ihr restliches Leben im Zoo oder auf einer Krokodilfarm verbringen.

Das berühmteste Schurkenkrokodil war ein männliches Leistenkrokodil namens »Sweetheart«, das in den 1970er-Jahren durch wiederholte Angriffe auf Fischerboote in der Finnis-Lagune im Northern Territory für Furore sorgte: Das große Leistenkrokodil biss bei seinen Angriffen nicht nur Löcher in die Seitenwände der Boote, sondern beschädigte auch die Außenbordmotoren. Einige Boote wurden durch die Wucht der Angriffe sogar zum Kentern gebracht. Menschen kamen bei den Attacken des offensichtlich notorisch wütenden Krokodils erstaunlicherweise nicht zu Schaden. Nach Ansicht von Experten attackierte Sweetheart die Boote nicht etwa, weil er verstärkten Appetit auf Menschenfleisch verspürte, sondern weil er sein Revier verteidigen wollte. Das im Alter offensichtlich bereits etwas kurzsichtige Männchen hielt nämlich offenbar das Geräusch der Außenbordmotoren für das Grollen eines rivalisierenden Männchens. Und das galt es natürlich tunlichst aus dem eigenen Territorium zu vertreiben.

Als sich dann 1979 die Attacken deutlich häuften, beschlossen die zuständigen Behörden, dem Treiben Sweethearts ein Ende zu setzen und das große Salzwasserkrokodil im Sinne aller Beteiligten sicher für den Rest seines langen Lebens auf einer Krokodilfarm unterzubringen. Ein Vorhaben, das jedoch leider kläglich scheiterte: Zwar gelang es den Parkrangern, Sweetheart in einer Falle zu fangen und mit einem Anästhetikum zu betäuben. Aber als man das doch etwas unhandliche Krokodil anschließend hinter einem Motorboot herschleppte, um es über eine in der Nähe gelegene Rampe an Land zu bringen, verfing sich Sweetheart im Geäst eines untergetauchten Baumstamms. Zwar bemühten sich die Parkranger, das Krokodil zu befreien und an Land zu ziehen, aber vergebens: Sweetheart schluckte bei den über fünf Stunden andauernden Rettungsversuchen so große Mengen Wasser, dass er letztendlich jämmerlich ertrank. Das gefürchtete Krokodil war zum Zeitpunkt seines Todes etwas über fünf Meter lang und fast 800 kg schwer. Das Alter des Tieres wurde auf rund 50 Jahre geschätzt. Bei der Obduktion fand man im Magen des Schurkenkrokodils nicht nur die Haare und Knochen von Schweinen, sondern auch Teile eines Fisches und zwei ausgewachsene Schlangenhalsschildkröten.

Wird's ein Junge oder ein Mädchen?

Krokodile besitzen keine Geschlechtschromosomen, deshalb können sich aus Krokodileiern immer beide Geschlechter entwickeln. Entscheidend für die Geschlechtszugehörigkeit der Panzerechsen ist die Bruttemperatur: Bei Temperaturen von 28 bis 31 Grad Celsius schlüpfen nur

Weibchen aus den Eiern, dagegen führen Temperaturen von 32 bis 34 Grad Celsius ausschließlich zu Männchen. Die meisten Krokodilarten legen ihre Eier in Nester aus Pflanzenresten. Die nötige Wärme, um die Eier auszubrüten, entsteht durch das Verrotten der Pflanzen. In der Brutzeit bewachen beide Elternteile das Gelege.

Leistenkrokodile sind klassische Ansitzjäger, die meist in Ufernähe sehr geduldig auf ihre Beute lauern. Nahezu unsichtbar liegen die großen Panzerechsen im Wasser. Lediglich Augen, Ohröffnungen und Nasenlöcher ragen über die Wasseroberfläche und ermöglichen es den Tieren, ihre Umgebung mit allen Sinnen zu kontrollieren. Kommen dann Beutetiere wie etwa Büffel, Wildschweine oder Affen zum Trinken ans Ufer des entsprechenden Gewässers, gleiten die großen Echsen zunächst lautlos unter Wasser an ihre Beute heran. Haben sie sich dann ihrem ahnungslosen Opfer weit genug genähert, schnellen sie sich mithilfe ihres muskulösen Schwanzes explosionsartig wie eine Rakete aus dem Wasser und packen mit ihren mächtigen Kiefern die Beute, um sie sofort ins tiefe Wasser zu zerren und dort zu ertränken. Ist das Opfer erst einmal gepackt, sind seine Aussichten zu entkommen nur noch gering. Zu mächtig ist der Biss der gewaltigen Panzerechsen.

An Land wirken die gepanzerten Echsen eher unbeholfen. Doch davon sollte man sich nicht täuschen lassen. Für einen Kurzstrecken-Sprint reichen die kurzen, aber kräftigen Beine allemal. Allerdings verfolgen Krokodile ihre Beute an Land meist nur ein paar Meter weit. Die gewaltigen Reptilien verfügen über keine große Ausdauer und verschwenden auch nicht gerne ihre Energie. Will heißen, wer die erste Attacke eines Krokodils überlebt und es schafft, ein paar Meter Distanz zwischen sich und die Echse zu bringen, ist normalerweise sicher.

Es gibt sicherlich angenehmere Erfahrungen, als von einem Krokodil gebissen zu werden. Nach Untersuchungen des »Beißkraftpapstes« Professor Gregory Erickson von der Florida State University haben die gepanzerten Echsen nämlich nicht nur spitze Zähne, sondern auch mit den stärksten Biss im Tierreich überhaupt. Messungen einer von ihm entwickelten »Beißfalle« haben nämlich ergeben, dass ein Alligator mit einer Länge von rund vier Metern beim Beißen einen Druck von 1,9 Tonnen ausüben kann. Zum Vergleich: Der gefürchtete Räuber der Meere, der Weiße Hai, schafft nur 1,8 Tonnen, Löwen bringen es je nach Größe auf eine Beißkraft zwischen 450 und 680 Kilogramm, und auch die in letzter Zeit so in Verruf gekommenen Kampfhunde wie etwa Bullterrier können beim Biss gerade mal einen Druck von rund 165 Kilogramm ausüben. Ganz am Ende der Skala mit kümmerlichen 80 Kilogramm liegt übrigens der Mensch. Möglich macht diese unglaubliche Beißleistung die gewaltige Kaumuskulatur der Panzerechsen, die gewährleistet, dass selbst kleinere Krokodile mit einem einzigen Biss einen Schildkrötenpanzer knacken können. Größere Exemplare zerquetschen mit ihrer kräftigen Kiefermuskulatur sogar mit Leichtigkeit einen Schweineschädel. Die Muskeln, die Krokodile zur Öffnung ihrer Kiefer benutzen, sind jedoch viel schwächer entwickelt. So genügt erstaunlicherweise ein simples Gummiband, um die Schnauze eines etwa zwei Meter großen Krokodils geschlossen zu halten.

Auf den ersten Blick etwas unappetitlich, aber durchaus wirkungsvoll, ist eine weitere Essgewohnheit der großen Echsen: Sie verstecken den Kadaver ihres Opfers oft erst mal ein paar Tage, damit er weicher wird. Das erleichtert das Zerstückeln enorm. Lange Zeit stand auch der Ganges-Gavial, eine bis zu sechs Meter lange Krokodilart, die in Indien und Nepal zu Hause ist, unter dem Verdacht, ein notorischer Menschenfresser zu sein. In den Mägen der Krokodile mit der charakteristisch spitzen Schnauze wurden nämlich immer wieder Ringe, Armbänder und sonstige Schmuckstücke gefunden. Neueren Erkenntnissen zufolge ernähren sich Ganges-Gaviale jedoch fast ausschließlich von Fischen. Lediglich ab und an werden auch Wasserschildkröten, Vögel oder kleinere Säugetiere wie etwa Hunde oder Ziegen verspeist. Angriffe auf Menschen sind bislang nicht glaubhaft beschrieben worden. Heute weiß man auch, dass die in den Mägen gefundenen Schmuckstücke nicht von Überfällen auf Menschen stammen, sondern von menschlichen Leichen, die dem Hinduglauben gemäß dem Fluss anvertraut wurden und dann von den Reptilien verzehrt wurden oder von ihnen als sogenannte Gastrolithen (Magensteine) vom Gewässergrund aufgenommen worden waren. Größe allein macht eben auch unter Krokodilen noch lange keinen Killer aus.

Der letzte menschenfressende Drache

oder

Blutige Zusammenstöße zwischen Mensch und Komodowaran

Für viele ist er der letzte Drache der Gegenwart: Mit bis zu drei Metern Länge und einem Gewicht von rund 70 Kilogramm ist der Komodowaran die größte heute noch lebende Landechse. Die Echse, die nur auf einigen Inseln Indonesiens vorkommt, ist dort der Top-Prädator, das Raubtier an der Spitze der Nahrungskette. Anders als andere Echsen sind Komodowarane reine Fleischfresser, die bis zu 80 Prozent ihres eigenen Körpergewichts verschlingen können. Als sogenannte opportunistische Omnivoren fressen die gigantischen Echsen nahezu alle Tiere, die sie erbeuten können. Das Beutespektrum reicht dabei von Ratten, Schlangen und Hühnern über Affen und Schleichkatzen bis hin zu mittelgroßen Tieren wie Wildschweinen, Ziegen und Mähnenhirschen, wobei letztere die Leib- und Magenspeise der riesigen Warane zu sein scheinen. Und auch kannibalistische Neigungen sind den Echsen nicht fremd – ab und an wird auch mal ein kleiner Artgenosse verputzt.

Das Jagdverhalten der Komodowarane ist abhängig von Größe und Lebensalter. Während die jüngeren, wendigeren Komodowarane aktive Pirschjäger sind, jagen ältere und damit natürlich auch größere und schwerere Exemplare meist aus dem Hinterhalt. Die großen Echsen lauern stets gut versteckt in Hochgras oder Gebüsch, üblicherweise an Tränken und Wildwechseln und sehr geduldig manchmal sogar tagelang auf ihre Opfer. Ist ein Beutetier dann nur noch wenige Meter entfernt, stürzen sich die vermeintlich so schwerfälligen Tiere mit geradezu atemberaubender Geschwindigkeit auf ihr argloses Opfer. Je größer und kräftiger Komodowarane im Verlauf ihres Lebens werden, an umso größere Beutetiere trauen sie sich heran. So haben Komodowarane sogar schon Pferde und Wasserbüffel erbeutet, also Tiere, die rund zehnmal so schwer sind wie sie selbst.

Wie brutal und blutig es dabei zugehen kann, schilderte eindrücklich ein Journalist, der die riesigen Echsen im Jahr 2001 für das Magazin *GEO* etwas näher unter die Lupe genommen hatte: »Am vierten Tag drangsalierten 15 Warane die verendende Büffelkuh. Als sie sich zur Seite drehte, bekam einer das Euter zu fassen und biss sich fest. Die Kuh sprang noch einmal auf – und dabei riss das Euter. Blutgeruch erfüllte nun die Luft – und das war das Signal, über den Büffel herzufallen: Schnell hatten zwei Echsen ihren Kopf in die Wunde gesteckt und rissen Fleischbrocken heraus. Wie im Rausch fraßen sie eine stetig größer werdende Höhle in den Leib des noch lebenden Opfers – abwechselnd tauchten sie mit dem Kopf voran immer tiefer in den Körper ein. Vielleicht noch fünf Minuten lebte die Büffelkuh, dann ein letzter Seufzer – und ihr Kopf sank zur Seite. Doch das beachteten die Warane gar nicht, sondern fetzten weiter die Eingeweide heraus, bis nur das Fell übrig war.«

Viele Jahre glaubte man, die Komodowarane würden beim Biss ihre Beute mit einem todbringenden Cocktail aus über 50 hochgefährlichen Bakterienarten infizieren und damit letztendlich durch eine voranschreitende Infektion bzw. Blutvergiftung töten. Vor Kurzem haben jedoch Wissenschaftler der Universität von Melbourne diese Theorie widerlegt. Die australischen Forscher konnten nachweisen, dass die größten Echsen der Welt ihre Opfer nicht mit einem Bakteriencocktail, sondern mit einem ganzen Strauß verschiedener Gifte schwächen, um sie dann später in aller Ruhe töten und verzehren zu können. Untersuchungen, die mithilfe eines Kernspintomografen an einem im Zoo von Singapur gehaltenen Tier durchgeführt wurden, zeigen nämlich, dass Komodowarane über ein äußerst komplexes und kompliziertes System von Giftdrüsen verfügen, deren Ausführgänge zwischen den Zähnen enden. Eine chemische Analyse brachte gleich fünf verschiedene Giftklassen zutage, die beim Opfer durch Hemmung der Blutgerinnung und Erweiterung der Blutgefäße einen plötzlichen Abfall des Blutdrucks bewirken und es damit in eine Art Schockzustand überführen. Zusätzlich verursacht die Giftmischung der Echse auch schmerzhafte Krämpfe und Lähmungen. Eine ähnliche Giftwirkung ist auch von einigen Schlangenarten bekannt. Aber anders als bei Schlangen, bei denen das Gift mit einem schnellen Biss durch sogenannte Hohlzähne injiziert wird, verbeißen sich Komodowarane in den Körper ihres Opfers und massieren dann das Gift durch kräftige Kaubewegungen ein. Und genau diese Kombination aus Giftwirkung und den schweren Verletzungen, die der Waran seinem Opfer mit seinen scharfen Sägezähnen zufügt, ist es, die die letzten Drachen so extrem gefährlich macht. Oder um es mit dem australischen Tiergiftexperten Bryan Fry zu sagen: »Im Gegensatz zur Kobra, bei der Gift die einzige Waffe ist, verfügen Komodowarane gleich über ein ganzes Arsenal gefährlicher Waffen.«

Ernährungstechnisch gesehen sind Komodowarane genügsame Tiere: Braucht ein Tiger zum Überleben im Durchschnitt täglich etwa zwölf Pfund Fleisch, kommen beim König der Echsen selbst Drei-Meter-Exemplare mit gerade mal einem Pfund aus. Ein Unterschied, der sich aus dem unterschiedlichen Aufwand zur Erhaltung der Körpertemperatur ergibt: Gleichwarme Tiere wie der Tiger verbrauchen rund 80 bis 90 Prozent der in der Nahrung enthaltenen Energie allein zum Aufrechterhalten ihrer Körpertemperatur. Ein Waran dagegen als sogenanntes wechselwarmes Tier lässt sich am Morgen von der Sonne ordentlich aufheizen und verzieht sich am Mittag unter kühlende Büsche. Das spart gewaltig Energie.

Eine »blutrünstige Bestie«, ein »menschenfressender Drache« – die Gefährlichkeit des Komodowarans wurde in der Vergangenheit meist maßlos übertrieben. Üblicherweise begreifen die gewaltigen Warane den Menschen nämlich nicht als Beutetier. Allerdings darf auch nicht verschwiegen werden, dass sich bereits in den mündlich überlieferten Erzählungen der indonesischen Ureinwohner Berichte über blutige Zusammenstöße zwischen Mensch und Riesenechse finden. So sollen auf den Kleinen Sunda-Inseln immer wieder Kleinkinder von Komodowaranen gefressen und Erwachsenen auch schon mal das halbe Bein oder aber zumindest eine Gesäßbacke abgerissen worden sein. Alles Mythen und Horrorgeschichten? Als sicher gilt, dass die größten Echsen der Welt seit ihrer Entdeckung zu Beginn des 20. Jahrhunderts mehr als ein Dutzend Menschen getötet und zum Teil auch gefressen haben.

Das bekannteste Komodowaran-Opfer war der Baron Rudolf von Reding, Biberegg, ein damals 78-jähriger Schweizer, der im Juli 1974 während einer Exkursion auf Komodo verschwand. Die Stelle, an der man später seine Hasselblad-Kamera mit zerrissenen Riemen und einen blutverschmierten Schuh fand, markiert heute ein weißes Kreuz, auf dem zu lesen ist: »In Erinnerung an Baron Rudolf von Reding, Biberegg. Geboren in der Schweiz am 8. August 1895 und verschwunden auf dieser Insel am 18. Juli 1974. Sein Leben lang liebte er die Natur.«

Im September 1990 war es dann ein Einheimischer, der einen blutigen Kampf auf Leben und Tod mit einem über zwei Meter langen Komodowaran zu bestehen hatte. Die Echse hatte den Mann aus dem Hinterhalt attackiert und sich anschließend in das Bein ihres Opfers verbissen. Über 40 Minuten dauerte das gefährliche Duell, bevor es dem Mann letztendlich gelang, die riesige Echse mit einer Machete zu töten.

2001 schaffte es ein in Gefangenschaft gehaltener Komodowaran in die Schlagzeilen. Der »Komodo-Drache« hatte Phil Bronstein, den Ehemann der amerikanischen Schauspielikone Sharon Stone, bei einem privaten Besuch des Zoos von Los Angeles kräftig in den Fuß gebissen. Bronstein mussten in einer großen Operation mehrere Fußsehnen ersetzt werden. Sein großer Zeh war sogar dermaßen zerfetzt, dass einer der in Hollywood so reichlich vorhandenen plastischen Chirurgen tätig werden musste.

2007 wurde dann ein neunjähriger Junge, der zusammen mit seinem Onkel mit dem Ausbessern von Fischernetzen beschäftigt war, unvermittelt von einem fast drei Meter großen Komodowaran äußerst brutal attackiert. Der Waran riss dem Jungen zunächst mit den Klauen ein Bein auf, packte ihn dann mit den Zähnen und versuchte, ihm durch kräftiges Hin-

und Herschütteln das Rückgrat zu brechen. Anschließend schleuderte die gewaltige Echse das Kind regelrecht durch die Luft und biss immer wieder mit seinen rasiermesserscharfen Zähnen zu. Als es dem Onkel und anderen Dorfbewohnern schließlich gelang, den Waran mit Steinwürfen zu vertreiben, war es zu spät. Der Junge war seinen schweren Verletzungen erlegen.

Nur zwei Jahre später wurde ein indonesischer Fischer im Komodo-Nationalpark gleich von mehreren Komodowaranen zerfleischt. Der Mann, der verbotenerweise im Park Früchte sammeln wollte, konnte nicht mehr gerettet werden.

Das vorläufig letzte Mal kam es dann im Februar 2010 zu einem blutigen Zwischenfall, als ein über zwei Meter großer Komodowaran einen Parkranger attackierte und sich in dessen Fuß verbiss. Durch die Schreie des Opfers alarmierte Kollegen konnten Schlimmeres verhindern, indem sie die Echse mit heftigen Stockschlägen vertrieben. Das Opfer, das bei der Attacke tiefe Fleischwunden erlitt, musste stationär im Krankenhaus behandelt werden.

Walter Auffenberg, Zoologe an der University of Florida und einer der führenden Komodowaranexperten weltweit, der zwischen 1969 und 1972 die Lebensgewohnheiten der großen Echsen detailliert studierte, schätzte die Gefährlichkeit der »letzten Drachen« als nicht kalkulierbar ein: »Von hundert Tieren verhalten sich höchstens zwei dem Menschen gegenüber aggressiv. Alle anderen sind scheu und gehen ihm möglichst aus dem Weg. Ein absolut angriffiger männlicher Komodowaran war ›Nummer 34‹. Er attackierte einen meiner Mitarbeiter ohne jede Vorwarnung, und er verfolgte einmal auch meine Kinder vom Strand bis zu unserer Hütte. Zum Glück ist in beiden Fällen nichts passiert. Trotz aller Unberechenbarkeit ist der Komodowaran aber kein Ungeheuer und ist Komodo nicht *Jurassic Park*. Komodowarane sind einfach kräftige Raubtiere. Nicht mehr und nicht weniger. Verteufeln wäre völlig fehl am Platz.«

Als nicht gerade ungefährlich für Komodo-Besucher betrachten Reptilienexperten die auf der Insel durchaus gängige Praxis, die üblicherweise nur schwer zu beobachtenden Komodowarane an speziellen »viewing sites« mit geschlachteten Ziegen anzulocken, um zahlungskräftigen Komodotouristen Gelegenheit für spektakuläre Fotos bzw. Videoaufnahmen zu bieten. Die Warane lernen hier nämlich im Laufe der Zeit, Menschen mit Nahrung zu verbinden, und das könnte für den einen oder anderen Besucher mehr als ungemütlich werden.

Fortpflanzung ohne Sex

Wenn weit und breit kein Männchen zu finden ist, können sich weibliche Komodowarane zur Not auch ohne Sex fortpflanzen. Ein Phänomen, das in der Wissenschaft als Parthenogenese oder Jungfernzeugung bezeichnet wird. Bei dieser Art der sogenannten eingeschlechtlichen Fortpflanzung wird einer unbefruchteten Eizelle mithilfe von Hormonen eine Befruchtung vorgegaukelt, sodass sie sich teilen und zu einem vollentwickelten Organismus entwickeln kann. Dass einige Vertreter sogenannter »niederer Tiere« wie etwa Blattläuse, Schnecken, Krebse, Insekten, Fische sowie einige kleinere Echsen sich dieser Art der Fortpflanzung ab und an bedienen, war schon lange bekannt, doch dass die riesigen Komodowarane dieses Kunststück ebenfalls beherrschen, ist eine völlig neue Erkenntnis. Herausgefunden hat man das erst, als in mehreren englischen Zoos Komodowarane geboren wurden, ohne dass

Männchen auch nur in die Nähe der entsprechenden Mütter gekommen wären. Im Gegensatz zu den meisten anderen Tierarten, die der Parthenogenese frönen, bei denen die Nachkommen nicht nur immer weiblich, sondern auch genetisch völlig identisch mit dem Muttertier sind, entstehen bei Komodowaranen allerdings stets Männchen. Auf den ersten Blick scheint so eine Jungfernzeugung eine bequeme Sache zu sein, wenn man bedenkt, dass Sex doch meistens nicht nur kostbare Energie, sondern auch viel Zeit verschlingt. Wer Sex haben will, muss ja bekanntermaßen zunächst einmal einen potenziellen Partner finden und diesen dann auch noch vom Sinn einer Paarung überzeugen. Im Tierreich ist das oft eine komplizierte und schweißtreibende Angelegenheit.

Da stellt sich natürlich die Frage, warum haben Komodowarane dann überhaupt noch Sex, wenn es auch ohne geht? Die Antwort ist ganz einfach: Sex mach fit für die Zukunft, denn ohne Sex gibt es keinen Genaustausch, keine Neukombination, also Durchmischung des Genmaterials, und damit sind kaum Mutationen möglich. Mutationen sind aber Voraussetzung für eine evolutionäre Weiterentwicklung. Und auch oder besser gesagt gerade die wenigen verbliebenen Komodowarane müssen sich weiterentwickeln, um für die Herausforderungen der Zukunft gewappnet zu sein. Wissenschaftler vermuten, dass die Jungfernzeugung den Reptilien helfen soll, ihren Lebensraum auszudehnen. So könnte ein Weibchen beispielsweise zu einer noch nicht besiedelten Insel schwimmen, sich dort zunächst einmal via Parthenogenese fortpflanzen, um dann mit den durch Jungfernzeugung entstandenen Männchen wieder dem »richtigen« Sex zu frönen, und so eine neue Population gründen.

Es ist schon erstaunlich, dass ein so gewaltiges Tier wie der Komodowaran der Wissenschaft relativ lang verborgen bleiben konnte. Denn bis zum Jahr 1910 wusste man in der westlichen Welt so gut wie nichts von den auf Komodo lebenden größten Echsen der Welt. Zwar machten immer wieder Gerüchte von bis zu acht Meter großen Landkrokodilen, deren

Haut auch dem Beschuss einer modernen Feuerwaffe stand-halten würde, die Runde, aber das waren eben Gerüchte. Erst der auf der Nachbarinsel Flores stationierte Leutnant van Steyn van Hensbroek machte den Spekulationen ein Ende und erlegte 1912 auf Komodo ein zweieinhalb Meter gro-ßes Exemplar der »Ungeheuer«. Die Haut seiner Jagdbeute schickte er dann zusammen mit einer Fotografie zur näheren Untersuchung an den Reptilienspezialisten Peter Ouwens, seines Zeichens Direktor des Zoologischen Museums in Bogor auf Java. Ouwens erkannte relativ schnell, dass es sich bei dem Landkrokodil um eine riesige Waranart handeln musste, und beauftragte sofort professionelle Tierfänger mit der Suche nach weiteren Exemplaren. Auf der Grundlage von zwei erlegten erwachsenen Tieren und zwei lebenden Jungen, mit denen die Tierfänger nach Java zurückkehrten, beschrieb Ouwens dann die neue Art und gab ihr nach der Insel, auf der sie entdeckt worden war, den wissenschaftlichen Namen *Varanus komodoensis*. Damit war der Komodowaran offiziell in der Wissenschaft angekommen.

Natürlich war die Entdeckung der »letzten Drachen« eine wissenschaftliche Sensation – mit der Folge, dass auf Komo-do bald eine Fangexpedition die andere ablöste, denn jeder europäische oder amerikanische Zoo, der auch nur ein biss-chen was auf sich hielt, wollte natürlich jetzt seiner Klientel einen »Komodo-Drachen« bieten. Und tatsächlich entpupp-ten sich die großen Echsen als regelrechte Besuchermagneten. So standen zum Beispiel 1926 Tausende von New Yorkern geduldig etliche Häuserblocks lang Schlange, nur um auch einmal einen Blick auf die beiden »Drachen« zu werfen, die der Bronx Zoo damals frisch erworben hatte.

In Gefangenschaft zeigen die sonst so angriffslustigen letzten Drachen, einen einfühlsamen Pfleger vorausgesetzt, manchmal, dass sie offensichtlich auch eine freundliche, ja durchaus auch anhängliche Seite haben. So spazierte der in den 1920er-Jahren im Berliner Zoo gehaltene Komodowaran »Moritz«, ein immerhin zweieinhalb Meter großes Tier, in Begleitung seines Pflegers oft fröhlich mitten zwischen den erstaunten Zoobesuchern umher. Klar, dass der sanfte Riese, der seinem Pfleger oft wie ein Hund an der Leine folgte, durch ein solches Verhalten zum Publikumsliebling mutierte.

Das Verbreitungsgebiet des Komodowarans ist nicht gerade groß: Es erstreckt sich lediglich über einen eng begrenzten Teil der Kleinen Sunda-Inseln, einem östlich von Java gelegenen Archipel. Außer auf der namensgebenden, gerade mal 400 Quadratkilometer großen Insel Komodo findet man das Reptil nur noch auf den ebenfalls winzigen Nachbarinseln Rinca, Gili Motang und Gili Dasami sowie entlang der Küste der größeren Insel Flores.

Erfreulicherweise wurden die »letzten Drachen« schon frühzeitig unter Schutz gestellt. Bereits drei Jahre nach der offiziellen Entdeckung des Komodowarans erließ der für Komodo zuständige Sultan von Bima ein Gesetz, dass es verbot, den »Ora«, wie der Komodowaran bei den Einheimischen genannt wird, zu töten. Und auch die Nachfolgeregierungen, zunächst die niederländisch-ostindische und danach die indonesische Regierung, sorgten stets dafür, dass der Komodowaran angemessen vom Gesetz geschützt war. Auch international sind die kolossalen Echsen streng geschützt: Das Washingtoner Artenschutzübereinkommen listet den Komodowaran in Anhang I, was bedeutet, dass jeglicher Handel mit lebenden Komodowaranen oder Körperteilen von ihnen (z. B. Häuten oder Zähnen) ohne Sondergenehmigungen verboten ist. 1980 wurde dann durch die Gründung des Komodo-Nationalparks auch der Lebensraum der Echsen geschützt. Trotz all dieser Schutzmaßnahmen gehören Komodowarane bei gerade mal noch 5000 lebenden Exemplaren seit vielen Jahren zu den bedrohten Tierarten und werden dementsprechend auch auf der Roten Liste der International Union for Conservation of Nature (IUCN) als »gefährdet« geführt. Und das nicht ohne Grund: Auf Komodo kam es in der Vergangenheit immer wieder zu Fällen von Wilderei. Zwar werden nicht die Warane selbst gewildert, wohl aber eine große Zahl von Mähnenhirschen, die wie ja bereits erwähnt eine Hauptnahrungsquelle für die Riesenechsen darstellen. Im Nationalpark sorgen deshalb jetzt verstärkt Ranger dafür, dass den Waranen ihre Nahrungsgrundlage nicht entzogen wird. Eine mögliche zukünftige Gefährdung für die Warane sehen Experten auf der Insel Flores, da hier die Einheimischen zunehmend Wälder und Savannen, den Lebensraum der urtümlichen Echsen, roden. Und natürlich sind die »letzten Drachen« des Komodo-Nationalparks ein beliebtes Ziel für Touristen aus aller Welt. Über 30 000 Besucher jährlich, die meist einen Tagesausflug auf die Insel machen, spülen mehrere Millionen Dollar in die Kassen der notorisch strukturarmen Region. Deshalb ist wohl davon auszugehen, dass die indonesischen Behörden auch in Zukunft vorbildlich für das Wohlergehen der großen Warane sorgen.

Tourismusattraktion hin, Tourismusattraktion her, bei der Bevölkerung der Kleinen Sunda-Inseln erfreuen sich die größten Echsen der Welt nicht gerade großer Beliebtheit. Die Warane vergreifen sich nämlich nicht selten auch an Haustieren oder verputzen den zum Trocknen ausgelegten Fisch. Auch sollen die Echsen ab und an frisch bestattete Tote ausgebuddelt und dann deren Leichen verzehrt haben. Ein derart pietätloses Verhalten kommt nirgendwo auf der Welt gut an.

Im Würgegriff der Riesenschlangen

oder

Anakonda und Python, die Giganten der Menschen-verschlinger

Wer sich im Kino mit schlotternden Knien und reichlich Gänsehaut auf dem Rücken am Film *Anaconda* ergötzt hat, hat auf Zelluloid endlich den ultimativen Beweis für eine bereits lange vermutete Tatsache gesehen: Was eine rechte Riesenschlange ist, kann ohne Wenn und Aber einen ausgewachsenen Menschen am Stück verschlingen. In diesem Tierhorrorfilm aus dem Jahr 1997 verputzt eine rund 15 Meter lange südamerikanische Riesenschlange gleich die halbe Besatzung eines Amazonasdampfers, bevor dem renitenten Reptil von den Protagonisten des Films mittels einer gewaltigen Explosion der Garaus gemacht wird. Aber dummerweise war die gewaltige Anakonda im Film, der übrigens gleich in sechs Kategorien für die »Goldene Himbeere« als schlechtester Film des Jahres nominiert war, nicht etwa ein echtes Tier, sondern lediglich computeranimiert.

Aber nicht nur in der Traumfabrik Hollywood, sondern auch in der Regenbogenpresse tauchen – meist begleitet von etwas unscharfen Fotos – in regelmäßigen Abständen Geschichten von riesigen Schlangen auf, die irgendwo im fernen Dschungel einen ganzen Menschen mit Haut und Haaren »auf einen Happs« gefressen haben sollen. Wie aber sieht es in der Realität aus? Können Pythons oder ihre südamerikanischen Verwandten, die Anakondas, tatsächlich einen Menschen erbeuten und dann auch verschlingen?

Rein körperlich sind zumindest vier Riesenschlangenarten in der Lage, einen Menschen herunterzuschlucken, nämlich die sogenannten »Big Four«: Anakonda, Netzpython, Tigerpython und Nördlicher Felspython. Das sind alles Arten, die zumindest mit einzelnen Exemplaren schon einmal die Sechs-Meter-Marke überschritten haben und damit auch unter den 70 bekannten Riesenschlangenarten zu den wirklichen Giganten gehören. Allerdings wird, wenn es um die Länge geht, nirgendwo anders so viel gelogen wie bei Riesenschlangen. In den Erzählungen früher Entdecker, aber auch heutzutage im World Wide Web, tauchen immer wieder Horrorgeschichten von gewaltigen Anakondas, Felsen- oder Netzpythons auf, deren Länge 15 oder gar 20 Meter und mehr betragen haben soll. Dass Riesenschlangen dieser Größe jedoch tatsächlich existieren, ist eher zweifelhaft. Offizieller Rekordhalter ist nämlich immer noch ein zehn Meter langer Netzpython, der 1912 in Celebes vermessen wurde. Beim Weltrekordler, der auch als solcher im Guinnessbuch der Rekorde geführt wird, handelt es sich übrigens nicht etwa um ein besonders stattliches Männchen, sondern um ein Weibchen. Für Schlangenexperten ist das keine Überraschung: Bei Riesenschlangen können die Herren der Schöpfung in der Regel in Sachen Länge und Umfang nur in den seltensten Fällen mithalten. Die New York Zoological Society hat übrigens bereits vor über 50 Jahren eine Prämie von immerhin 50 000 US-Dollar für denjenigen Schlangenjäger ausgelobt, der den Mitgliedern dieser ehrenwerten Gesellschaft eine lebende Riesenschlange von mehr als 30 Fuß (9,14 m) Länge präsentiert. Eine Summe, die heute noch darauf wartet, abgeholt zu werden.

Das normale Beutespektrum von Riesenschlangen ist äußerst umfangreich. Die großen Schlangen sind im Prinzip nicht sonderlich wählerisch, wenn es ums Fressen geht, sondern sind das, was in der Wissenschaft als opportunistischer Omnivor bezeichnet wird. Sie fressen also alles, was sie auch bewältigen können. Meist stehen Säugetiere ab der Größe einer Maus bis hin zum ausgewachsenen Hausschwein auf dem Speisezettel. Ab und an darf es aber auch mal was Größeres sein. So haben Felsen- und Netzpythons schon nachweislich Beutetiere jenseits der 50-Kilo-Marke verschlungen, und von großen Anakondas weiß man, dass sie, wenn auch relativ selten, auch schon ein junges Rind am Stück verzehrt haben. Aber auch Leoparden und sogar Krokodile von mehr als zwei Metern Länge sind bereits von Riesenschlangen getötet und auch verschlungen worden. Die Taktik der Riesenschlange ist dabei immer die gleiche: Hat das gewaltige Reptil erst einmal seine Beute mit seinen messerscharfen, nach hinten gebogenen Zähnen gepackt und sich katapultartig mit seinem gesamten Körper um sein Opfer gewickelt, gibt es kein Entrinnen mehr. Fälschlicherweise wird oft angenommen, Riesenschlangen würden ihre bemitleidenswerten Opfer regelrecht zerquetschen beziehungsweise ihnen jeden Knochen im Leibe brechen. Tatsächlich schnüren die »Würgeschlangen« aber durch den gewaltigen Druck ihrer »Umarmung« die Blutgefäße ihrer Beute ab. Dadurch werden das Herz-Kreislauf-System und die Atmung unterbrochen, mit der Folge, dass das Opfer innerhalb einiger weniger Sekunden das Bewusstsein verliert. Jetzt hat die Schlange leichtes Spiel und kann ihr Beutetier in aller Seelenruhe verschlingen.

Anders als andere Raubtiere, die ihre Beute zunächst mit den Zähnen zerkauen oder zerfetzen, schlucken Riesenschlangen immer das intakte Tier komplett herunter. Das Verschlingen des Opfers folgt dabei strengen Regeln. So wird beim »Herunterwürgen am Stück« stets mit dem Kopf des Opfers begonnen. Erst dann folgt der Rest des Körpers. Das hat den Vorteil, dass die Mahlzeit gut rutscht, denn würde die Schlange das Beutetier gegen die Richtung von Beinen, Flügeln, Fell, Federn oder gar Stacheln schlucken, könnte ihr der Bissen im wahrsten Sinne des Wortes im Hals stecken bleiben.

Bleibt noch die Frage, wie es ein Python oder eine Anakonda eigentlich schaffen, bei einem doch relativ kleinen Maul einen so riesigen Brocken wie einen Hirsch oder ein Schwein oder möglicherweise gar einen Menschen am Stück herunterzuschlucken? Die Antwort auf diese Frage ist vergleichsweise simpel: Riesenschlangen verfügen über zwei flexible Unterkiefer, die sich aus dem Oberkiefer aushängen können und dadurch dem Schlangenmaul eine unglaubliche Flexibilität verleihen. Und so ein aushängbarer Kiefer erleichtert das Schlucken großer Brocken natürlich ganz enorm und erlaubt es einer Riesenschlange, fast jedes Lebewesen mit Haut und Haaren zu verschlingen. Von Elefanten einmal abgesehen. Um ihren Kiefer nach der Mahlzeit wieder einzurenken, müssen Python und Co. einfach nur ein paarmal herzhaft gähnen, und schon sitzen alle Bestandteile des Schädels wieder da, wo sie auch hingehören. Ist das vermeintliche Nadelöhr Mund erst einmal erfolgreich passiert, muss jetzt der Magen-Darm-Trakt mit der herkulischen Aufgabe beginnen, den überdimensionalen Fleischklops zu zerkleinern. Wie die Schlangen das schaffen, diesem Geheimnis sind Wissenschaftler der Universität Jena vor einigen Jahren mithilfe modernster Technik auf die Spur gekommen. Die Forscher durchleuchteten die Schlangen einfach mit Ultraschall und Kernspintomografen. Auf diese Weise konnten sie die Verdauungsvorgänge am lebenden Objekt untersuchen. Die Verdauung verläuft verblüffenderweise regelrecht im Eiltempo ab. Zum Verdauen eines kompletten Schweins braucht zum Beispiel ein Python gerade mal eine Woche, wie die Jenaer Wissenschaftler herausgefunden haben. Das Verdauungssystem eines Menschen wäre bei einer solchen Anforderung heillos überfordert. Bei Riesenschlangen produziert der Magen zunächst einmal große Mengen einer starken Salzsäurelösung, die innerhalb kürzester Zeit den Schädel des Opfers wegätzt. Anschließend wird nach und nach der restliche Körper zersetzt. Die Säure ist so stark, dass sie innerhalb weniger Tage das Beutetier restlos in einen mehr oder weniger homogenen Nahrungsbrei umwandelt. Um der gewaltigen Nährstoffmenge Herr zu werden, finden im Schlangenkörper dann zunächst umfangreiche Umbauarbeiten statt. Innerhalb weniger Stunden schwellen Darm und Leber auf das Dreifache ihrer Normalgröße an. Dabei kommen die Reptilien allerdings ohne Zellvermehrung aus, die Vergrößerung wird alleine durch erhöhten Blut- bzw. Lymphdruck in einer Art »Aufblaseffekt« bewirkt. Natürlich bedeutet das Verdauen einer großen Beute auch für Herz und Lunge der Riesenschlangen Schwerstarbeit, verbraucht doch der Verdauungsvorgang selbst rund 40-mal mehr Sauerstoff als im Ruhezustand. Das ist durchaus vergleichbar mit der Stoffwechselleistung eines Rennpferdes in vollem Galopp. Allerdings müssen Rennpferde diese Höchstleistung bekanntermaßen nur wenige Minuten durchhalten. Riesenschlangen müssen diesen Zustand dagegen schon ein paar Tage lang erbringen können. Wie die Schlangen das schaffen, fand 2005 ein Forscherteam der University of California heraus: Die Riesenschlangen lassen einfach ihr Herz wachsen. Mithilfe der vermehrten Produktion eines bestimmten Proteins steigern die Reptilien bereits kurze Zeit nach dem Fressen ihre Herzmuskelmasse um satte 40 Prozent, wodurch natürlich die Pumpkapazität des Herzens drastisch erhöht wird. Dadurch wiederum können die riesigen Reptilien pro Herzschlag bis zu 50 Prozent mehr Blut durch ihre Blutgefäße pumpen als unter normalen Bedingungen, was sich wiederum positiv auf die Sauerstoffversorgung des Körpers und andere Lebensvorgänge auswirkt. Diese physiologische Herzvergrößerung kennen wir auch von Ausdauersportlern. Allerdings dauert beim Menschen dieser in der Fachsprache als Hypertrophie bezeichnete Anpassungsvorgang Wochen, wenn nicht Monate. Ein Python schafft das in gerade mal 48 Stunden. Aber diese Art der Turboverdauung hat auch einen Haken: Sie ist energetisch ziemlich ungünstig. Die Schlange kann nämlich gerade mal die Hälfte der aufgenommenen Kalorien in ihren Energiespeichern bunkern, den Rest benötigt sie für die kraftraubenden Verdauungsprozesse. Allerdings bleibt den gewaltigen Reptilien in Sachen schnelle Verdauung keine Wahl. Riesenschlangen, die sich bei der Verdauung zu viel Zeit lassen, begeben sich nämlich in akute Todesgefahr. Beginnt das im Magen befindliche Beutetier doch schon nach kurzer Zeit von innen her zu verwesen. Dabei entstehen nicht nur Gase, die überaus schmerzhafte Blähungen verursachen können, sondern vor allem auch gefährliche Leichengifte, die relativ schnell zum Tode der Riesenschlange führen können. Mit dem Ende der Verdauung schaltet die Schlange aus ökonomischen Gründen sofort wieder auf »Normal-Modus« zurück: Alle aufgepeppten Organe wie Darm, Herz oder Leber schrumpfen jetzt genauso schnell wieder auf Normalmaß zurück, wie sie zuvor gewachsen sind. Welche Mechanismen den Wachstums- bzw. Schrumpfprozessen zugrunde liegen, ist noch weitgehend unklar. Zur Verdauung ziehen sich Riesenschlangen aus Sicherheitsgründen üblicherweise in ein Versteck zurück. Im vollgefressenen Zustand mit aufgeblähtem Bauch können sie sich nämlich nur sehr schwer gegen einen potenziellen Angreifer verteidigen. Nach erfolgreicher Verdauung ist bei Riesenschlangen erst einmal für ein paar Wochen oder gar Monate eine Art Heilfasten angesagt. Die Tiere brauchen diese Erholungsphase dringend. Sie müssen nämlich erst einmal wieder die Zellen ihrer Darmschleimhäute regenerieren, die beim Turboverdauungsvorgang doch arg in Mitleidenschaft gezogen wurden. Für Riesenschlangen kein Problem: Nach einer üppigen Mahlzeit können die Reptilien bis zu anderthalb Jahre (!) überleben, ohne wieder Nahrung zu sich zu nehmen.

Wie die Schlangen ihre Beine verloren

Kaum ein Tier symbolisiert so sehr das Böse wie die Schlange. In der christlichen Religion steht die Schlange für die sündhafte Verführung, die Eva überredet, entgegen dem Verbot Gottes vom Baum der Erkenntnis zu essen. Dass Adam und Eva für die Sache mit dem Apfel mit der Vertreibung aus dem Paradies bestraft wurden, ist hinreichend bekannt. Aber auch die Schlange wurde für ihre sündhaften Verführungskünste vom Herrn bestraft, wie wir der Heiligen Schrift, Genesis 3,15, entnehmen können: »Da sprach Gott der Herr zu der Schlange: Weil du solches getan hast, seist du verflucht vor allem Vieh und vor allen Tieren auf dem Felde. Auf deinem Bauche sollst du gehen und Erde essen dein Leben lang.«

Offensichtlich liefen Schlangen also – wie die anderen Reptilien auch – vor dem Sündenfall auf vier Beinen durch die Weltgeschichte.

Aber zurück zu unserer eigentlichen Frage: Können jetzt Riesenschlangen einen Menschen am Stück verzehren oder nicht? Horrorgeschichten über menschenverschlingende Riesenschlangen gibt es, wie gesagt, mehr als genug. Vor allem im Sommerloch tauchen in der Boulevardpresse regelmäßig Sensationsberichte über menschenverschlingende Anakondas oder Pythons auf. Allerdings wird die Gefahr, die von Riesenschlangen für Menschen ausgeht, meist gewaltig übertrieben und grenzt in vielen Fällen schon an Hysterie. Aber es darf auch nicht verschwiegen werden, dass im Laufe der Jahre auch einige wenige, aber durch glaubhafte Zeugenaussagen bestätigte Fälle bekannt geworden sind, bei denen Menschen tatsächlich von großen Riesenschlangen getötet und auch verschlungen wurden. Insbesondere Kinder sind schon mehrfach Pythons oder Anakondas zum Opfer gefallen. So wurde 1972 in Burma, im heutigen Myanmar, ein achtjähriger Junge von einem riesigen Netzpython verschlungen. Sieben Jahre später wurde im Norden Südafrikas ein 13-jähriger Hirtenjunge von einem viereinhalb Meter langen Felsenpython attackiert. Ein zweiter Hirtenjunge, der den Angriff der Riesenschlange beobachtet hatte, rannte sofort ins nächste Dorf, um Hilfe zu holen. Als er jedoch nach gerade mal 20 Minuten mit zwei Männern zum Ort des Geschehens zurückkehrte, war es bereits zu spät. Der kurz zuvor attackierte Junge war bereits vollständig vom Python verspeist worden. Die Dörfler schlugen daraufhin wütend so lange mit Stöcken auf das grotesk aufgeblähte Reptil ein, bis dieses die Leiche des bereits stark eingespeichelten Jungen wieder hervorwürgte.

Ein weiterer der wenigen authentischen Berichte über eine menschliche Schlangenmahlzeit stammt aus dem Jahr 1998. Damals hatten Dorfbewohner auf der philippinischen Insel Mindoro im Dschungel einen etwa sieben Meter langen Netzpython mit ungewöhnlich prall gefülltem Leib entdeckt. Nachdem die Filipinos die riesige Schlange getötet und ihren Körper aufgeschnitten hatten, machten sie eine gruselige Entdeckung: Im Verdauungstrakt des Reptils befand sich inmitten schleimiger Verdauungssäfte ein erwachsener Mann, der von seinen Verwandten am Tag zuvor als vermisst gemeldet worden war. Die Haut des Opfers war von der Magensäure bereits stark angeätzt. An seinem linken Fuß fanden sich Bissspuren. Von der grausigen Szenerie geistert sogar eine Fotografie durch das Internet, die nach Ansicht von Experten durchaus als echt einzustufen ist. Auf dem Foto ist zu erkennen, dass sowohl das T-Shirt als auch die Jeans des Getöteten zum Zeitpunkt des Fundes bereits massiv durch die stark säurehaltigen Verdauungssäfte gebleicht worden waren.

Gruppensex bei Riesenschlangen?

Am Ende der Trockenzeit kann man im Amazonas-Tiefland mit viel Glück ein Fortpflanzungsspektakel der besonderen Art erleben: Angelockt von den offenbar unwiderstehlichen Düften eines fortpflanzungswilligen Weibchens, stürzen sich dort sämtliche Anakondamännchen der näheren Umgebung auf die paarungswillige Schlangendame und bilden einen sogenannten »Reproduktionsknoten«. Bis zu 13 deutlich kleinere Männchen schlingen sich in diesen Paarungsknäueln um ein einziges Weibchen und versuchen quasi schlängelnd, die Gunst der deutlich größeren Dame zu erringen. Innerhalb der Knoten geht es recht unfein zu: Die paarungswilligen Herren versuchen die Konkurrenz mit allen Mitteln zur Seite zu drängen. Größere Männchen sind dabei natürlich deutlich im Vorteil. Bei so vielen Schlangen kann es ein solcher Knoten verhältnismäßig schnell auf ein Gewicht von einer halben Tonne und mehr bringen. Das ungewöhnliche Paarungsverhalten der Anakondas ist bisher noch nicht vollständig erforscht worden. Noch ist sich die Wissenschaft nicht ganz sicher, ob sich im Reproduktionsknoten das umworbene Weibchen nur mit dem stärksten Männchen paart, oder ob auch noch andere fortpflanzungswillige Schlangenherren zum Zuge kommen. Nach neuesten Erkenntnissen scheinen die Riesenschlangen jedoch das zu sein, was in der Wissenschaft etwas vornehm mit »polyandrisch« umschrieben wird. Das heißt, die Anakondaweibchen kopulieren mit mehreren Männchen hintereinander, während die Männchen pro Saison offenbar nur mit einem Weibchen Sex haben. Die Paarungsknäuel bestehen meist einige Wochen, bevor sie sich dann wieder entwirren und die Männchen wieder in ihre angestammten Reviere zurückkehren. Während Paarung und Schwangerschaft nehmen weibliche Anakondas übrigens keine Nahrung zu sich und können deshalb bis zu 20 Prozent ihres Gewichtes verlieren.

Nicht ganz ungefährlich in Sachen Riesenschlangen ist es auch im US-Bundesstaat Florida. Hier gehen nämlich seit den 1970er-Jahren, wenn auch vereinzelt, neben Alligatoren auch Riesenschlangen mit Migrationshintergrund auf Menschenjagd. Bei den bis zu fünf Meter langen Riesenschlangen handelt es sich um Tigerpythons, die, wie biologisch vorgebildete Leser wissen, eigentlich nicht im sogenannten Sunshine State, sondern in Südostasien zu Hause sind. Da stellt sich natürlich die Frage, wie kommen südostasiatische Würgeschlangen ausgerechnet ins schöne Florida? Die Antwort ist mal wieder vergleichsweise simpel: Die Tigerpythons, die sich bei Schlangenfans großer Beliebtheit erfreuen, wurden ursprünglich einmal als Terrarientiere in die USA transportiert, später jedoch, als sie dank ihrer stattlichen Größe nicht mehr im Terrarium gehalten werden konnten, illegal in den Sümpfen Floridas, den Everglades, ausgewildert. Die ausgesetzten Schlangen fühlen sich in ihrer neuen Heimat offensichtlich pudelwohl. In den Everglades sorgt nämlich ein reichhaltiges Angebot an Kleinsäugern wie Eichhörnchen, Kaninchen und Füchsen dafür, dass die Pythons keineswegs Hunger leiden müssen. In den Städten, in die sie immer häufiger vordringen, halten sich die Riesenschlangen dagegen bevorzugt an Haustiere wie Hunde und Katzen. Für Experten war es nicht weiter verwunderlich, dass sich die Pythons bei den guten Lebensbedingungen und dem Fehlen von Fressfeinden in den Everglades geradezu explosionsartig vermehrten. Wissenschaftler gehen heute davon aus, dass mittlerweile zwischen 30 000 und 150 000 Exemplare der Riesenschlangen in den Sümpfen ihr Unwesen treiben. Die Schlangen machen durchaus auch nicht vor größeren Beutetieren halt, wie ein Tigerpython zeigte, der 2005 in Florida in den Fokus der internationalen Medien geriet. Die fast vier Meter lange Schlange hatte einen Alligator erbeutet und dann – wie in Riesenschlangenkreisen üblich – versucht, die zwei Meter große Echse in einem Stück zu verschlingen. Aber wie heißt es so schön? Alles in Maßen genießen, sonst kann es ungesund werden. Und das gilt offensichtlich auch für Pythons. Die Vier-Meter-Schlange hatte die Belastbarkeit ihres Körpers deutlich überschätzt und war beim Versuch, ihre überdimensionierte Beute herunterzuwürgen, regelrecht geplatzt. Als das verendete Reptil von einem Wissenschaftler eher zufällig entdeckt wurde, steckten Kopf, Schultern und Vorderbeine des Alligators noch im Körper des Pythons.

Die importierten Riesenschlangen können aber durchaus auch für Menschen lebensgefährlich werden. So kroch 2009 in der amerikanischen Gemeinde Oxford ein drei Meter langer Tigerpython unbemerkt in das Bett eines zweijährigen Mädchens und würgte das Kleinkind so lange, bis der Tod eintrat. Das getötete Mädchen war übrigens bei Weitem nicht das erste Opfer eines Tigerpythons in den USA. Nach Angaben der Tierschutzorganisation Humane Society of the United States wurden in den vergangenen Jahren sieben Menschen von Tigerpythons getötet und weitere zehn verletzt. Und so ist es kein Wunder, dass besorgte Lokalpolitiker einen Importstopp für Tigerpythons fordern und die zuständige Naturschutzbehörde plant, ein Kopfgeld auf die ungeladenen und gefährlichen Gäste aus Übersee auszusetzen. Experten befürchten, dass sich die Riesenschlangen von Florida aus über den gesamten Süden des Landes ausbreiten. Nach Einschätzung von Wissenschaftlern ist nämlich fast ein Drittel der Vereinigten Staaten als Lebensraum für die monströsen Schlangen geeignet.

Hollywoods beste Bestie

oder

Der Weiße Hai

Kein anderer Film hat das Image einer Tierart so geprägt wie Steven Spielbergs Thriller *Jaws – Der Weiße Hai* aus dem Jahr 1974. Im Film lehrt ein gigantischer Weißer Hai die Bewohner des fiktiven amerikanischen Seebades Amity das Fürchten und hinterlässt bis zu seinem dramatischen Ende eine unsagbar blutige Spur aus zerfleischten Körpern und abgebissenen Gliedmaßen. Der Hai auf dem Kinoplakat des Films, der mit weit geöffnetem und mit dolchartigen Zähnen bewehrtem Maul eine völlig arglose Schwimmerin attackiert, wurde damals geradezu zum Sinnbild des Weißen Hais, wie ihn sich auch heute noch die meisten Menschen vorstellen: eine blutrünstige, übermächtige Riesenbestie, die gezielt Jagd auf Menschen macht. Als *Der Weiße Hai* in die Kinos kam, sorgte er weltweit für eine geradezu hysterische Haipanik: Urlauber, selbst an der Nordsee, trauten sich nicht mehr ins Meer, sondern beobachteten stattdessen mit ängstlichem Blick die Meeresoberfläche, ob da nicht doch etwa eine charakteristische dreieckige Rückenflosse die Präsenz einer dieser fleischgewordenen Killermaschinen verraten würde. Psychologen haben der Angst sogar einen Namen gegeben: Selachophobie = die Furcht, von einem Hai angegriffen zu werden. Natürlich trugen auch die Fortsetzungen von *Der Weiße Hai* – die letzte sogar in 3D – nicht gerade dazu bei, den schlechten Ruf des gewaltigen Meeresräubers entscheidend zu verbessern.

Vorbild für den Film bzw. für das ein Jahr zuvor erschienene gleichnamige Buch von Peter Benchley war ein Ereignis, das im Juli 1916 an der amerikanischen Ostküste stattfand: Die in den USA noch heute legendären Haiangriffe von Jersey, in deren Verlauf vier Menschen von Haien getötet wurden. Die Haiangriffe fanden zu einem Zeitpunkt statt, an dem sich aufgrund der drückenden Sommerhitze Tausende von Badegästen an den Stränden der Küstenorte von New Jersey aufhielten. Die Möglichkeit, dass Schwimmer an diesen Küstenabschnitten von Haien gefährdet seien, wurde bis zum Zeitpunkt der tödlichen Angriffe für völlig abwegig gehalten. Haie wurden damals nämlich für eher harmlose, ja feige Gesellen gehalten. Die meisten Amerikaner wussten damals nicht, wie ein Hai überhaupt aussieht.

Der erste Angriff fand am Samstag, dem 1. Juli 1916, am Strand des kleinen Badeortes Beach Haven auf der Insel Long Beach Island vor der Südküste New Jerseys statt, als der 25-jährige Charles Epting Vansant aus Philadelphia im gerade mal etwas mehr als einen Meter tiefen Wasser von einem Hai attackiert wurde. Obwohl mehrere Badegäste Vasant zu Hilfe eilten und es den Helfern letztendlich auch gelang, den Schwerverletzten an den Strand zu ziehen, starb Vasant rund eine Stunde später aufgrund des starken Blutverlustes. Ein Augenzeuge beschrieb den angreifenden Hai als rund drei Meter lang und schätzte ihn auf ein Gewicht von 500 Pfund. Trotz der tödlichen Haiattacke auf Charles Vansant blieben die Badestrände an der Küste New Jerseys zunächst weiterhin geöffnet. Die zurate gezogenen Experten bezweifelten sogar, dass Vansant Opfer eines Hais geworden war. Weitaus eher verdächtig schienen einigen Spezialisten Meeresschildkröten, die nach damaliger Ansicht über einen derart starken Kiefer verfügten, dass sie einen Menschen mit einem Biss locker in zwei Hälften zerteilen konnten. Und auch die örtliche Presse berichtete – um es vorsichtig auszudrücken – nur äußerst zurückhaltend und mit reichlich Verspätung über den blutigen Vorfall.

Nur fünf Tage später wurde dann rund 70 km weiter nördlich am Strand des Badeortes Spring Lake der 28-jährige Charles Bruder 120 Meter vom Strand entfernt von einem Hai angegriffen. Der Hai trennte seinem Opfer nicht nur beide Beine in Kniehöhe ab, sondern riss Bruder auch noch ein großes Stück Fleisch aus dem Unterleib. Rettungsschwimmer kamen dem Schwerverletzten zwar unverzüglich in einem Boot zu Hilfe, aber auch Bruder verblutete, bevor die Retter ihn auch nur an den Strand bringen konnten.

Die letzten drei Angriffe ereigneten sich alle am 12. Juli rund 48 Kilometer nördlich von Spring Lake in der Nähe der Stadt Matawan, wo man eigentlich am wenigsten mit einer Haiattacke rechnen konnte: nämlich am Matawan Creek, einem von den Gezeiten beeinflussten Flusslauf – 16 Kilometer landeinwärts von der Küste entfernt. Die erste Attacke ereignete sich um zwei Uhr nachmittags, als ein Hai eine badende Gruppe von sechs Jungen angriff. Während fünf der Jungen es schafften, das rettende Ufer zu erreichen, bekam der Hai den zwölfjährigen Lester Stillwell zu fassen und zog ihn unter Wasser. Die Jungen, die das Ufer erreicht hatten, holten sofort Hilfe aus der nahe gelegenen Stadt. Nachdem die Helfer eine gewisse Zeit vom Boot aus vergeblich nach dem Leichnam von Lester Stillwell gesucht hatten, tauchte ein junger Mann namens Stanley Fisher allen Warnungen zum Trotz nach der Leiche. Und tatsächlich gelang es ihm nach etwa einer halben Stunde, den verstümmelten Körper des Jungen zu finden. Doch gerade, als er den Leichnam aus dem Wasser ziehen wollte, wurde auch er vom Hai angegriffen. Fisher, der schwere Verletzungen an Hüfte und Beinen davontrug, verblutete auf dem Weg zum Krankenhaus. Die Überreste von Lester Stillwell fand man später rund 50 Meter weiter stromaufwärts.

Das fünfte und letzte Opfer war der 14-jährige Joseph Dunn, der nur eine halbe Stunde nach dem Angriff auf Stanley Fisher knapp einen Kilometer flussabwärts von einem Hai angefallen wurde. Dunn war das einzige Opfer, das zwar mit schweren Verletzungen, aber dank beherzt eingreifender Helfer immerhin mit dem Leben davonkam.

Am 14. Juli wurde in der Raritan Bay, nur wenige Meilen von der Flussmündung des Matawan Creeks entfernt, ein 2,3 Meter langer und 147 Kilogramm schwerer Weißer Hai gefangen. Als der Hai später aufgeschnitten wurde, fand man in seinem Magen Fleisch und Knochen, die von Wissenschaftlern als »unzweifelhaft menschlichen Ursprungs« identifiziert wurden.

Seit 1916 diskutieren Wissenschaftler teilweise erbittert, welche Haiart letztendlich für die Haiangriffe von Jersey verantwortlich war, ob die Angriffe von mehr als nur einem Hai ausgingen, und welche Faktoren zu dieser Häufung von Attacken geführt haben. Die meisten Wissenschaftler gehen heute davon aus, dass der gefangene Weiße Hai zwar möglicherweise für die ersten beiden Todesfälle verantwortlich war, dass die Angriffe im Matawan Creek jedoch wahrscheinlich das Werk eines oder mehrerer Bullenhaie waren, eine

Haiart, die für Menschen zumindest genauso gefährlich ist wie ein Weißer Hai und die im Gegensatz zu diesem jedoch sehr häufig auch im Süßwasser anzutreffen ist. Anders als nach der ersten Haiattacke reagierte die Presse bereits nach dem zweiten Haiangriff mit einer ausführlichen Berichterstattung. Die großen amerikanischen Zeitungen wie die *New York Times*, die *Washington Post* und der *San Francisco Chronicle* berichteten allesamt auf ihren Titelseiten über die menschenfressenden Haie und ihre Opfer. Natürlich blieb eine solche landesweite Berichterstattung nicht ohne wirtschaftliche Folgen für New Jerseys Badeorte: Waren Ende Juni 1916 die Strandhotels noch komplett ausgebucht gewesen, ging der Umsatz nach dem zweiten Haiangriff drastisch zurück. Viele Gäste reisten sofort ab bzw. stornierten ihre Buchungen. Das Repräsentantenhaus der USA gewährte den betroffenen Kommunen daraufhin Unterstützungszahlungen in beträchtlicher Höhe. US-Präsident Woodrow Wilson machte die Haiattacken sogar zum Thema einer Kabinettssitzung, und der US-Finanzminister schlug vor, die United States Coast Guards einzusetzen, um die badenden Urlauber entlang New Jerseys Küste vor gefräßigen Haien zu schützen. Zusätzlich wurden entlang der Küste von New York und New Jersey Haijagden in großem Stil durchgeführt.

Die Angriffe an der Küste von New Jersey wandelten aber auch das Bild vom Hai in Wissenschaft und Öffentlichkeit in geradezu dramatischem Maße. Galten Haie vor den blutigen Geschehnissen an New Jerseys Stränden noch als leicht einzuschüchternde, wenig kraftvolle und vor allem als wenig ernst zu nehmende Tiere, kippte die öffentliche Meinung in den Wochen nach den Haiangriffen von 1916 komplett in das andere Extrem um. Haie waren jetzt als brandgefährliche, mörderische Fressmaschinen gebrandmarkt, die sich, wann immer sich ihnen die Gelegenheit bot, rücksichtslos auf Menschenjagd begaben.

Nervenkitzel vor Kapstadt – Tauchen mit dem »Weißen Tod«

In Gansbaai, einem kleinen Fischerdorf am Kap der Guten Hoffnung, rund zwei Autostunden von der südafrikanischen Metropole Kapstadt entfernt, lebt mittlerweile eine ganze Branche vom Ruf des Weißen Hais als Killerfisch. Geschäftstüchtige Unternehmer bieten hier in der »Welthauptstadt der Haie« zahlungskräftigen Touristen einen Nervenkitzel der besonderen Art an: Tauchen mit dem Weißen Hai. Die Gewässer vor Gansbaai eignen sich vorzüglich für ein solches Spektakel, denn hier lebt eine der größten Populationen von Weißen Haien weltweit. Nirgendwo auf der Welt sind die Chancen auf eine Begegnung mit dem gewaltigen Meeresräuber so gut wie hier, ganz nah vor der südafrikanischen Küste. Das Prinzip des recht kostspieligen Vergnügens ist relativ simpel: Die Touristen werden vom Boot aus in einem extrem stabilen Stahlkäfig ins Wasser gelassen. Die Haie selbst werden durch Fischblut angelockt. Große Taucher-Erfahrung muss man nicht mitbringen, da der Käfig nur rund drei Meter unter die Wasseroberfläche herabgelassen wird, sodass sich die Taucher etwa einen Meter unter der Wasseroberfläche befinden und hier bequem die riesigen Fische fotografieren, filmen oder gar füttern können, ohne selbst in eine gefährliche Situation zu kommen. Zumindest, solange Füße und Hände hinter den Gitterstäben bleiben. Das Käfigtauchen, das sich in den letzten Jahren bei Touristen aus aller Welt immer größerer Beliebtheit erfreut, findet meist unmittelbar vor der Küste statt. Kein Wunder, das die Haianfütterung zu massiven Protesten der Bevölkerung, vor allem von Surfern und Badenden, geführt hat. Nach Ansicht von Wissenschaftlern ist nämlich das Risiko, von einem Weißen Hai angegriffen zu werden, in einem »Hai-Tourismusgebiet« deutlich erhöht, da die Haie durch die regelmäßige Anfütterung mit Blut und Fischabfällen ihr Verhaltensmuster ändern und ihren natürlichen Respekt vor Menschen und Booten verlieren.

Auf Druck sowohl von Tierschutz- als auch von Tourismusorganisationen wurden mittlerweile in Südafrika feste Regeln zur Beobachtung erlassen und »Hai-Touren« können auch nur noch von speziell lizenzierten Veranstaltern angeboten werden.

Wie aber sieht es mit der Gefährlichkeit von Haien und speziell dem so gefürchteten Weißen Hai tatsächlich aus? Ein Blick auf die Statistik fördert Erstaunliches zutage: Folgt man zum Beispiel der »International Shark Attack File« (ISAF), einer vom Florida Museum of Natural History betreuten Haiangriff-Datenbank, dann wurden zwischen den Jahren 1580 und 2009 weltweit insgesamt 2251 Haiattacken registriert, 464 davon mit tödlichem Ausgang. Im Jahr 2000, dem Jahr mit den meisten Haiattacken weltweit, wurden 79 Haiangriffe registriert, elf davon mit tödlichen Folgen für das Opfer. Die tatsächliche Anzahl der jährlich registrierten Haiattacken dürfte jedoch noch weitaus höher liegen, da gerade in Ländern der Dritten Welt Angriffe von Haien auf Menschen nur unzureichend, wenn überhaupt, aufgezeichnet werden und daher natürlich auch in keiner Statistik auftauchen. Die meisten Angriffe wurden in den USA registriert, über 1000 Haiangriffe in den letzten 340 Jahren. Auf den Plätzen zwei und drei in Sachen Haiangriffe folgen übrigens Australien und Südafrika. Der Strand mit den meisten Haiangriffen weltweit ist New Smyrna Beach in Florida. Seit 1882 wurden hier 235 Haiattacken registriert, allerdings keine einzige mit tödlichem Ausgang. Nur bedingt zu empfehlen ist auch ein Bad im 27 km südlich von Durban (Südafrika) gelegenen Seebad von

Amanzimtoti. Hier gab es seit 1940 immerhin elf Haiangriffe, von denen zwei tödlich endeten.

Interessant wird es allerdings, wenn man die Zahl der Hai-attacken in Relation zur Anzahl der potenziell durch einen Haiangriff gefährdeten Menschen setzt. Statistiker haben errechnet, dass die Chance, beim Baden im Meer von einem Hai angegriffen zu werden, bei etwa eins zu 11,5 Millionen liegt. Die Wahrscheinlichkeit, dabei von einem Hai getötet zu werden, ist noch wesentlich geringer. Sie liegt bei etwa eins zu 264 Millionen. Zum Vergleich: die Chance, einen Sechser im Lotto zu erzielen, liegt bei eins zu 14 Millionen. Oder um zwei etwas handfestere Vergleiche zu bemühen: Im Jahr 2000, dem Jahr mit den weltweit meisten Haiangriffen, wurden elf Menschen von Haien getötet, 166 Menschen dagegen wurden von herunterfallenden Kokosnüssen erschlagen. Die Chance, von einer Kokosnuss erschlagen zu werden, ist also etwa 15-mal so hoch wie die Möglichkeit, von einem Hai verspeist zu werden. In den US-Bundesstaaten, die an der Küste liegen, ist selbst die Chance, vom Blitzschlag getroffen zu werden, 38-mal höher, als beim Baden von einem Hai angegriffen zu werden.

Mehr als jede andere Haiart wird der Weiße Hai mit der Bezeichnung Menschenfresser in Verbindung gebracht. Aber auch hier relativiert ein Blick auf die Statistik vieles: In den letzten 135 Jahren wurden weltweit gerade mal 249 Angriffe von Weißen Haien auf Menschen registriert. Davon endeten 65 tödlich. Das sind weniger als zwei Angriffe pro Jahr. Im Mittelmeer gab es in den letzten 200 Jahren lediglich 38 Angriffe von Weißen Haien auf Menschen, und vor der kalifornischen Küste, wo der Weiße Hai ziemlich häufig vorkommt,

hat es in den letzten 30 Jahren auch nur vier Todesfälle gegeben. Dennoch ist der gewaltige Hai laut einiger Studien die
am häufigsten für Angriffe auf Menschen verantwortliche
Haiart. Die vergleichsweise geringen Opferzahlen lassen sich
nach Ansicht von Experten verhältnismäßig leicht erklären:
Menschen gehören nämlich offenbar nicht zur natürlichen
Beute des Weißen Hais, das heißt, sie stehen eigentlich gar
nicht auf dem Speisezettel der bis zu sieben Meter langen und
bis zu drei Tonnen schweren Raubfische und werden daher
nur selten angegriffen.

Die meisten Angriffe von Weißen Haien auf Menschen, da
sind sich die Experten sicher, beruhen auf einer optischen
Verwechslung. Besonders häufig werden nämlich Schwimmer in dunklen Neoprenanzügen und Surfer angegriffen. Ein
aus Sicht eines Weißen Hais durchaus verständlicher Irrtum,
ähnelt doch aus der Perspektive eines von unten angreifenden
Hais die Silhouette eines Schwimmers oder eines Surfers, der
auf seinem Brett übers Wasser paddelt, durchaus der einer
Robbe, der eindeutigen Lieblingsnahrung der großen Raubfische. Oft wollen die Haie, die als sehr neugierig gelten, aber
auch einfach nur per »Testbiss« erkunden, was sich da eigentlich im Wasser herumtreibt. Hunderte im Gaumen befindliche hochsensible Geschmackssensoren sorgen dafür, dass der
Hai sofort weiß, was er da zwischen den Zähnen hat, und ob
es sich überhaupt lohnt, sich weiter damit zu beschäftigen.
Im Fall eines Menschen fällt das Urteil meist negativ aus,
der *Homo sapiens* ist einem Weißen Hai nämlich viel zu ma-
ger – ein schlechter Energielieferant eben, da halten sich die
riesigen Raubfische doch lieber an eine schöne, fette Robbe.
In den meisten Fällen lässt ein Weißer Hai einen Menschen

daher nach dem ersten Biss wieder frei. Zahlreiche Menschen, die von einem Weißen Hai angegriffen wurden, berichteten, dass sie nur einmal gebissen wurden und der Hai dann abgedreht hat. Nur in ganz wenigen Fällen wird das Opfer weiter attackiert oder gar verspeist, sodass eine Rettung, vor allem, wenn sich Helfer in der Nähe befinden, oft noch möglich ist. Ein zugegebenermaßen etwas schwacher Trost, denn der mit Dutzenden rasiermesserscharfer Zähne bestückte Kiefer der gewaltigen Meeresräuber kann natürlich schon bei einem »Testbiss« tödlich sein oder zumindest schweren Schaden anrichten.

Heute, da ist sich die Wissenschaft einig, ist der Weiße Hai in Sachen größter und gefährlichster Raubfisch der Welt das Maß aller Dinge. Vor rund 15 Millionen Jahren lebte jedoch in den Ozeanen eine Haiart, neben der ein Weißer Hai gerade mal wie ein Hering wirkte: *Carcharocles megalodon,* der »Großzahnhai«, wie sein wissenschaftlicher Artname übersetzt heißt, war mit Sicherheit einer der gewaltigsten Räuber und wahrscheinlich die tödlichste Kreatur, die sich jemals auf unserer Erde auf Beutejagd begeben hat. Der monströse Raubfisch war mit einer Länge von bis zu 20 Metern und einem Gewicht zwischen zwölf und 20 Tonnen etwa dreimal so groß und fünfmal so schwer wie der größte Weiße Hai, der jemals vermessen wurde.

Der riesige Räuber beherrschte die Ozeane über den heute nahezu unvorstellbaren Zeitraum von über 10 Millionen Jahren. Er war dabei annähernd weltweit verbreitet (USA, Südamerika, Mittelmeerraum, Europa, Südafrika, Indischer Ozean, Australien, Japan u. a.), schien jedoch nach neueren Erkenntnissen wärmere Gewässer zu bevorzugen. Zur Zeit, als der riesige Räuber die Meere durchstreifte, existierte übrigens schon der moderne Mensch, zu Zusammenstößen kam es jedoch wahrscheinlich nicht. Lange Zeit ging man davon aus, dass der gigantische Raubfisch vor rund zwei Millionen Jahren ausgestorben sei. Einige Zahnfunde in rund 4000 Metern Tiefe auf dem Meeresboden des Südpazifiks weisen jedoch darauf hin, dass einige Exemplare des Superhais noch in der jüngeren Vergangenheit gelebt haben, also vor circa 24 000 bis 11 000 Jahren.

Megalodon, wie der riesige prähistorische Hai bei Nicht-Paläontologen der Einfachheit halber meist genannt wird, ist uns heute vor allem durch die Funde seiner Zähne bekannt, da sich bekanntermaßen auch das Knorpelskelett des größten Hais an der Luft relativ schnell zersetzt. Die größten Exemplare der wahrhaft monströsen Beißwerkzeuge erreichten eine Länge von bis zu 18 Zentimetern, eine Dicke von über drei Zentimetern und ein Gewicht von einem halben Kilogramm! Bei einigen Naturvölkern wurden diese fossilen Zähne als Geschenke der Götter angesehen, da man aus ihnen ganz ausgezeichnete Pfeil- oder Speerspitzen und andere Werkzeuge fertigen konnte. Gut erhaltene Zähne weisen übrigens sogar heute noch eine messerscharfe Zahnung auf. Beweise für die Existenz des prähistorischen Megahais liefern außer den Beißwerkzeugen nur noch vereinzelte Wirbel sowie fossile Walknochen, an denen deutliche Bissspuren der gewaltigen Zähne des Megalodons zu erkennen sind.

Wissenschaftler der University of New South Wales in Australien haben vor Kurzem berechnet, dass Megalodon die mit Abstand größte Beißkraft aller jemals bekannten Tiere besaß. Die Forscher führten mit einem virtuellen Megalodon-Schädel eine Art Crashtest durch, bei dem sie die gewaltigen Kiefer des animierten Hais aufeinanderkrachen ließen und dabei beobachteten, welchem Druck Kiefergelenke und -muskulatur maximal standhalten konnten. Das Ergebnis der Computersimulation war sensationell: Das Urzeitmonster schlug seine messerscharfen Zähne offensichtlich mit einer Kraft von 10,8 bis 18,2 Tonnen in seine Beute. Damit war sein Biss bis zu sechsmal so stark wie der des berühmt-berüchtigten Raubsauriers *Tyrannosaurus rex*, der es im Test lediglich auf 3,1 Tonnen brachte. Oder, um es anders auszudrücken: 15 Tonnen, das ist in etwa das Gewicht, das eine Schrottpresse benötigt, um einen Kleinwagen plattzudrücken.

Im American Museum of Natural History kann man den rekonstruierten Kiefer eines Megalodons oder »Megs«, wie er im Land der unbegrenzten Möglichkeiten gerne etwas respektlos genannt wird, bewundern: 1,83 m hoch und 2,74 m breit – das ist fast die Größe eines Handballtores! Aus dem Vergleich der Zähne mit denen anderer ausgestorbener und noch existierender Haiarten konnten die Paläontologen dann auf das Aussehen des Megalodons schließen, obwohl niemand genau weiß, wie der gigantische Hai tatsächlich ausgesehen hat. Paläontologen glauben allerdings, dass man sich Megalodon als eine Art überdimensionalen Weißen Hai vorzustellen hat.

Man vermutet, dass die Hauptnahrung des Megalodons überwiegend aus Walen bestand, denen er, so spekuliert die Wissenschaft, bei Attacken zunächst den Schwanz und die Flossen abgebissen hat, um sie so an der Flucht zu hindern. Sehr wahrscheinlich ernährte sich der Megahai aber auch von anderen Meeressäugern, großen Fischen und Riesentintenfischen.

Die Wissenschaft bietet gleich mehrere Theorien an, welche Ursachen letztendlich zum Aussterben des Superhais geführt haben. So wird zum Beispiel als mögliche Erklärung diskutiert, dass sich die Hauptbeute des Megalodons, die Wale, im Laufe der Evolution weiterentwickelte. Die Meeressäuger wurden ausdauernder, dynamischer, schneller und wendiger, während Megalodon auf seiner Entwicklungsstufe stehen blieb. Dies könnte zur Folge gehabt haben, dass der riesige Hai zunehmend weniger Beute machte und deshalb ausstarb.

Aber könnte es nicht auch sein, dass womöglich einige Exemplare des Megalodons noch irgendwo da draußen in der Tiefe in den schwer zugänglichen Teilen der Ozeane auf Beute lauern? Kryptozoologen, also Menschen, die es als ihre Aufgabe ansehen, noch »unentdeckte« Tierarten aufzuspüren, machen hier immer gern geltend, dass auch der berühmte Urfisch Quastenflosser seit 65 Millionen Jahren als ausgestorben galt, ehe 1938 unverhofft ein Exemplar vor der südafrikanischen Küste gefangen wurde. Es gibt allerdings nur sehr wenige und auch nicht sonderlich zuverlässige Berichte, die auf noch lebende Exemplare des prähistorischen Raubfisches Megalodon hinweisen könnten: So wollen Fischer 1918 vor der australischen Küste einen Hai von mindestens 30 Meter Länge gesichtet haben. Der berühmte Westernautor Zane Grey will sogar gleich zweimal, nämlich 1928 und 1933, einen riesigen Hai von rund zwölf Metern Länge gesehen haben, von dem er sich sicher war, dass es sich nicht um einen harmlosen Walhai handelte. In den 1960er-Jahren wollen Seeleute am Great Barrier Reef in Australien einen circa 30 Meter großen Hai beobachtet haben, der nach ihren Angaben keinesfalls mit einem Wal oder einem Walhai zu verwechseln war. Nachdem im letzten Teil des vorigen Jahrhunderts immer wieder in allen Teilen der Welt Megalodon-Zähne gefunden wurden, begannen auch die Medien den Megalodon für sich zu entdecken und berichteten verstärkt über den urzeitlichen Giganten der Meere.

Eigentlich war es dann nur noch eine Frage der Zeit, bis Buch- und Filmautoren das Potenzial erkannten, das zweifellos in einem heute noch existierenden Megalodon steckt. Als erster schilderte der Romanautor Steve Alten in seinem 1997 erschienenen Bestseller *Meg*, wie im Marianengraben im westlichen pazifischen Ozean ein riesiger prähistorischer Killerhai entdeckt, verfolgt und in einem wahnwitzigen Showdown getötet wird. Mittlerweile gibt es bereits drei Fortsetzungen. In den USA kamen gleich mehrere Hollywoodproduktionen in die Kinos, die ebenfalls mit mehr oder weniger gut am Computer animierten Megalodons die Zuschauer gehörig das Gruseln vor den prähistorischen Riesenhaien lehren wollten. 2003 konnte sich dann schließlich auch das deutsche Fernsehpublikum dank des Privatsenders RTL an einem Megalodon-Actionfilm erfreuen. In *Hai-Alarm auf Mallorca* treibt ein im Dienste der Krebsforschung geklonter Megalodon sein Unwesen vor der Küste von Deutschlands beliebtester Ferieninsel und vertilgt einen braven Pauschaltouristen nach dem andern.

Der Hai-Arm-Fall von 1935

Als Mitte April 1935 vor der Küste Sydneys ein rund 3,5 Meter langer Tigerhai gefangen wurde, konnte noch niemand ahnen, dass dieser Fang den Auftakt zu einer der ungewöhnlichsten Mordgeschichten aller Zeiten bilden würde. Der Tigerhai wurde ins nahe Coogee-Palace-Aquarium gebracht, wo er den Rest seines Lebens in Gefangenschaft in einem Schau-Aquarium verbringen sollte. Nachdem der Hai in der ersten Woche seiner Gefangenschaft deutliche Zeichen von Unwohlsein gezeigt hatte, erbrach er schließlich am 25. April 1935 vor den entsetzten Augen der geschockten Besucher einen menschlichen Arm. Anhand von Tätowierungen, die zwei Boxer darstellten, und der Fingerabdrücke konnte relativ schnell der Besitzer des Arms identifiziert werden – nämlich der ehemalige Boxer und Kleinkriminelle James Smith, der seit dem 7. April als verschwunden gemeldet worden war. Da weitere Untersuchungen ergaben, dass der Arm nicht etwa vom Hai abgebissen, sondern mit einem Messer abgetrennt worden war, wurde von den Behörden ein Verfahren wegen Mordes eingeleitet. Obwohl bald darauf zwei Verdächtige aus dem einschlägigen Milieu verhaftet und vorübergehend eingesperrt wurden, konnte weder der Rest der Leiche gefunden werden noch der Fall jemals vollständig aufgeklärt werden. Der Hai-Arm-Fall ging jedoch in die australische Rechtsgeschichte ein.

Entgegen einer weitverbreiteten Meinung können nur wenige Haie dem Menschen gefährlich werden. Von den rund 360 bekannten Haiarten sind lediglich vier durch eine signifikante Anzahl von unprovozierten Angriffen auf Menschen in Erscheinung getreten. Neben dem Weißen Hai sind das der Tigerhai, der Bullenhai und der Weißspitzen-Hochseehai. Nimmt man die Anzahl seiner Opfer als Maßstab, dann ist nach dem Weißen Hai der Tigerhai die Nummer zwei unter den gefährlichsten Haien der Welt.

Seinen Namen verdankt der bis zu sechs Meter lange Hai übrigens der charakteristischen Musterung der Jungtiere, die jedoch mit zunehmendem Alter verblasst und bei ausgewachsenen Tieren oft nur noch sehr undeutlich oder überhaupt nicht mehr zu sehen ist. Vermutlich dienen die Streifen den jungen Haien als Tarnung, da sich die Jungtiere gewöhnlich in Ufernähe direkt unter der Wasseroberfläche aufhalten und die Schatten der Wellen im flachen Wasser ähnliche Muster zeichnen wie auf den Flanken der Tiere. Deshalb kommt es vor allem in den Gewässern dicht besiedelter Küstenregionen immer wieder zu Attacken auf Menschen. Weil es hier viele fressbare Abfälle zu finden gibt, werden Tigerhaie oft in Flussmündungen oder Häfen oder anderen seichten Küstengewässern vor allem in Regionen mit warmen Wassertemperaturen angetroffen. Da sind Begegnungen mit Menschen natürlich vorprogrammiert. So werden beispielsweise in den Gewässern der hawaiianischen Inseln jedes Jahr durchschnittlich drei bis vier Menschen von Tigerhaien angegriffen. Zudem sind Tigerhaie sehr territorial und verteidigen ihr Revier gegenüber Eindringlingen aller Art. Und noch eine weitere Eigenschaft macht den Tigerhai besonders gefährlich für Schwimmer, Surfer und Taucher: Tigerhaie fressen, wenn sie der Hunger plagt, offensichtlich alles, aber auch wirklich alles, was ihnen vor den gewaltigen Rachen mit den überaus beeindruckenden hahnenkammähnlich gezackten Zähnen kommt. Was hat man in den Mägen von Tigerhaien nicht schon alles gefunden: Treibholz, eine Rolle Draht, Konservendosen, Kissen, den Kopf eines Krokodils, Seevögel, Seehunde, das Hinterbein eines Schafs, Schildkröten und sogar Autoreifen. Der Tigerhai ist neben dem Bullen- und dem Weißen Hai auch die einzige Haiart, in deren Magen man schon öfters Körperteile von Menschen gefunden hat. Zudem sind Tigerhaie überaus neugierige Tiere und scheuen deshalb die Nähe zum Menschen keineswegs.

Viele Experten glauben jedoch, dass ein ganz anderer Hai für die meisten Angriffe auf Menschen verantwortlich ist: Der Gemeine Grundhai, ein großer Hai mit starken Kiefern und großem Appetit, der aufgrund seines bulligen Äußeren und dem mächtigen Kopf umgangssprachlich heute eigentlich nur noch als Bullenhai bezeichnet wird. Wissenschaftler glauben, dass für viele Angriffe auf Menschen in küstennahen Gewässern, die in der Vergangenheit dem Weißen Hai zugeordnet wurden, in Wirklichkeit Bullenhaie verantwortlich waren. Beide Arten haben nämlich ein sehr ähnliches Erscheinungsbild. Was den bis zu dreieinhalb Meter langen Bullenhai zudem so gefährlich macht, ist die Tatsache, dass er vor allem in küstennahen Gewässern auf die Jagd geht. So waren es wahrscheinlich Bullenhaie, die in den Hafengewässern von Sydney im März 2009 innerhalb von zwei Wochen gleich drei Menschen schwer verletzten. Aber Bullenhaie sind nicht nur an der Küste oft in großer Zahl anzutreffen, sondern dringen auch gerne weit in die großen Flusssysteme ein, wo sie sich oft wochenlang aufhalten. Ob Sambesi, Mississippi, Ganges oder Amazonas – fast überall in den großen Flüssen der südlichen Hemisphäre wurden schon Bullenhaie gesichtet. Im Amazonas wurden sogar schon in rund 3500 Kilometer Entfernung vom Meer Bullenhaie nachgewiesen. Und auch im Nicaraguasee existiert mittlerweile eine größere Population. Da kann es natürlich böse Überraschungen geben. Im trüben Süßwasser und Hunderte von Kilometern von der Küste entfernt erwartet schließlich niemand einen Haiangriff. So schwimmen in Indien Bullenhaie mit schöner Regelmäßigkeit den Ganges hoch und haben dort weit stromaufwärts auch schon wiederholt Menschen angegriffen. Und nach den schweren Überschwemmungen im australischen Bundesstaat Queensland im Jahr 2011 wurden sogar mehrere kapitale Bullenhaie auf den überfluteten Hauptstraßen des rund 50 km von der Küste entfernten Städtchens Goodna gesichtet. Dazu kommt, dass sich Bullenhaie im Gegensatz zu anderen Haien plötzlich oft äußerst aggressiv verhalten. Einige Wissenschaftler glauben, dass dieses aggressive Verhalten auf einen zeitweise sehr hohen Testosteronspiegel der Raubfische zurückzuführen ist. Und als wäre das noch nicht genug, sind Bullenhaie auch noch für ihr ausgesprochenes Territorialverhalten bekannt. Die Raubfsche verteidigen ihr Revier energisch gegen alle Eindringlinge.

Soul Surfer

Als sich die damals 13-jährige Bethany Hamilton, eine der besten Jugendsurferinnen der USA, am frühen Morgen des 31. Oktobers 2003 zum Surfen am Tunnels Beach an der Küste Hawaiis aufmachte, ahnte sie noch nicht, welcher Albtraum sie in den nächsten Stunden erwarten würde. Denn nur wenige Minuten später wurde die Surferin, die auf dem Brett liegend auf die nächste Welle wartete, scheinbar aus dem Nichts von einem über vier Meter langen Tigerhai angegriffen. Der Hai biss ihr den linken Arm ab und verschwand sofort wieder. Den Arm und ein 43 cm großes Stück des Surfboards nahm er mit in die Tiefe. Nur dank mit ihr surfender Freunde, die ihr sofort den Arm abbanden und sie ans Ufer paddelten sowie einer sofortigen Notoperation im nahen Wilcox Memorial Hospital konnte das Leben des Mädchens, das bereits eine Menge Blut verloren hatte, gerettet werden. Hamilton ließ sich jedoch von diesem Schicksalsschlag nicht unterkriegen: Bereits drei Wochen nach dem schrecklichen Vorfall nahm das Mädchen wieder das Training auf dem offenen Meer auf. Und schon bald hatte sie – auch einarmig – ihr altes Niveau wieder erreicht. Trotz ihrer Behinderung entwickelte sich

Hamilton zu einer der besten Surferinnen der Welt. Bereits 2005 wurde sie amerikanische Meisterin ihrer Altersklasse, 2007 wurde sie in Australien Zweite bei den Jugendweltmeisterschaften und seit 2008 surft sie als Vollzeit-Profi auf der ASP World Qualifying Series. So wurde das hübsche blonde Mädchen aus Hawaii, das nicht nur den Zähnen eines Hais getrotzt hatte, sondern es zudem auch mit nur einem Arm mit den Besten der Welt aufnehmen konnte, zum Medienstar. Hochglanzmagazine druckten das Bild der tapferen Surferin auf der Titelseite, und die Talkshows rissen sich um sie. Und so war es eigentlich nur eine Frage der Zeit, wann auch Hollywood an die Tür klopfen würde. Unter dem Titel *Soul Surfer* wurde 2010 das Schicksal des Mädchens aus Hawaii verfilmt, das seinem Schicksal trotzte und dessen Talent als Surferin so groß war, dass es mit nur einem Arm mit der absoluten Weltklasse mithalten konnte. Der Film hatte großen Erfolg an den Kinokassen.

Auch Weißspitzen-Hochseehaie können nach Ansicht von Experten dem Menschen sehr gefährlich werden, obwohl bis heute weltweit offiziell lediglich elf Angriffe von Weißspitzen-Hochseehaien registriert wurden. Der berühmte französische Meeresforscher Jacques Cousteau ging sogar so weit, den Weißspitzen-Hochseehai als »gefährlichste aller Haiarten« zu bezeichnen.

Weißspitzen-Hochseehaie waren es wohl auch, die an einem Ereignis beteiligt waren, welches am 30. Juli 1945 stattfand und das später einmal als »die größte Katastrophe in der Geschichte der amerikanischen Marine« in die Geschichte einging: der Untergang der *USS Indianapolis*. Der amerikanische Kreuzer *Indianapolis*, der nur wenige Tage zuvor die erste Atombombe *Little Boy*, die später über Hiroshima abgeworfen werden sollte, auf dem Luftwaffenstützpunkt der Pazifikinsel Tinian abgeliefert hatte, wurde auf dem Weg zur

Insel Leyte von einem japanischen Unterseeboot torpediert und sank innerhalb von zwölf Minuten. Durch die Explosion einer Munitionskammer starben schätzungsweise 300 Besatzungsmitglieder, die restlichen rund 900 Mann konnten das Schiff rechtzeitig verlassen. Einige schafften es noch in die Rettungsboote, aber die meisten trieben, nur mit einer Schwimmweste bekleidet, hilflos in den Wellen. Nach Aussagen von Überlebenden kamen die ersten Haie am Morgen des nächsten Tages. Von den im Wasser treibenden Schiffsbrüchigen wurden zuerst nur wenige, dann aber immer mehr Meeresräuber angelockt. Der Matrose Woody Eugene James, der den Untergang der *Indianapolis* überlebte, beschrieb sehr eindrücklich die blutigen Geschehnisse, die sich im Wasser zutrugen: »Der Tag brach an und die Haie kamen. Man konnte die Kumpels schreien hören, besonders am späten Nachmittag. Es schien so, als wären die Haiangriffe am späten Nachmittag schlimmer gewesen als am restlichen Tag. Dann gingen die Haie dazu über, auch während der Nacht zu fressen. Alles war ruhig und dann hörte man einen Schrei und man wusste: Da ist wieder einer von einem Hai erwischt worden.« Das Martyrium der Schiffbrüchigen dauerte vier lange Tage, bis Rettung eintraf. Es bot sich ein grauenvolles Bild: 579 Schiffsbrüchige trieben tot im Wasser, viele waren von Haien, vermutlich Weißspitzen-Hochseehaien, aber wohl auch von Tigerhaien angenagt worden. Einige der Opfer waren regelrecht in Stücke gebissen worden. Von der gesamten Crew konnten gerade mal 321 Besatzungsmitglieder lebend aus dem Wasser gezogen werden. Nach neueren wissenschaftlichen Erkenntnissen wurden die meisten Schiffbrüchigen jedoch nicht von Haien getötet, sondern starben durch Erschöpfung, Dehydrierung oder Sonnenstiche. Die Haie hatten vorwiegend Leichen gefressen.

Die wohl schlimmste Massenattacke von Haien, die je bekannt wurde, ereignete sich am 28. November 1942, als das aus Liverpool stammende Dampfschiff *Nova Scotia* rund 50 km vor der Ostküste Südafrikas von einem deutschen Unterseeboot torpediert und versenkt wurde. Da das Schiff innerhalb von sieben Minuten sank, konnten lediglich ein einziges Rettungsboot und auch nur wenige Rettungsflöße zu Wasser gelassen werden, die dann natürlich nur ein Bruchteil der rund 900 Überlebenden des Angriffs, darunter übrigens 765 italienische Kriegsgefangene, an Bord nehmen konnten. Die restlichen Schiffbrüchigen klammerten sich verzweifelt an Wrackteile oder trieben, lediglich von ihrer Schwimmweste getragen, im offenen Meer. Aber den Überlebenden stand das Schlimmste noch bevor: Gleich ganze Rudel von Haien, sehr wahrscheinlich Weißspitzen-Hochseehaie, aber wohl auch Tigerhaie, kamen zur Unglücksstelle und attackierten die hilflos im Wasser treibenden Männer. Der italienische Unteroffizier Lorenzo Bucci, einer der glücklichen Schiffsbrüchigen, die einen Platz auf einem Rettungsfloß ergattern konnten, erinnerte sich später sehr genau an das blutige Drama, das sich damals unmittelbar vor ihm im Wasser abspielte. »Manchmal sah man einen Schwimmer plötzlich die Hände in die Luft werfen und hörte ihn entsetzlich schreien. Dann verschwand er. Zurück blieb nur eine Stelle mit rot gefärbtem Wasser.« Als am Tag nach der Versenkung das über Funk zu Hilfe gerufene portugiesische Schiff *Alfonso de Albuquerque* an der Unglücksstelle eintraf, waren nur noch 192 Schiffbrüchige am Leben. Nach Schätzungen der Portugiesen, die während der Rettungsaktion zahlreiche Haie mit langen Stangen vertreiben mussten, war die Hälfte der Männer, die sterben mussten, von Haien getötet worden.

Manchmal bekommen von Haien bedrohte Schiffbrüchige, Schwimmer oder Taucher aber auch Hilfe von völlig unerwarteter Seite: Es existieren nämlich durchaus glaubhafte Berichte, wonach Menschen vor angreifenden Haien von Delfinen geschützt wurden. Besonders gut dokumentiert ist ein Fall von »Dolphin-Aid«, der sich im Jahr 2007 vor der kalifornischen Küste zugetragen hat: Ein 24-jähriger Surfer war auf seinem Brett liegend von einem rund fünf Meter großen Weißen Hai angegriffen und schwer verletzt worden, als mehrere Delfine auftauchten und so lange einen schützenden Kreis um den aus mehreren Wunden stark blutenden Surfer bildeten, bis dieser sich mit letzter Kraft ans Ufer retten konnte.

Im November 2004 hatte ein Schwarm Delfine vor der Küste Neuseelands gleich vier Schwimmer vor einem Weißen Hai gerettet. Der aus etwa sechs Tieren bestehende Schwarm hatte einen schützenden Ring um die aus einem Rettungsschwimmer und drei Mädchen bestehende Gruppe gebildet und so verhindert, dass der Hai zuschlagen konnte. Die vier Schwimmer verbrachten volle 40 Minuten im Schutzkreis der Delfine, bevor der Raubfisch endlich aufgab und sie selbst von einem Rettungsboot aus dem Wasser geholt werden konnten. Als die Verhaltensforscherin und Walspezialistin Rochelle Constantine von der Universität Auckland vom australischen Rundfunksender ABC zu dem außergewöhnlichen Vorfall interviewt wurde, zeigte sie sich über das menschenfreundliche Verhalten der Delfine nicht wirklich überrascht: »Eine selbstlose Reaktion ist bei Delfinen recht normal. Sie wollen den Hilflosen beistehen.«

Ein ähnliches Verhaltensmuster wurde bereits 1996 im Roten Meer südlich der israelischen Hafenstadt Eilat beobachtet, als ein badender englischer Tourist gleich von mehreren Haien attackiert wurde. Drei Delfine eilten zu Hilfe, bildeten einen Verteidigungsring um das Opfer und schützten den bereits mehrfach gebissenen Mann so lange vor den Haien, bis er von menschlichen Rettern an Bord einer Jacht gehievt und ins nächste Krankenhaus gebracht werden konnte.

Sieben goldene Regeln zur Minimierung des Risikos, von einem Hai gefressen zu werden

- gehe niemals im Morgengrauen, während der Dämmerung oder während der Nacht ins Wasser; das sind die Fresszeiten der Haie
- vermeide bevorzugte Aufenthaltsorte von Haien, wie Steilküsten oder schlammiges Wasser
- schwimme niemals allein, sondern immer in der Gruppe
- gehe nicht ins Wasser, wenn du eine offene Wunde bzw. deine Periode hast, Blut lockt Haie an
- plätschere und spritze nicht übermäßig im Wasser herum; das lockt Haie an
- vermeide helle Badekleidung und das Tragen von Schmuck, es könnte Haie anlocken
- bade nicht in der Nähe von Orten, an denen Fischer ihre Fische ausnehmen; die ins Wasser geworfenen Reste könnten Haie anlocken

Vor Kurzem haben Toxikologen zudem eine auf den ersten Blick etwas verblüffende Tatsache nachgewiesen: Auf dem Teller sind Haie wesentlich gefährlicher als im Meer. Viele beliebte Haiprodukte wie etwa Blauhaisteaks, Schillerlocken oder Haifischflossensuppe gehören eher in den Sondermüll als in den heimischen Kochtopf. Das Fleisch der großen Meeresräuber enthält nämlich oft große Mengen eines der biologisch aktivsten und gefährlichsten Gifte überhaupt: Methylquecksilber, eine Substanz, die beim Menschen schwere Schäden an Gehirn und zentralem Nervensystem hervorrufen kann. Im Tierexperiment wurden auch Nierenschäden und eine Einschränkung der Zeugungsfähigkeit festgestellt. Was Methylquecksilber so extrem gefährlich für den Menschen macht, ist die Tatsache, dass sich diese giftige Substanz im Gegensatz zu anderen Giften im menschlichen Körper wie ein Trojanisches Pferd betätigen und nahezu mühelos jede Schutzbarriere des Organismus, wie etwa die Blut-Hirn-Schranke oder den Trennmechanismus zwischen dem mütterlichen Blutkreislauf und dem des ungeborenen Kindes passieren kann.

Stichproben an Haifischprodukten haben ergeben, dass die im Fleisch gemessenen Methylquecksilberwerte oft um ein Vielfaches höher waren als die von der Europäischen Behörde für Lebensmittelsicherheit (EFSA) festgesetzten Grenzwerte. So konnte der Kieler Toxikologe Hermann Kruse im Bauchfleisch von Dornhaien, das bei uns unter dem Namen Schillerlocken auf den Markt kommt, äußerst bedenkliche Konzentrationen an Methylquecksilber feststellen. Der Durchschnittswert lag bei 500 Mikrogramm Methylquecksilber pro Kilogramm verzehrfrische Schillerlocken. Das heißt, mit einer einzigen Mahlzeit von rund 200 Gramm nehmen Schillerlockenesser etwa 100 Mikrogramm des Giftes auf. Ein Wert, der die von Toxikologen und auch von der Europäischen Union hergeleiteten Toleranzwerte um etwa das 20-Fache übersteigt! Haifleischliebhaber, die glauben, dass ab und an so ein kleines Blauhaisteak vom Lebensmitteldiscounter oder der gelegentliche Verzehr eines Schillerlockenbrötchens schon nicht schaden kann, irren sich nach Ansicht von Toxikologen gewaltig. Zum einen ist die Halbwertszeit von Methylquecksilber ziemlich hoch: Bis zu achtzig Tage benötigt der menschliche Organismus, um die Giftkonzentration im Körper um die Hälfte abzubauen. Außerdem sind sich Toxikologen sicher, dass eine einmalig hohe Dosis Methylquecksilber größere irreversible Schäden verursacht als längerfristig niedere Dosen.

Aber wie kommt das giftige Methylquecksilber eigentlich in die Haie? Über die Nahrungskette: Natürliches Quecksilber kommt in der Erdkruste nämlich recht häufig vor und ist damit auch im Sediment unserer Flüsse und Meere enthalten. Zusätzlich wird Quecksilber aber auch durch den Menschen z. B. in Form von industriellen Abfällen in die Umwelt gebracht. In den Gewässern wird dann das anorganische Quecksilber von Mikroorganismen zu organischem Methylquecksilber verstoffwechselt. Diese jetzt erheblich giftigere Substanz wird dann vom Plankton aufgenommen, gelangt dadurch natürlich auch in die Nahrungskette und reichert sich dort umso mehr an, je höher ein Tier in dieser Kette positioniert ist. Will heißen: Mit jeder höheren Stufe in der Nahrungskette summiert sich das giftige Methylquecksilber in räuberisch lebenden Organismen zu immer höheren Konzentrationen. Haie, als mit die größten Raubfische unserer Ozeane, stehen im marinen Ökosystem am Ende der Nahrungskette – das heißt, sie sind praktisch die Endlagerstätten des gefährlichen

Gifts. Dazu kommt noch die sogenannte Altersakkumulation: Je älter ein Tier wird, desto mehr Methylquecksilber enthält sein Fleisch. Beim Schillerlocken-Lieferanten Dornhai fällt die Altersakkumulation besonders ins Gewicht. Dornhaie können bis zu 65 Jahre alt werden.

Welche verheerenden Schädigungen Methylquecksilber bei Menschen anrichten kann, diese leidvolle Erfahrung machten 1956 die Bewohner der japanischen Minamata-Bucht. Durch die Einleitung von Methylquecksilberiodid in die Bucht durch den Chemiekonzern Chisso kam es damals zu einer dramatischen Anreicherung von Quecksilberverbindungen in den Meeresalgen und damit auch letztendlich in den Fischen, dem Hauptlebensmittel der Einwohner dieses Küstenabschnitts. Nach vorsichtigen Schätzungen wurden insgesamt wohl mehr als 17 000 Menschen durch die heute entsprechend als »Minamata-Krankheit« bezeichneten Vergiftungen zum Teil irreversibel geschädigt. Rund 3000 Menschen sind bis heute an den Folgen gestorben.

Die »Killerfische« des Amazonas
oder
Der ekstatische Fressrausch der Piranhas

Sie sind klein, blutrünstig und bösartig: Kein Süßwasserfisch hat so einen schlechten Ruf wie der Piranha. Die kleinen Fische mit den bekanntermaßen rasiermesserscharfen Zähnen gelten als die ultimativen Killerfische überhaupt. Fische, die alles, aber auch wirklich alles, was ihnen zwischen die Zähne gerät, bis auf die Knochen abnagen. Nicht nur trinkendes Vieh, sondern auch badende Menschen sollen die »Hyänen des Wassers« am Amazonas und seinen Nebenflüssen blitzartig überfallen und anschließend in Minutenschnelle skelettieren. Bei Piranha-Attacken wird, so will es zumindest die Legende, die Anzahl der durch den Blutgeruch alarmierten und im ekstatischen Fressrausch hemmungslos zuschnappenden Raubfische immer größer, bis letztendlich das Wasser um das beklagenswerte Opfer herum regelrecht zu kochen scheint.

Doch ist diese in Südamerika weitverbreitete Fischart wirklich so gefährlich wie ihr Ruf? Die Ursprünge der Piranha-Hysterie muss man wahrscheinlich bei den frühen Entdeckern und Forschern suchen, die den südamerikanischen Kontinent bereist haben. Schon die spanischen Konquistadoren berichteten von Piranha-Attacken, die angeblich immer wieder im Laufe der Auseinandersetzungen mit den indianischen Ureinwohnern stattfanden. Bei den Kämpfen sollen die bissigen kleinen Fische nicht nur vom Blut der getöteten

Menschen, sondern auch durch die rote Beinbekleidung der europäischen Eroberer angelockt worden sein. Ins gleiche Horn blies der berühmte Naturforscher Alexander von Humboldt, als er 1821 den kleinen Amazonasfisch wie folgt beschrieb: »Am Morgen fingen unsere Indianer mit der Angel den Fisch, der hierzulande Caribe oder Caribito heißt. Er fällt die Menschen beim Baden und Schwimmen an und beißt ihnen oft ansehnliche Stücke Fleisch ab. Ist man anfangs auch nur unbedeutend verletzt, so kommt man doch nur schwer aus dem Wasser, ohne schwere Wunden davonzutragen. Gießt man ein paar Tropfen Blut ins Wasser, so kommen sie zu Tausenden herauf.«

Die eigentliche Legende von der blutrünstigen Fressmaschine haben wir aber wahrscheinlich Theodore Roosevelt zu verdanken. Als der ehemalige US-Präsident 1913 dem brasilianischen Amazonasgebiet einen Besuch abstattete, entschlossen sich die Brasilianer, dem für seine Abenteuerlust bekannten Roosevelt ein Schauspiel der besonderen Art zu bieten. Zunächst einmal gewährte man dem hohen Gast die zweifelhafte Ehre, einen neuen Fluss zu »entdecken« – einen Fluss, bei dem es sich in Wirklichkeit um einen unbedeutenden, aber durchaus bekannten Seitenarm des Rio Aripuanã handelte, der später dann Roosevelt zu Ehren »Rio Theodore Roosevelt« getauft wurde. Auf Anordnung der Behörden wurde zunächst ein Abschnitt des Rio Theodore Roosevelt mithilfe von Netzen abgetrennt und danach mit unzähligen, von lokalen Fischern vorher über Wochen hinweg gefangenen, hungrigen Piranhas bestückt. Auf seine Nachfrage warnten die Brasilianer den als äußerst neugierig bekannten Ex-Präsidenten und seine Begleiter eindrücklich davor, diesen Flussabschnitt zu betreten, weil sie ansonsten von den Piranhas bei lebendigem Leibe verzehrt werden würden. Wie von den Brasilianern beabsichtigt, war Roosevelt jedoch reichlich skeptisch und äußerte starke Zweifel daran, dass so kleine Fische einen kompletten Menschen fressen könnten. Aber die Brasilianer präsentierten Roosevelt sofort einen »Beweis« für den vermeintlichen Blutdurst der angeblichen Mörderfische: Sie trieben eine verletzte, blutende Kuh in den fraglichen Gewässerabschnitt, die dann natürlich unverzüglich von den zahlreichen, hungrigen und in Panik geratenen Piranhas angegriffen wurde. Das arme Tier wurde zunächst in die Beine gebissen, fiel dann um und wurde schließlich von den kleinen außer Rand und Band geratenen Raubfischen vollkommen skelettiert. Roosevelt war davon so entsetzt, dass er in seinem 1914 erschienenen Reisebericht *Durch die Wildnis Brasiliens* am Piranha kein gutes Haar oder besser gesagt keine gute Schuppe ließ: »Sie sind die wildesten Fische der Welt. Sogar die furchterregendsten Fische wie Haie oder Barrakudas greifen gewöhnlich nur Lebewesen an, die kleiner als sie selbst sind. Die Piranhas jedoch attackieren gewohnheitsmäßig Lebewesen, die viel größer als sie selbst sind. Sie beißen jeder Hand, die unvorsichtigerweise ins Wasser gesteckt wird, die Finger ab, sie verstümmeln schwimmende Menschen – in jeder an einem Fluss gelegenen Stadt in Paraguay gibt es Menschen, die von ihnen verstümmelt wurden, sie zerfleischen und verschlingen jeden verwundeten Menschen und jedes verwundete Tier, da Blut im Wasser sie zur Ekstase treibt.

Wenn Vieh ins Wasser getrieben wird, oder dieses aus eigenem Antrieb das feuchte Nass betritt, wird es normalerweise nicht belästigt, aber wehe, ein besonders großes oder wildes

Exemplar dieser furchterregenden Fische beißt ein Tier, zum Beispiel beißt einen Teil des Ohres oder vielleicht eine Zitze des Euters einer Kuh ab –, dann lockt das Blut jedes einzelne Mitglied des gefräßigen Schwarms an, und das angegriffene Tier wird bei lebendigem Leib gefressen, außer es kann blitzschnell aus dem Wasser fliehen …«

Selbst noch 1971 schreibt der Wissenschaftsautor Philip Street in seinem Buch *Die Waffen der Tiere*: »Der Menschenhai und der Barrakuda sind furchterregende Geschöpfe, aber an rasender Wildheit und Gefährlichkeit für den Menschen kommt nichts, was im Meer schwimmt, einem kleinen, in den Flüssen Südamerikas lebenden Fisch gleich. Das ist der Piranha. Er steht mit Recht im Ruf eines Menschenfressers, obgleich seine Länge selten 17,5 cm übersteigt und 25 cm bilden einen Rekord. Der Tod durch den Hai oder den Barrakuda ist meist rasch und, verglichen mit dem durch den Piranha, geradezu gnädig zu nennen. Jeder Mensch und jedes Tier, denen das Unglück widerfährt, an einer von diesem blutdürstigen Fisch heimgesuchten Stelle in den Fluss zu fallen, wird buchstäblich bei lebendigem Leibe aufgefressen, Hunderte erscheinen aus dem Nichts, und das Fleisch des Opfers wird in Zehntausenden kleiner Bisse abgefressen, bis nichts übrig bleibt als das nackte Skelett … Gewöhnlich ist der Piranha ein geruhsamer Fisch, doch das Erscheinen des Opfers scheint ihn in eine Art von Raserei zu versetzen, und es ist nicht der Hunger allein, der ihn treibt. Lange nachdem sie sich sattgefressen haben, fahren sie mit ihren wütenden Angriffen fort, bis auch nicht das geringste bisschen Fleisch mehr übrig ist; die Abfälle häufen sich am Boden des Flusses, bis die Strömung sie wegschwemmt.«

Maßgeblich zum schlechten Image der Piranhas hat auch der James-Bond-Film *Man lebt nur zweimal* beigetragen, der 1967 in die Kinos kam. Legendär und wohl für viele Zuschauer unvergesslich ist nämlich die Szene im Film, in der der Schurke und ewige Bondwidersacher Blofeld seine Feinde mittels Knopfdruck von einer elektronischen Klappbrücke in ein Becken voller gefräßiger Piranhas stürzen lässt und ihnen so ein grässliches Ende bereitet. Und weil es dem geneigten und vor allem zahlungskräftigen Zuschauer offensichtlich beim Gedanken an eine Horde zähnefletschender, wild gewordener Killerfische so richtig schön eiskalt den Rücken runterlief, mutierten die Piranhas in Hollywood auch bald von Neben- zu Hauptdarstellern: 1978 kam der Horrorfilm *Piranha* in die Kinos, es folgten 1981 *Piranha 2 – Fliegende Killer* und 1995 dann *Die Rückkehr der Piranhas*. 2010 killten die kleinen Mörderfische dann erstmals in 3D.

Piranhas in Deutschland

»Vorsicht! Piranhas in der Erft« – mit dieser Schlagzeile schockte das größte deutsche Boulevardblatt vor einigen Jahren seine Leserschaft. Und in der Tat haben Angler in den letzten zehn Jahren immer wieder Exemplare der so gefürchteten südamerikanischen Fische aus dem nordrhein-westfälischen Fluss, der bei Neuss in den Rhein mündet, gezogen. Stellt sich natürlich die Frage, wie kommen südamerikanische Raubfische in einen Nebenfluss des Rheins, und können sie dort überhaupt überleben? Der erste Teil der Frage ist relativ leicht zu beantworten: Sehr wahrscheinlich wurden die Tiere von Aquarienbesitzern, die der Raubfische mit den scharfen Zähnen warum auch immer überdrüssig geworden waren, einfach im Fluss ausgesetzt. In Deutschland kann man Piranhas problemlos in Zoohandlungen erwerben. Dass sich die tropischen Fische in der Erft halten können, verdanken sie den 300 Millionen Kubikmeter aufgewärmten Grundwassers, dem sogenannten Sümpfungswasser aus dem Braunkohleabbau, die jährlich in die Erft gepumpt werden. Hinzu kommt das Kühlungswasser aus dem Braunkohlekraftwerk Frimmersdorf. Weil die Erft also zu einem ganz großen Teil aus warmen Abwässern besteht, ist sie auch im Winter nie kälter als zehn Grad Celsius – und kann daher auch einigen Tieren, die eigentlich in den Tropen zu Hause sind, fast schon ideale Lebensbedingungen bieten. Grund zu größerer Sorge besteht allerdings nicht: Piranhas können bei Wassertemperaturen jenseits von zwölf Grad Celsius zwar dauerhaft überleben, sie können sich jedoch bei den doch relativ niedrigen Wassertemperaturen sehr wahrscheinlich nicht fortpflanzen. Die oben erwähnte BILD-Schlagzeile zeigte übrigens eine nachhaltige Wirkung. Noch wochenlang mieden Badefreudige den warmen Fluss, aus Angst, mit den rasiermesserscharfen Zähnen der schwimmenden Exoten nähere Bekanntschaft zu machen. Piranhas wurden in der Vergangenheit aber auch schon vereinzelt aus Rhein, Elbe und Alster gefischt. Und auch in der Hansestadt Rostock wurde im Juli 2010 Piranha-Alarm ausgelöst, als ein Angler einen der südamerikanischen Raubfische aus dem Schwanenteich, dem größten Erholungssee der Stadt, zog.

Die Legende vom blutrünstigen »Instantskelettierer« Piranha hielt sich, stets befeuert durch eine sensationshungrige Boulevardpresse, überaus hartnäckig. Nach einem alten Zeitungsbericht kam am 14. November 1976 ein von Manaus kommender Reisebus bei einer Nachtfahrt in der Nähe der Kleinstadt Itacoatiara von der Straße ab und stürzte in einen Nebenfluss des Amazonas. Als Hilfskräfte Stunden später bei der Unglücksstelle eintrafen und man die 39 Opfer nur noch tot bergen konnte, waren die Leichen fast alle mehr oder weniger von Piranhas angefressen worden. Eine Leiche war sogar fast vollständig skelettiert worden. Allerdings ließ sich zu diesem Zeitpunkt nicht mehr feststellen, ob die Opfer beim Angriff der Raubfische noch lebten oder bereits tot waren.

Wenn es darum geht, die Gefährlichkeit von Piranhas unter Beweis zu stellen, wird auch sehr häufig in der Presse ein Zwischenfall zitiert, der sich am 20. September 1981 in Brasilien zugetragen hat. Damals kenterte das hoffnungslos überladene Passagierschiff *Sobral Santos* auf einem Nebenarm des Amazonas in »Piranha-verseuchtem Wasser«. Alle 300 Passagiere an Bord wurden bei dem Unglück getötet. Später wurden zahlreiche Leichen mit Bisswunden geborgen. Auch in diesem Fall ist unter Experten umstritten, ob die Passagiere von »in Blutrausch geratenen« Piranhas getötet wurden, oder ob sich die Fische »lediglich« an den Leichen der Opfer gütlich getan hatten.

Neuere Untersuchungen zeigen, dass die Gefährlichkeit von Piranhas für den Menschen jedoch gnadenlos überschätzt wird. Zunächst einmal gibt es ihn gar nicht, »den einen Piranha«, sondern es sind über drei Dutzend Arten, die ausschließlich in Südamerika zu Hause sind. Ihr Verbreitungsgebiet erstreckt sich dabei vom Orinoco im Norden des Kontinents bis hin zu den subtropischen Bereichen des Rio Paraguay im Süden. Von den derzeit rund 39 bekannten Arten sind etwa zwei Drittel im Amazonasbecken zu Hause. Einige Arten sind räumlich sehr weit verbreitet, andere dagegen kommen nur lokal vor. Oft leben auch mehrere Arten gleichzeitig im gleichen Gewässer. Rekordhalter ist der Cano Maporal, ein kleiner Fluss in Venezuela mit gleich sieben unterschiedlichen

Piranha-Arten. Es ist erwiesen, dass lediglich drei Arten von Piranhas einem Menschen zumindest theoretisch gefährlich werden können, denn überraschenderweise sind die meisten Piranha-Arten zumindest Teilzeit-Vegetarier, die sich überwiegend von Früchten oder Samen ernähren.

Die überwiegend fleischfressenden Piranhas jagen dagegen vor allem Fische, greifen aber mitunter auch größere Wirbeltiere an, da sie aufgrund ihrer äußerst scharfen Zähne in der Lage sind, auch größere Fleischbrocken aus ihrer Beute herauszureißen.

Menschen dagegen werden nur relativ selten von Piranhas attackiert, wobei es auch meist bei kleineren Verletzungen bleibt. Allen Horrorstorys zum Trotz wurde bisher noch kein einziger Piranha-Angriff auf einen Menschen mit tödlichem Ausgang hieb- und stichfest dokumentiert.

Wissenschaftlich untermauert wird diese Tatsache auch durch eine groß angelegte Studie des Biologen Dr. Jan Mol von der Universität Surinam, der 2006 in drei unterschiedlichen Regionen Surinams Unfälle zwischen Piranhas und Menschen untersuchte. Dabei stellte sich heraus, dass es meist Kinder waren, die beim Baden von den Fischen in die Füße gebissen wurden. Die meisten Bisswunden waren relativ harmlos. Nur bei ganz wenigen Piranha-Attacken kam es zum Verlust von ganzen Zehen oder zu großen Verletzungen im Bereich von Rumpf, Armen oder Beinen. Die Beißattacken wurden in der Regel nur von einzelnen Fischen durchgeführt. Angriffe von mehreren Fischen zugleich kamen sehr selten vor. Die Opfer wurden nach dem Angriff auch nicht weiter verfolgt. Interessanterweise fanden übrigens nahezu alle Piranha-Attacken zur Trockenzeit und in

Gewässern, die mehr oder weniger stark mit Fischabfällen oder Schlachtblut verunreinigt waren, statt. Es soll sogar angeblich in einer Siedlung der auf Hausbooten lebenden Fischer, der sogenannten Ribeirinhos, einen Todesfall gegeben haben, als ein Kleinkind ins Wasser fiel, dessen Mutter in der Nähe Fische ausnahm und dadurch zahlreiche durch das entstandene Blut herbeieilende Piranhas in einen regelrechten Fressrausch versetzte. Seine eigenen Erfahrungen mit Piranhas fasste Mol wie folgt zusammen: »Während der fünfzehn Jahre, in denen ich in Surinam Freilanduntersuchungen durchgeführt habe und in denen ich oft stundenlang nicht nur durch piranha-verseuchtes Wasser gewatet bin, sondern auch in ihm gebadet habe, wurde ich kein einziges Mal von Piranhas gebissen.«

Auch Studien anderer Wissenschaftler kommen zu ähnlichen Ergebnissen. Zu den meisten Unfällen mit Piranhas kommt es übrigens meistens nicht im, sondern außerhalb des Wassers, wenn nämlich ein unvorsichtiger Angler versucht, einen der Fische, die in Südamerika als Delikatesse gelten, unsachgemäß vom Haken zu lösen. Da kann man durchaus schon mal eine Fingerkuppe an einen zappelnden Piranha verlieren. Nur wenig später wurde dann das Bild von der blutrünstigen Bestie Piranha noch weiter demontiert. Ein schottisch-brasilianisches Forscherteam fand nämlich heraus, dass Piranhas nicht nur keine zähnefletschenden Killer, sondern sogar regelrechte Angsthasen sind – zumindest, wenn sie sich außerhalb ihres Schwarms aufhalten.

Die Wissenschaftler entdeckten bei Versuchen mit in Aquarien lebenden Piranhas, dass vom Schwarm isolierte Individuen nicht nur deutlich schneller atmeten als ihre Artgenossen, sondern auch in ihren Bewegungen immer unsicherer wurden. Der Schwarmforscher Hanno Hildebrandt von der Universität Groningen hat eine einleuchtende Erklärung, warum Piranhas, aber auch viele Tierarten, die in Schwärmen leben, Panik oder Stressreaktionen zeigen, wenn sie isoliert werden: »Ein Schwarm bietet einfach den Vorteil, dass durch ihn das sensorische System eines Räubers überfordert wird. Die Wahrscheinlichkeit, innerhalb eines Schwarms bei einer Räuberattacke erwischt zu werden, ist wesentlich geringer als außerhalb, besonders, wenn sich die Individuen sehr ähnlich sind.«

Die gefürchteten Piranhas bilden Schwärme also nicht etwa, wie lange angenommen, um sich gemeinsam auf die Jagd auf andere Tiere zu begeben, sondern um sich selbst vor Feinden, wie etwa Flussdelfinen, Kaimanen und den bis zu drei Meter langen Piracucu-Fischen zu schützen.

2009 versetzte dann der englische Biologe und Moderator Jeremy Wade in seiner bekannten TV-Show *Rivermonster* vor einem Millionenpublikum und zur besten Sendezeit dem Mythos, Piranhas seien blutgierige Menschenfresser, endgültig den Todesstoß: Wade badete – natürlich stets von der Kamera begleitet – nicht nur genüsslich in einem Fluss voller Piranhas, sondern nahm auch sehr telegen ein Bad in einem kleinen Pool, der vorher mit 100 ausgehungerten Exemplaren der kleinen Raubfische bestückt worden war, ohne auch nur den kleinsten Biss abzubekommen. Natürlich waren die Zuschauer im Laufe der Sendung gewarnt worden, dieses Experiment keinesfalls zu Hause zu wiederholen.

Warum man auf keinen Fall in den Amazonas pinkeln sollte

Der Candiru, auch »Penisfisch« oder »Brasilianischer Vampirfisch« genannt, ist ein bleistiftdünner, etwa 15 Zentimeter langer Fisch, der von Zoologen zur Familie der Welsartigen gerechnet wird und sich normalerweise vom Blut größerer Süßwasserfische ernährt. Dazu schwimmt der halbdurchsichtige Parasit in die Kiemenöffnungen seiner Opfer, beißt sich dort fest und labt sich am Blut seiner Wirtstiere. Aber ab und an befällt der Candiru auch badende Menschen. Angelockt von Urin oder Menstruationsblut schlüpft der kleine parasitäre Fisch über den Penis oder die Vagina seines Opfers bis tief in den Harnleiter oder die Harnblase, wo er sich festhakt und vom Blut seiner Opfer ernährt. Ein ausgesprochen schmerzhafter Vorgang, so die Mediziner. Der Candiru ist oft nicht ohne operativen Eingriff zu entfernen, denn dummerweise hat der Minifisch am Kopfende kleine Widerhaken, die verhindern, dass er sich aus Harnleiter oder Harnblase wieder zurückziehen kann. Unbehandelt kann ein Candiru-Befall übel ausgehen. Wird der Parasitenfisch nicht rechtzeitig entfernt, kommt es immer wieder zu hochgefährlichen Entzündungen in einem äußerst sensiblen Bereich. Im schlimmsten Fall droht eine Penisamputation oder gar der Tod.

Die Geschichte vom blutrünstigen Piranha ist bis heute nicht totzukriegen. So wird immer noch gerne die Geschichte kolportiert, dass Rinderhirten in der Amazonasregion bei einer Flussüberquerung stets ein krankes oder schwächliches Tier den Piranhas opfern müssen, um die Raubfische vom Rest der Tiere abzulenken. Eine unsinnige Vorstellung, denn bei der Vielzahl von Gewässern in diesem Teil der Erde wäre diese Taktik – einen gehörigen Blutdurst der Raubfische immer vorausgesetzt – ja mangels Masse relativ rasch zum Scheitern verurteilt. Befragt man übrigens die Schüler eines Biologie-

Leistungskurses nach dem »am meisten gefürchteten Fisch des Amazonas«, wird man mit 99,9 prozentiger Sicherheit nur eine einzige Antwort bekommen: Der Piranha! Wie erstaunt ist dann unsere künftige Elite, wenn man dann erzählt, dass die korrekte Antwort Candiru oder Stachelrochen lauten muss. In den USA traut man den Fischen aus Südamerika auch heute noch nicht vollständig über den Weg: Seit man nämlich 1977 in einigen Gewässern Floridas beobachtet hatte, dass sich dort wohl von Aquarianern ausgesetzte »Vertikalstreifenpiranhas« prächtig vermehrt und im Sunshine State stabile Populationen gebildet hatten, ist im Land der unbegrenzten Möglichkeiten das Aussetzen von Piranhas per Gesetz streng verboten. Die in Florida etablierten Piranhas wurden auf Anordnung der Behörden durch zum Teil großflächige Vergiftungsaktionen wieder ausgerottet.

In vielen südamerikanischen Flusssystemen erfüllt der Caribe (Kannibale), wie der Piranha von den Einheimischen genannt wird, auch die überaus wichtige Funktion des »Gesundheitspolizisten«: Durch den Verzehr von Tierkadavern verhindern die kleinen Raubfische nämlich den Ausbruch gefährlicher Epidemien. Eine Funktion, die auch dem Brauch einiger einheimischer Indianerstämme entgegenkommt, lediglich die Skelette ihrer Toten zu begraben. Und was läge da näher, als die Verstorbenen für kurze Zeit an einem Seil ins Wasser zu hängen, bis sie schön sauber abgenagt sind?

Gelegenheitstäter

oder

Rätselhafte Schlüsselreize bei Orcas, Seeleoparden und Teufelswelsen

Nach dem Pottwal sind Orcas die größten Raubtiere der Welt. Ihr heutiges positives Image haben Orcas, oder Schwertwale, wie die Meeressäuger wegen ihrer mächtigen Rückenflosse auch genannt werden, mit Sicherheit vor allem dem überaus erfolgreichen Hollywoodstreifen *Free Willy* zu verdanken. Dort wird mit eindrücklichen Bildern die Geschichte der Freundschaft zwischen einem kleinen Jungen und einem in Gefangenschaft lebenden Orca erzählt. Ein Orca als liebevoller Menschenfreund? In der Vergangenheit war das Verhältnis Mensch–Orca ein ganz anderes. Begriffe wie Killerwal oder Mörderwal zeigen, dass noch vor relativ wenigen Jahren Schwertwale auf der Beliebtheitsskala von uns Menschen nicht gerade weit oben standen. Es waren wohl vor allem die nicht nur mit beeindruckender Effizienz, sondern auch oft mit aus menschlicher Sicht äußerster Brutalität durchgeführten Attacken auf so beliebte Tiere wie Delfine, Seehunde und Pinguine, die dem bis zu acht Meter langen und neun Tonnen schweren Meeressäuger früher einen miserablen Ruf eingebracht haben.

Allerdings sind nur ganz wenige Fälle bekannt, in denen ein Orca in der freien Natur einen Menschen tatsächlich angegriffen hat. So sollen Orcas während der legendären Terra-Nova-Expedition, deren Hauptziel es laut Expeditionsleiter Robert Falcon Scott war, »den Südpol zu erreichen und für das Britische Empire die Ehre dieser Errungenschaft zu sichern«, versucht haben, eine Eisscholle, auf der ein Expeditionsmitglied samt Schlittenhunden stand, umzukippen und diese dadurch ins eiskalte Wasser zu befördern. Möglicherweise hatten die Orcas das Gebell der Schlittenhunde irrtümlicherweise für das Rufen von Robben gehalten, die zu ihren Lieblingsspeisen gehören.

In den 1970er-Jahren wurde in Kalifornien angeblich ein Surfer von einem Schwertwal gebissen. Nähere Umstände sind jedoch nicht bekannt. Zum vorläufig letzten Zwischenfall mit einem Schwertwal kam es im August 2005, als ein 12-jähriger Junge beim Baden in einer Bucht in Alaska von einem rund acht Meter großen Schwertwal an der Schulter mit der Schnauze angestoßen wurde. Der Junge wurde jedoch weder gebissen noch sonst irgendwie verletzt und kam mit einem Schrecken davon. Nach Ansicht von Experten hat der Wal den Jungen wohl einfach auf den ersten Blick mit einem der in der Bucht zahlreich vorkommenden Seehunde verwechselt, seinen Irrtum jedoch noch rechtzeitig erkannt.

2004 sorgte ein Video für große Aufregung. Auf dem im Internet zirkulierenden Filmchen war deutlich zu sehen, wie ein riesiger Orca plötzlich aus dem Wasser sprang und ein Paddelboot zum Kentern brachte. Griff hier ein Orca ganz gezielt ein Boot an? Bevor diese Frage ernsthaft unter Experten diskutiert werden konnte, kam jedoch die Wahrheit ans Licht: Das Video war lediglich eine Fälschung, die ursprünglich einmal als Werbefilm für einen Energiedrink vorgesehen war.

Völlig anders sieht die Situation bei in Gefangenschaft gehaltenen Orcas aus. Hier kam es in der Vergangenheit zu deutlich mehr gefährlichen Angriffen von Schwertwalen auf

Menschen als in der freien Natur. Einige der mehr als zwei Dutzend registrierten Attacken endeten sogar tödlich. Zum ersten wirklich spektakulären Angriff eines Orcas auf einen Menschen kam es im April 1971 im Seaworld-Park in San Diego, als sich eine Sekretärin des Parks überreden ließ, auf dem Rücken des zehnjährigen Schwertwalweibchens Shamu zu reiten. Der Wal, der zuvor nie negativ in Erscheinung getreten war, warf plötzlich seine Reiterin ab, fasste sie mit den Zähnen am Bein und schob die hilflose Frau wie eine Puppe durch das Meerwasserbecken. Die junge Frau wurde durch die Bisse des Wals so schwer verletzt, dass sie mit über 100 Stichen genäht werden musste. 1987 wurde dann, ebenfalls im Seaworld-Park von San Diego, der 20-jährige Orca-Trainer Jonathan Smith während einer Show gleich von zwei Orcas angegriffen. Smith erlitt bei der Attacke schwerste innere Verletzungen, kam jedoch glücklicherweise mit dem Leben davon.

Ausgerechnet an Weihnachten kam es auf der spanischen Kanareninsel Teneriffa zum ersten tödlichen Zwischenfall mit einem Orca außerhalb des nordamerikanischen Kontinents, als der 29 Jahre alte Orca-Dompteur Alexis Martinez bei einer Trainingseinheit im Loro-Park vom damals 14 Jahre alten Orca Keto so heftig gerammt wurde, dass er das Bewusstsein verlor und ertrank, bevor er von seinen Kollegen gerettet werden konnte. Laut Darstellung eines Loro-Park-Pressesprechers handelte es sich bei dem tödlichen Vorfall jedoch um keine gezielte Tötung, sondern lediglich einen Unfall.

Zum vorläufig letzten Todesfall mit einem Schwertwal kam es dann am 24. Februar 2010, als ein Schwertwal namens Tilikum während einer Show im Seaworld-Park von Orlando seine Trainerin tötete. Tilikum, der vor rund 30 Jahren vor der isländischen Küste eingefangen worden war, packte die am Beckenrand kniende Trainerin Dawn Brancheau während eines Dressuraktes urplötzlich an ihrem Pferdeschwanz und zog sie ins Wasser. Dort nahm er sie ins Maul, schüttelte sie durch und drückte sie so lang unter Wasser, bis sie ertrank. Mehrere Besucher, die das Geschehen ganz genau durch ein Fenster in der Beckenwand beobachten konnten, erlitten daraufhin einen veritablen Schock. Später berichteten Mitarbeiter des Parks, Tilikum sei auch nach der Tat noch derart aggressiv gewesen, dass er erst in ein kleines Becken gebracht und anschließend auf eine Hebebühne gehievt werden musste, um die Leiche der Trainerin aus seinem Maul bergen zu können. Tilikum war übrigens kein Ersttäter. Bereits 1991 gehörte er zu einer dreiköpfigen Orcagruppe, die im kanadischen Tierpark Sealand of the Pacific eine junge Trainerin, die in das Orca-Becken gefallen war, getötet hatte. Die drei Wale drückten die hilflose junge Frau immer wieder ganz gezielt unter Wasser, bis sie letztendlich jämmerlich ertrinken musste. Nach diesem Vorfall musste der Tierpark seine Pforten schließen und Tilikum wurde als Zuchtbulle an den Seaworld-Park in Orlando verkauft. In Orlando zeugte er etliche Orca-Babys. Den Trainern war es jedoch wegen der einschlägigen Vergangenheit des riesigen Orcas strengstens untersagt, mit ihm zusammen im Becken zu schwimmen. 1999 kam es dann jedoch erneut zu einem tödlichen Zwischenfall. Ein Besucher, der sich im Park versteckt hatte und dann nachts, aus welchen Gründen auch immer, zu den Schwertwalen ins Becken stieg, wurde am nächsten Morgen von den Tierpflegern tot auf Tilikums Rücken entdeckt. Als offizielle Todesursache wurde Unterkühlung angegeben. Allerdings war die Leiche des möglicherweise geistig verwirrten Mannes mit Schrammen und Bisswunden übersät.

Die Wissenschaft rätselt noch darüber, welche Schlüsselreize dafür verantwortlich sind, dass sich ein friedlicher Orca in einen mörderischen Killerwal verwandelt. Während die Parkbetreiber meist von »unglücklichen Zufällen« und »Missverständnissen« sprechen, sehen sich die zahlreichen Tierschutzgruppen, die bereits seit vielen Jahren die Haltung der Meeressäuger zu Showzwecken kritisieren, durch die Angriffe der Orcas in ihrer Haltung bestätigt. Sie glauben, dass die wenig artgerechte Haltung in Becken, die für die riesigen Meeressäuger viel zu klein sind, die Tiere derart unter Stress setzt, dass sie eben mitunter auch ausgesprochen aggressiv gegen Trainer und Betreuer vorgehen.

Schwertwal fängt Möwen

Orcas sind bereits seit Langem für ihre ausgeklügelten Jagdstrategien bekannt. Aber dass sich vor einiger Zeit ein in einem kanadischen Aquarium lebender Schwertwal einen besonders raffinierten Trick ausgedacht hat, um sogar Möwen zu erbeuten und die neu erworbene Fähigkeit auch gleich an Teile seiner Familie weitergegeben hat, hat selbst gestandene Verhaltensforscher überrascht. Der intelligente Meeressäuger lockt zunächst einmal die immer hungrigen Möwen in seine Nähe, indem er erbrochenen Fisch auf die Wasseroberfläche spuckt. Will dann eine Möwe die vermeintliche Beute packen, wird sie vom dicht unter der Wasseroberfläche im Hinterhalt liegenden Orca gepackt und verschlungen. Mittlerweile hat der Schwertwal das neu erworbene Wissen sogar an seinen Halbbruder weitergegeben. Satt werden die beiden Orcas von der Möwenjagd allein sicher nicht, aber die durch den neu erworbenen

Jagdtrick täglich drei bis vier Möwen sind auch für einen Fünf-Tonnen-Säuger sicherlich eine hübsche Bereicherung des Speisezettels. In der Antarktis haben die intelligenten Meeressäuger sogar eine ausgeklügelte Taktik entwickelt, mit der sie Tiere erbeuten können, die sich eigentlich außerhalb ihrer Reichweite befinden sollten: auf Eisschollen liegende Robben. Die Schwertwale schließen sich dazu in Gruppen zusammen und erzeugen gemeinsam so große Wellen, dass die Robben regelrecht von ihren Eisschollen gespült werden. Wie koordiniert die unterschiedlichen Tiere bei dieser Form der Jagd zusammenarbeiten, beschreibt sehr anschaulich die Neuseeländerin Dr. Ingrid Visser, eine der weltweit führenden Orca-Experten, als Kommentatorin eines von ihr selbst gedrehten Films über die Eisschollenjagd: »Ein Orca bleibt zurück und hält die Eisscholle in Position, die anderen schwimmen davon und hier kommen sie zurück, vier auf einmal, machen eine große Welle und spülen die Robbe von der Scholle, dann schnappen sie die Robbe und ziehen sie unter Wasser.«

Ein anderer Gelegenheitstäter in freier Wildbahn ist der Seeleopard. Er gehört in der Antarktis zu den Topräubern. Die gewaltigen Robben halten sich meist an den äußeren Rändern der antarktischen Packeiszone auf, stoßen jedoch oft auch relativ weit nach Norden vor und tauchen dann manchmal sogar als sogenannte Irrgäste am Kap der Guten Hoffnung, beim Kap Hoorn oder in Tasmanien auf. Seinen Namen verdankt der Seeleopard, dessen Weibchen bis zu 3,8 Meter Länge und ein Spitzengewicht von nahezu 600 Kilogramm erreichen können, nicht nur der leopardenähnlichen Zeichnung seines Fells, sondern auch seinem Raubtiergebiss sowie seiner speziellen Jagdtechnik, mit der er sich unter Wasser an seine Beutetiere heranschleicht.

Ernährungstechnisch gesehen ist der Seeleopard ein fleischfressender Allrounder, der praktisch alles verzehrt, was er erbeuten kann. Magenuntersuchungen haben gezeigt, dass das Beutespektrum dabei von winzigem Krill über Tintenfische und Fische bis hin zu Pinguinen und anderen Robben reichen kann.

Zu gezielten Angriffen von Seeleoparden auf Menschen kam es – schon allein wegen der überaus geringen Chance einer Begegnung – in der Vergangenheit äußerst selten. Die erste gut dokumentierte Attacke eines Seeleoparden auf einen Menschen wurde Anfang des vorigen Jahrhunderts während der berühmten »Imperial Trans-Antarctic Expedition« des britischen Polarforschers Sir Ernest Shackleton verzeichnet. Als die Forscher auf dem Meereis campten, tauchte plötzlich ein rund vier Meter großer und 500 Kilogramm schwerer Seeleopard zwischen zwei Eisschollen auf und attackierte Thomas Orde-Lees, ein Mitglied von Shackletons Expedition, heftig. Orde-Lees konnte nur gerettet werden, weil ein anderes Expeditionsmitglied den Seeleoparden kurzerhand erschoss.

Rund 70 Jahre später, im Jahr 1985, kam dann der schottische Südpolforscher Gareth Woods nur äußerst knapp mit dem Leben davon, als ein scheinbar aus dem Nichts auftauchender Seeleopard versuchte, ihn ins Wasser zu zerren: »Plötzlich explodierte die Eisoberfläche, als der massige Kopf und die Schultern eines ausgewachsenen Seeleoparden, das Maul erwartungsvoll aufgerissen, auftauchten. Es schloss seine kraftvollen Zähne um mein rechtes Bein, und ich fiel rückwärts um, geschockt und hilflos in seinem schraubstockähnlichen Griff. Als ich merkte, dass er versuchte, mich in die Tiefe zu zerren, versuchte ich mich verzweifelt mit meinen

Steigeisen im Eis festzuklammern, da ich wusste, wenn ich erst einmal im Wasser wäre, würde alles vorbei sein.« Ein Schicksal, vor dem Wood nur bewahrt werden konnte, weil seine Kameraden geistesgegenwärtig immer wieder mit ihren stahlzackenbewehrten Steigeisen gegen den Kopf des Tieres traten.

Zum ersten und bisher einzigen Todesfall kam es am 22. Juli 2003, als die britische Wissenschaftlerin Kirsty Brown in der Nähe der antarktischen Forschungsstation Rothera beim Schnorcheln von einem Seeleoparden angegriffen und getötet wurde. Auch auf anderen Forschungsstationen wurden Mitarbeiter in der Vergangenheit vereinzelt von Seeleoparden angegriffen. Meist sprangen die Tiere völig unerwartet aus dem Wasser und versuchten sich an einem Bein zu verbeißen, um daran ihr Opfer ins Wasser zu ziehen. Eine Angriffstaktik, die Seeleoparden übrigens auch gerne anwenden, um arglos auf Eisschollen stehende Pinguine zu erbeuten. Ab und an attackieren die riesigen Robben auch Boote. So mussten mehrere Schlauchboote der amerikanischen Antarktisstation Palmer nach wiederholten Beißattacken von Seeleoparden mit kräftigen Schutzabdeckungen versehen werden, da die Mitarbeiter der Station es irgendwann leid waren, ständig die zerbissenen Luftkammern flicken zu müssen.

Nach Aussage des Meeressäugerexperten Ian Boyd von der St. Andrews University in Schottland könnten sich derartige Zwischenfälle jedoch in Zukunft häufen. Das ist für Boyd eine schlichte Frage der Mathematik. In den nächsten Jahren wird eine deutliche Zunahme an Menschen erwartet, die aus den unterschiedlichsten Gründen die unwirtlichen Gefilde der Antarktis besuchen, was fast zwangsläufig auch zu steigenden Begegnungsraten zwischen Mensch und See-leopard führen wird. Da scheinen weitere – möglicherweise auch tödliche Attacken – geradezu vorprogrammiert zu sein. In den Forschungsstationen der Antarktis ist man jedenfalls mittlerweile dazu übergegangen, sofort das Wasser zu ver-lassen, wenn sich ein Seeleopard in der Nähe befindet.

Höchst verdächtig, ebenso ab und an mal einen Menschen zu verschlingen, ist der Goonch, eine Fischart aus der Familie der Teufelswelse, die in den großen Flüssen Indiens bzw. Süd-ostasiens wie Indus, Ganges oder Mekong vorkommt. Die gewaltigen Süßwasserfische, die eine Länge von über zwei Metern und ein Gewicht von bis zu 80 kg erreichen kön-nen, ernähren sich normalerweise von Fischen, Krebsen und Insekten. Im Großen Kalifluss, einem Grenzfluss zwischen Nepal und Indien, sollen jedoch zumindest einige Exemplare der gewaltigen Süßwasserfische in den letzten Jahren auch ei-nen gesunden Appetit auf Menschenfleisch entwickelt haben. Als mögliche Ursache für dieses untypische Verhalten sehen Experten die nach Hindu-Riten durchgeführten Begräbnis-rituale der Inder und Nepalesen, die nach der obligatorischen Feuerbestattung die halb verbrannten Leichen in den Fluss werfen. Und dort – so zumindest die durchaus einleuchtende Theorie – haben sich die Goonche an den menschlichen Überresten gütlich getan und so an den Verzehr von Men-schenfleisch gewöhnt. Einmal auf den Geschmack gekom-men, sollen die Riesenfische auch badende Menschen an-gefallen und verschlungen haben. So soll im April 1998 ein 17-jähriger Jugendlicher vor den Augen seiner Freundin von einem Goonch unter Wasser gezogen worden sein. Die Leiche des Jugendlichen wurde trotz intensivster Suche nie entdeckt. Drei Monate später wurde ein kleiner Junge beim Baden im Beisein seines entsetzten Vaters unter die Wasseroberfläche gezogen. Auch hier wurde keine Leiche gefunden. Die vorläufig letzte Attacke fand im April 2007 statt, als ein 18 Jahre alter Mann von etwas unter Wasser gezogen wurde, das Augenzeugen später als »verlängertes Schwein« bezeichneten. Alle Attacken fanden übrigens im gleichen etwa vier Kilometer langen Flussabschnitt statt. Unbestätigten Gerüchten zufolge soll in dieser Zeit auch der Kopf eines Menschen im Magen eines gefangenen Goonchs aufgetaucht sein.

Der englische Biologe und TV-Moderator Jeremy Wade versuchte im Rahmen der von ihm moderierten Fernsehshow *Rivermonsters* einen der Menschenfresser-Welse zu fangen. Und tatsächlich glückte Wade vor laufender Kamera der Fang eines 1,80 Meter großen und 75,5 Kilogramm schweren Exemplars. Ein Exemplar, das immerhin dreimal so groß ist wie ein normaler Teufelswels. Eine genauere Untersuchung des Fisches zeigte jedoch, dass es sich wohl kaum um den gesuchten Übeltäter handelte. Der gefangene Goonch wäre, rein theoretisch gesehen, nämlich zwar durchaus in der Lage gewesen, ein Kleinkind zu verschlingen, aber keinesfalls einen fast ausgewachsenen Jugendlichen. Eine Erkenntnis, die jedoch nicht automatisch einen Freispruch für Goonche allgemein bedeutet: Die Einheimischen glauben zumindest, dass der gefangene Goonch noch längst nicht das Maß aller Dinge war. Sie sind davon überzeugt, dass auf dem Grunde des Kali-Flusses noch wesentlich größere Exemplare lauern, die auch einen ausgewachsenen Menschen herunterwürgen können.

Wenn Menschen Menschen verspeisen

oder

Kannibalismus in Reinform

»Einer dieser Meinungsforscher wollte mich testen. Ich genoss seine Leber mit ein paar Favabohnen, dazu einen ausgezeichneten Chianti.« Dieser Satz des wohl berühmtesten Kannibalen aller Zeiten, Dr. Hannibal Lecter, brachte es immerhin auf Platz 21 der 100 besten Filmzitate aus amerikanischen Filmen. Lecter war nämlich kein real existierender Kannibale, sondern der Furcht einflößende Held des gleich mit fünf Oscars prämierten Films *Das Schweigen der Lämmer*, der 1991 in die Kinos kam und heute als Klassiker des Horrorthrillers gilt. Dr. Lecter alias »Hannibal the Cannibal« wurde übrigens noch vor Norman Bates aus *Psycho* und Darth Vader aus *Star Wars* zum größten Schurken der Filmgeschichte gewählt. Aber Kannibalismus gibt es natürlich nicht nur in der Fiktion.

Das Phänomen des Kannibalismus ist so alt wie die Menschheit selbst. Bereits die Neandertaler waren Kannibalen – zumindest, wenn man den Untersuchungen spanischer Anthropologen trauen darf. Die Wissenschaftler fanden nämlich auf 43 000 Jahre alten Neandertalerknochen und Schädeln Bearbeitungsspuren, die auf den Verzehr von menschlichem Hirn und Knochenmark schließen lassen. Auch die zwischen 1899 bis 1905 in der Halbhöhle von Krapina nördlich von Zagreb zerschlagenen und teilweise angebrannten Knochenreste von mindestens 24 Neandertalern wurden lange

Zeit als Beleg für Kannibalismus angesehen. Allerdings zeigt es sich bei der Nachuntersuchung der Skelettreste, dass die Bruchmuster der fraglichen Knochen wohl eher durch Sedimentdruck bzw. durch Felsstürze und oder den Verbiss von Raubtieren entstanden und eben wohl nicht durch menschliche Aktivität hervorgerufen worden sind. Bei den Überresten von sechs Neandertalern, die ein französisch-amerikanisches Forscherteam 1991 in der Höhle von Moula-Guercy im Rhône-Tal entdeckt hat, handelt es sich nach Ansicht ihrer Entdecker jedoch nicht um eine Begräbnisstätte, sondern um die Überreste eines 100 000 Jahre alten Festschmauses. Nach Ansicht der Wissenschaftler sind nämlich die Schnittstellen, Brüche und Schlageinwirkungen an den Knochen der Neandertaler völlig identisch mit denen, die an gleichfalls in der Höhle gefundenen Rotwildknochen festgestellt waren konnten. Der englische Anthropologe Simon Underdown von der Oxford Brookes University glaubt sogar, dass der Kannibalismus der Neandertaler möglicherweise mit dafür verantwortlich war, dass unsere frühzeitlichen Verwandten mit der flachen Stirn vor rund 30 000 Jahren ausgestorben sind. Underdown hält es für durchaus möglich, dass sich die Neandertaler beim Verzehr des Hirns ihrer Artgenossen mit einer sogenannten Prionenkrankheit infiziert haben. Ähnliches fand man beim kannibalistischen Eingeborenenstamm der Fore auf Papua-Neuguinea, dessen Angehörige noch bis vor 50 Jahren aus rituellen Gründen die Gehirne verstorbener Verwandter verspeist haben. Prionen sind Proteine, die im tierischen Organismus sowohl in normalen, aber eben auch anomalen und damit krank machenden, pathogenen Strukturen vorliegen können. Das Krankheitsbild ist durch das rasche Voranschreiten neurologischer Symptome gekennzeichnet. Dazu gehören unter anderem Gangstörungen, Muskelschwund und zunehmende Lähmungen. Prionenkrankheiten führen typischerweise innerhalb von sechs bis zwölf Monaten nach Auftreten der ersten Symptome zum Tod.

Aber die frühzeitliche Anthropophagie, wie Wissenschaftler den Kannibalismus nennen, war keineswegs auf den Neandertaler beschränkt: Bereits rund 800 000 Jahre alte Knochen von Frühmenschen der Art *Homo erectus*, die 1997 im nordspanischen Atapuerca nahe Burgos gefunden wurden, weisen Schnittverletzungen auf, die von spanischen Wissenschaftlern eindeutig als Beweise für kannibalistische Praktiken interpretiert wurden. Nach neuesten Erkenntnissen hatten unsere Vorfahren sogar bereits eine halbe Million Jahre früher als bisher angenommen den Hang, ihre Zeitgenossen zu verspeisen. Knochenfunde aus dem Jahr 2009 zeigen nämlich, dass es wohl bereits vor mehr als einer Million Jahren Kannibalen in Europa gegeben hat. Bei der Analyse eines 1,3 Millionen Jahre alten Oberarmknochens, der dem sogenannten *Homo antecessor* gehörte, einem gemeinsamen Vorfahren von Neandertaler und modernem Menschen, haben spanische Wissenschaftler Schnittspuren von primitiven Steinwerkzeugen entdeckt. Für die Wissenschaftler ein untrügliches Zeichen dafür, dass hier sogenannte Frühmenschen versucht haben, an das als Nahrungsmittel damals wohl sehr begehrte Knochenmark ihrer Artgenossen zu gelangen.

Selbst in der beschaulichen Pfalz waren einst Kannibalen zu Hause. Ausgrabungen aus dem Jahr 2006 zeigten, dass in der Nähe des südpfälzischen Städtchens Herxheim vor rund 7000 Jahren statt Saumagen mit Sauerkraut Menschenfleisch auf dem Speiseplan stand. Archäologen fanden dort bei ihren Grabungen in einer kleinen steinzeitlichen Siedlung über 500 Tote, die eindeutig wie Schlachtvieh zerlegt worden waren: Beine und Arme waren sorgfältig abgetrennt worden, hernach wurden die Rippen ausgelöst. Der Ausgrabungsleiter Bruno Boulestin geht davon aus, dass einige Tote »am Spieß gebraten und anschließend abgenagt worden seien«. Kleinere Knochen wurden von den Steinzeitbauern dagegen zerschlagen und offensichtlich zwecks Mark- und Fettgewinnung in kochendes Wasser geworfen. Das heißt, aus einigen Opfern wurde offensichtlich eine kräftige Suppe zubereitet. Unter den verspeisten Menschen befanden sich übrigens auch Säuglinge. Nach Ansicht Boulestins wurden die Opfer jedoch eindeutig nicht des Hungers wegen, sondern aus kultischen Gründen verzehrt, denn an normaler Nahrung mangelte es den Alt-Herxheimern mit Sicherheit nicht.

Ob unsere Vorfahren ihren Speisplan allerdings mit Hirn und Knochenmark und möglicherweise auch mit dem Fleisch ihrer Artgenossen aufbesserten, ist allerdings nicht unumstritten. So bezweifeln einige Wissenschaftler, dass die sogenannten Frühmenschen Kannibalismus betrieben haben, um ihren Energiebedarf zu decken, sondern vermuten, dass hinter den Schnittstellen an Schädeln und Knochen eher ein religiös motivierter Bestattungsritus steckt. Als Hauptindiz für diese These wird meist die Tatsache ins Feld geführt, dass vor allem die Köpfe der Toten bearbeitet wurden, an denen ja bekanntermaßen nur wenig zum Verzehr geeignetes Fleisch zu holen ist.

Wie die Kannibalen zu ihrem Namen gekommen sind

Das Wort Kannibale verdanken wir, ebenso wie die vermeintliche Entdeckung Amerikas, dem Entdecker Christoph Kolumbus. Das erste Mal taucht der Begriff nämlich in einem Logbucheintrag des berühmten Genuesen vom 23. November 1492 auf, als Kolumbus auf seiner ersten Reise vor der Insel *Hispaniola* ankerte. Der Entdecker in spanischen Diensten notierte im Logbuch, dass die Einwohner Hispanolas »in ständiger Furcht vor den einäugigen, hundsgesichtigen Einwohnern der Nachbarinsel Bohío, den sogenannten ›Caniba‹ lebten, üblen Gesellen, die Menschen fräßen und alle, die sie fingen, köpften und ihr Blut söffen und ihnen die Geschlechtsteile abschnitten«. Wie wir heute wissen, handelte es sich bei den »Caniba« um den kriegerischen Indianerstamm der Kariben, Bewohner der westindischen Inseln, die regelmäßig über die friedlicheren Tainos herfielen und von diesen zu Recht oder zu Unrecht des Kannibalismus bezichtigt wurden. Später wurde dann das spanische »canibal« zu einem Synonym für Menschenfresser und verbreitete sich in vielen europäischen Sprachen. In Deutschland trat der Begriff »Kannibale« erstmals im Jahr 1508 auf.

Schlägt man im Lexikon unter dem Begriff Kannibalismus nach, findet man meist folgende Definition: »Als Kannibalismus wird das Verzehren von Artgenossen oder Teilen derselben bezeichnet. Insbesondere versteht man darunter den Verzehr von Menschenfleisch durch Menschen.« Aber was treibt einen Menschen dazu, seine Mitmenschen zu verspeisen, eine Verhaltensweise, die in fast allen Kulturen mit einem Tabu belegt ist? Die Vergangenheit lehrt, dass Kannibalismus viele Ursachen haben kann. Folgt man neueren medizinhistorischen Forschungen, dann gab es zum Beispiel in Europa bis weit ins 18. Jahrhundert hinein einen weitverbreiteten sogenannten medizinischen Kannibalismus. Damals wurde in vielen europäischen Ländern reichlich Menschenfleisch in rohem oder gekochtem Zustand oder getrocknet und zu Pulver zerstoßen »zu Heilzwecken« konsumiert. Vor allem das Fett (Armesünderschmalz) und das Fleisch (Schelmenfleisch) hingerichteter Straftäter galten damals als wirksames Heilmittel gegen Gicht, Arthrose oder Lähmungserscheinungen. Aber auch innere Organe wie Herz, Leber, Milz und Nieren wurden als Sitz besonderer Kräfte, von denen man sich medizinische und magische Wirkung versprach, gerne verspeist. Ein übrigens überaus einträgliches Geschäft für den Henker, der die Körperteile und das Blut hingerichteter Delinquenten an Ärzte und Apotheker verkaufte, die diese dann für medizinische Zwecke weiterverarbeiteten. Leichenteile und Blut waren damals Bedarfsartikel, die es in jeder Apotheke gab. Doch auch die Kranken selbst griffen beherzt zu, wenn es galt, vielversprechender Leichenteile habhaft zu werden. So berichtet die amerikanische Anthropologin Beth Conklin, dass sich früher in Dänemark Epileptiker, »eine Tasse in der Hand«, um das Schafott drängten, »bereit, das aus dem noch zitternden Körper quellende Blut herunterzustürzen«.

Aus damaliger Sichtweise war es eigentlich logisch, dass aus menschlichen Körperteilen hergestellte Heilmittel als deutlich wirkungsvoller galten als solche, die nur aus den Bestandteilen von Tieren gewonnen worden waren – wurde doch der Mensch als das vollkommenste aller Lebewesen angesehen. Die Körperteile hingerichteter Menschen waren dabei aus zweierlei Gründen besonders begehrt: Zum einen glaubte man damals, man könne durch den Verzehr von Teilen eines Menschen, der nicht eines natürlichen Todes gestorben war, dessen restliche Kraft von seinem Körper in den eigenen überführen. Zum anderen war man damals auch fest davon überzeugt, dass die Inkorporierung von Teilen eines geläuterten Sünders geradezu zwangsläufig eine heilende Wirkung haben müsse.

Die Verwendung von menschlichen Körperteilen zu Heilzwecken hat übrigens eine lange Tradition. So versuchte man bereits im alten Rom, mit frisch gezapftem Gladiatorenblut Epilepsie zu kurieren.

Seit dem Mittelalter gab es in Europa dann den ebenso makabren wie unappetitlichen Brauch, pulverisierte altägyptische Mumien zu konsumieren. Der gute Erhaltungszustand der einbalsamierten Körper galt den zeitgenössischen Medizinern als wichtiger Beweis, dass in einer Mumie besondere Heilkräfte enthalten seien. So glaubte auch der legendäre Arzt und Wegbereiter der modernen Medizin, Paracelsus (1493–1541), Mumienpulver helfe gegen allerlei Krankheiten und verordnete bei Epilepsie, Herzattacken, Übelkeit, Vergiftungen und Tuberkulose staubfein gemahlene Mumien. Die Nachfrage nach Mumienpulver hielt sich bis ins 19. Jahrhundert und war teilweise so groß, dass die Grabräuber, die die mumifizierten Leichen aus ihren Ruhestätten raubten, trockneten und pulverisierten, kaum mit der Lieferung von Nachschub nachkamen.

Auch an Arzneirezepturen zur richtigen Zubereitung menschlicher Körper mangelte es nicht: So beschrieb etwa der deutsche Pharmakologe Johann Schröder (1600–1664), der mit dem *Artzney-Schatz* das wohl wichtigste Arzneibuch des 17. Jahrhunderts verfasst hat, detailliert die Zubereitung des Muskelfleischs eines rothaarigen, etwa 24 Jahre alten

Mannes, der »gehängt, gerädert oder geköpft« werden und dann bei »heiterem Wetter einen Tag und eine Nacht in Sonne und Mond« gelegen haben sollte. Das Fleisch, so verrät das Rezept, solle zunächst in kleine Stücke oder Scheiben geschnitten und anschließend mit Myrrhe und ein wenig Aloe besprenkelt werden, bevor es anschließend für einige Tage in Weingeist einzuweichen sei. Zur guten Haltbarkeit müsse das Fleisch dann zum Trocknen an einem trockenen und dunklen Plätzchen aufgehängt werden. Eine Vorgehensweise, die auch dem Geschmack zugutekäme, da sie dem Fleisch »eine Note von zart Geräuchertem« verleihe.

Der Verzehr von Leichenteilen war vor allem im 17. Jahrhundert besonders in höchsten Kreisen durchaus üblich. So war es dem englischen Monarchen Karl II. (1630–1685) die für damalige Verhältnisse unvorstellbare Summe von 6000 Pfund wert, ein Rezept zur Verflüssigung menschlichen Hirns in die königlichen Finger zu bekommen. Das streng nach Vorschrift gewonnene Destillat, das später einmal als »des Königs Tropfen« in die Medizingeschichte eingehen sollte, applizierte der Monarch dem Vernehmen nach übrigens nahezu täglich.

Und noch im 18. Jahrhundert empfahl der britische Theologe und Naturforscher John Keogh seinen Patienten zur Heilung von »Schwindel« ein »Quäntchen pulverisiertes menschliches Herz«. Art der Anwendung: »Am Morgen und auf nüchternen Magen.«

Mitunter kam es jedoch in der Vergangenheit auch zu dem, was in den Medien gern als »Kannibalismus in Extremsituationen« bezeichnet wird. In Ausnahmesituationen kann nämlich allein der nackte Wunsch, einfach nur zu überleben, Menschen zu Kannibalen werden lassen.

Wenn sie auch nicht so bekannt ist wie das bereits in Kapitel 7 erwähnte Kannibalismus-Drama um die Überlebenden des Walfängers *Essex*, so ist die Geschichte des Untergangs der französischen Fregatte *Medusa* doch ein überaus eindrucksvolles Beispiel dafür, zu welchen Grausamkeiten Menschen fähig sind, wenn sie zu verhungern drohen. Die *Medusa* unter dem Kommando des Kapitäns Hugues Du Roy de Chaumareys strandete am 2. Juli 1816 auf der Arguin-Sandbank vor der westafrikanischen Küste und zerbrach. Da die sechs an Bord befindlichen Rettungsboote für die 400 Schiffbrüchigen bei Weitem nicht ausreichten, wurde auf Befehl des Kapitäns aus den Schiffsplanken der Medusa ein 8 x 15 Meter großes Floß gezimmert, auf dem dann allerdings fast 150 Menschen Platz finden mussten. Bereits nach kurzer Zeit zeigte es sich, dass die Rettungsboote durch das an ihnen vertäute Floß stark in ihrer Bewegungsfreiheit behindert waren und überhaupt nicht vorankamen. Die Besatzungen der Boote kappten daraufhin die Haltetaue und überließen das manövrierunfähige Floß seinem Schicksal. Auf dem völlig überfüllten Floß kam es daraufhin zu dramatischen Szenen. Bereits in der ersten Nacht wurden 20 Männer über Bord gespült. Die restlichen Überlebenden kämpften daraufhin erbittert um die vermeintlich sicheren Plätze in der Mitte des Floßes. Und fast zwangsläufig kam es auch zu mit äußerster Brutalität geführten Verteilungskämpfen um die wenigen vorhandenen Lebensmittel. 65 Menschen kamen bei diesen Kämpfen ums Leben. Die Leichen der Getöteten wurden entweder über Bord geworfen oder von den vor Hunger und Durst fast wahnsinnigen Überlebenden gegessen. Der überlebende Chirurg Henri Savigny schrieb dazu in seinem Bericht: »Diejenigen, die der Tod verschont hatte, stürzten sich gierig auf die Toten, schnitten sie in Stücke, und einige verzehrten sie sogleich. Ein großer Teil von uns lehnte es ab, diese entsetzliche Nahrung zu berühren. Aber schließlich gaben wir einem Bedürfnis nach, das stärker war als jegliche Menschlichkeit.« Als das Floß nach zwölf Tagen durch Zufall von einem vorbeifahrenden Schiff entdeckt wurde, waren nur noch 15 Personen am Leben.

Im Zweiten Weltkrieg kam es während der fast 900 Tage andauernden Belagerung durch deutsche Truppen in der russischen Stadt Leningrad bei den bitterlich hungernden Einwohnern zu einem derartigen Ausmaß an kannibalistischen Handlungen, dass sich die Behörden gezwungen sahen, spezielle Polizeieinheiten aufzustellen, deren einzige Aufgabe darin bestand, den immer weiter um sich greifenden Kannibalismus in der Stadt zu verhindern.

Auch auf dem pazifischen Kriegsschauplatz ereigneten sich zahlreiche Fälle von Kannibalismus. Vor allem auf Papua-Neuguinea kam es dabei zu unvorstellbaren Gräueltaten. Ab 1942 wurden nämlich die auf der Insel stationierten 160 000 Japaner nicht mehr mit Nachschub versorgt, sodass sich die Nahrungssituation rasch zuspitzte. Begnügten sich die japanischen Truppen zunächst noch damit, gefallene australische Soldaten zu verzehren, ging man bald dazu über, auch Kriegsgefangene zum Verzehr zu töten. In einigen wenigen Fällen wurde sogar vor den eigenen Kameraden nicht haltgemacht. Der indische Lance Corporal Hatam Ali, der auf Neuguinea in Gefangenschaft geriet, berichtete später sehr anschaulich, was dort mit den Gefangenen passierte: »Die Japaner begannen irgendwann damit, bestimmte Gefangene auszuwählen. Jeden Tag wurde ein Gefangener hingerichtet und anschließend von den Soldaten verspeist. Ich habe diese Geschehnisse persönlich beobachtet. Etwa 100 Gefangene wurden in diesem Lager von den Japanern gegessen. Der Rest von uns wurde an einen 80 Kilometer entfernten Ort gebracht, wo zehn Gefangene an Krankheiten starben. In diesem Lager wurden wieder Gefangene ausgewählt, um sie zu verspeisen. Die Ausgewählten wurden in eine Hütte gebracht, wo ihnen das Fleisch bei lebendigem Leib von den Knochen getrennt wurde und sie danach achtlos in einen Graben geworfen wurden, wo sie elendiglich zugrunde gingen.« Übereinstimmend berichtet auch der amerikanische Autor und Zweiter-Weltkrieg-Experte James Bradley in seinem Buch *Flyboys: A True Story of Courage*, dass japanische Soldaten amerikanische Gefangene nicht nur ermordeten, um aus rituellen Gründen ihre Leber zu verzehren, sondern eben auch ihren Gefangenen bei lebendigem Leib diverse Gliedmaßen amputierten, um möglichst frisches Fleisch verzehren zu können.

Nach einer Dokumentation der *Wissenschaftlichen Kommission für deutsche Kriegsgefangenengeschichte* ist es auch nach dem Zweiten Weltkrieg unter deutschen Kriegsgefangenen in den sowjetischen Kriegsgefangenenlagern zu Kannibalismus gekommen. So berichtete ein aus russischer Gefangenschaft heimgekehrter deutscher Arzt bei einer Befragung: »Aus dem Lager, in dem ich selbst war, weiß ich aus eigener Erfahrung, dass der Hunger dort zum Kannibalismus führte. Von den nachts Gestorbenen waren am nächsten Morgen sichtbar Leichenteile angeknabbert, wobei dann über die Urheber natürlich nur gemunkelt wurde.«

Zu einem traurig-berühmten Fall eines aus purer Not entstandenen Kannibalismus neueren Datums kam es im Oktober 1972, nachdem eine Maschine der uruguayischen Luftstreitkräfte in rund 4000 Metern Höhe an einem Berghang der chilenischen Anden zerschellt war. Von den 45 Menschen an Bord, zumeist Spieler einer Rugbymannschaft, überlebten 27 den Absturz. Die Überlebenden sahen sich plötzlich völlig unzureichend ausgerüstet mit einer lebensfeindlichen Umgebung aus Eis und Schnee konfrontiert, aus der es kein Entkommen zu geben schien. Bereits in der ersten Nacht sanken die Temperaturen auf bis zu -40 °C. Und auch die wenigen an Bord vorhandenen Nahrungsvorräte waren rasch aufgebraucht. Der Gesundheitszustand der ohnehin schon stark geschwächten Überlebenden wurde dadurch rasch kritisch. Dazu kam noch die Tatsache, dass in großer Höhe der Bedarf des menschlichen Körpers an Energie geradezu gigantisch ist. Allein um sein Körpergewicht zu halten, benötigt ein mittelgroßer Mann in 4000 Metern Höhe über 15 000 Kilokalorien täglich. Ist die Kalorienzufuhr geringer, muss der Körper zwangsläufig seine Reserven in Form von Eiweiß und Fett angreifen. Letztendlich blieb den Überlebenden nur eine einzige Chance: Sie mussten die Toten essen. Die Überlebenden machten sich die Entscheidung, ihre toten Mitpassagiere zu verzehren, übrigens alles andere als leicht. Unter den beim Absturz ums Leben Gekommenen befanden sich nämlich auch viele Freunde und Verwandte der Hungernden. So legte man zunächst aus Rücksicht auf die Angehörigen sechs Leichen beiseite, die nur im äußersten Notfall gegessen werden sollten. Letztendlich wurden jedoch nur zwei der Leichen nicht angetastet. Nach rund zwei Monaten war dann trotz des

Leichenverzehrs die Ernährungslage äußerst kritisch geworden. Die Überlebenden waren mittlerweile dazu übergegangen, auch das Gehirn und die Innereien der Toten zu essen. Sie brachen sogar die Knochen auf, um an das nahrhafte Mark zu gelangen. Schließlich, auch begünstigt durch eine starke Schneeschmelze, machten sich zwei der Männer, die noch über die größten Energiereserven verfügten, auf den Weg, um Hilfe herbeizuholen. Die beiden Männer benötigten zehn lange Tage, um die Anden zu überwinden und die Zivilisation zu erreichen. Einen Tag später evakuierten zwei Helikopter die Zurückgebliebenen. Die Überlebenden wurden wie Nationalhelden gefeiert. Auch heute, fast 40 Jahre später, beschäftigen sich einige der Überlebenden noch massiv mit dem dramatischen Geschehen, das als »Wunder der Anden« in die Geschichte eingegangen ist. Sie halten weltweit wohldotierte Vorträge zum Thema »Überleben in Extremsituationen« und standen auch den verschütteten Bergleuten nach dem aufsehenerregenden Grubenunglück in Chile 2010 mit Rat und Tat zur Seite.

Nach jüngsten Berichten des Flüchtlingshilfswerks North Korean Refugees Assistance Fund (NKRAF) soll im notorisch von Hungersnöten geplagten »Arbeiter- und Bauernstaat Nordkorea« mitunter sogar mit Menschenfleisch gehandelt werden. Berichten von Flüchtlingen zufolge sollen Tausende Menschen, darunter auch viele Kinder, ermordet und ihr Fleisch anschließend auf dem Schwarzmarkt als Schweinefleisch verkauft worden sein. Auch seien frische Gräber geplündert und die ausgebuddelten Leichen anschließend zerteilt und dann sogar unter anderem auf Bauernmärkten und in Restaurants angeboten worden sein. Ganz neu sind diese

Behauptungen des Flüchtlingshilfswerks übrigens nicht: So berichtete die in Hongkong erscheinende *South China Morning Post* bereits 1997, dass in der im Norden Nordkoreas gelegenen Stadt Hamhung eine Frau zum Tode verurteilt worden war, weil sie über ein Dutzend Kinder getötet und anschließend das Fleisch verkauft habe. In einem anderen chinesischen Blatt lieferte der Verfasser eines Artikels über den in Nordkorea grassierenden Kannibalismus seinen interessierten Lesern gleich noch die Information mit, wie man Menschen- von Tierfleisch unterscheiden könne: Während Tierfett in runden Tropfen kristallisiere, würde Menschenfett dies in Diamantform tun.

Kuru – oder warum es tödlich sein kann, seine Mitmenschen zu verspeisen

Auf Papua-Neuguinea mussten Anfang bis Mitte des letzten Jahrhunderts mehr als 2500 Ureinwohner ihren Hang zum Kannibalismus mit dem Leben bezahlen. Beim dort ansässigen Stamm der Fore war es nämlich bis Ende der 1950er-Jahre üblich, als Ausdruck des Respekts und der Trauer die Hirne der Verstorbenen bei deren Beerdigung zu verspeisen. Bei diesem für uns Mitteleuropäer doch etwas gruseligen Ritual infizierten sich die trauernden Kannibalen jedoch mit »Kuru«, einer infektiösen und unheilbaren Krankheit, die üblicherweise innerhalb eines Jahres zum Tode führt. Kuru gehört wie Rinderwahn und Creutzfeldt-Jacob zu den sogenannten Prionenerkrankungen und wird in erster Linie über den Verzehr infizierter menschlicher Organe übertragen. Nachdem Wissenschaftler Kannibalismus als Ursache für die Krankheitsübertragung erkannt hatten, verbot die australische Regierung das Trauerritual. Daraufhin ging die Zahl der Kuru-Erkrankungen auf Papua-Neuguinea stark zurück.

In nicht wenigen Kulturen traf man früher auf kannibalistische Praktiken, deren Ursprung nicht im Nahrungserwerb, sondern in rituellen Gründen zu suchen ist. Wissenschaftler ziehen hier fein säuberlich eine Trennlinie zwischen »Exokannibalen«, die Feinde oder politische Gegner verzehren, und »Endokannibalen«, die sich kulinarisch gesehen eher an Freunde und Verwandte halten. Während Exokannibalen meist glaubten, durch den Verzehr von Körperteilen ihrer getöteten Gegner, vorzugsweise dem Herzen, sich auch die positiven Eigenschaften des Toten wie Mut, Stärke und Kraft einverleiben zu können, hatte der Verzehr von nahen Verwandten oder Stammesangehörigen einen anderen Zweck: Man wollte man durch Verspeisen von Herz und/oder Gehirn die Seele des teuren Verblichenen erhalten. Manche Wissenschaftler stellen hier auch gerne einen Zusammenhang mit dem christlichen Abendmahl her, bei dem die Gläubigen den Leib und das Blut Christi in Form von Brot und Wein verzehren.

Die amerikanische Ethnologin Beth Conklin beschreibt in ihrem Buch *Consuming Grief* sehr eindrücklich am Beispiel der Wari', einem brasilianischen Urwaldvolk, das sowohl Endo- als auch Exokannibalismus praktizierte, die Unterschiede in den kannibalistischen Riten. Ihre eigenen verstorbenen Verwandten oder Stammesangehörigen verspeisten die Wari' stets im Rahmen einer aufwendigen Zeremonie. Ein Verhalten, dass gegenüber dem Toten Liebe und Wertschätzung zeigen sollte. Einem getöteten Feind dagegen brachten die Wari' beim Verzehr keinerlei Respekt entgegen und behandelten seinen Körper ähnlich wie ein erlegtes Tier. Ein Verhalten, das von der Wissenschaft als sogenanntes Dominanzverhalten interpretiert wird.

Nach einem Bericht des spanischen Schriftstellers Bernal Díaz del Castillo (1492–1581), einem Weggefährten des berühmten Konquistadoren Hernando Cortes, aßen auch die Azteken nach der Schlacht offenbar aus religiösen Gründen Leichenteile ihrer gefangen genommenen Feinde. Und das offenbar nicht zu knapp, denn in den sogenannten Blumenkriegen der Azteken wurden oft Tausende von Opfern verspeist. Diese Kriege dienten nicht etwa der Eroberung, sondern allein der Beschaffung von Kriegsgefangenen, die später als Menschenopfer den Göttern dargebracht werden sollten. Herz und Schädel des Opfers wurden für zeremonielle Zwecke genutzt, der Rest des Körpers ging an die Familie des Kriegers, der das Opfer gefangen hatte. Menschenfleisch wurde bei den Azteken meist gegart und leicht gesalzen verzehrt. Als Beilage diente gekochter Mais. Folgt man der Wissenschaft, dann war das rituelle Verspeisen ihrer ehemaligen Gegner für die Azteken eine heilige Handlung, durch die man näheren Kontakt mit den Göttern erreichen bzw. vertiefen wollte. Andere Forscher gehen allerdings davon aus, dass es schlichtweg ein Mangel an Proteinen war, der bei den Azteken zum Kannibalismus geführt hat.

Auch unter den Maori in Neuseeland grassierte früher der Kannibalismus, wie mehrere Augenzeugen, die den britischen Seefahrer und Entdecker James Cook auf seiner zweiten Südseereise begleiteten, übereinstimmend berichteten. Vor allem in Kriegszeiten war Kannibalismus dort weitverbreitet. Und das hatte gleich mehrere Gründe: Zum einen glaubten die Maori, durch Verzehr des Herzens eines besiegten Feindes könne man sich auch dessen Macht einverleiben, zum anderen stellte Menschenfleisch in einem Land mit nur sehr wenig verfügbaren tierischen Proteinen auch eine wertvolle Nahrungsergänzung dar. Zudem schienen die Maori durchaus einen ausgeprägten Gefallen am Geschmack von Menschenfleisch entwickelt zu haben. Der deutsche Naturforscher und Reiseschriftsteller Georg Foster beschreibt in seinem Buch *Reise um die Welt* sehr anschaulich eine Szene, die sich an Bord von Cooks Schiff, der *HMS Resolution*, abspielte, nachdem der Dritte Offizier des Schiffes, Richard Pickersgill, den frisch abgetrennten Kopf eines zuvor bei einer Stammesfehde getöteten Menschen käuflich erworben und ihn stolz einigen Maori gezeigt hatte: »So bald sie (die Maori) des Kopfes ansichtig wurden, bezeugten sie ein großes Verlangen nach demselben, und gaben durch Zeichen zu verstehen, dass das Fleisch von vortrefflichem Geschmack sey.« Pickersgill »erbot sich ihnen ein Stück von der Backe mitzutheilen. (…) sie wolltens aber nicht roh essen, sondern verlangten es gar gemacht zu haben. Man ließ es also in unsrer aller Gegenwart ein wenig über dem Feuer braten, und kaum war dies geschehen, so verschlungen es die Neu-Seeländer vor unsern Augen mit der größten Gierigkeit.«

So schmecken Menschen

Die deutsche Anthropologin Olga Ammann fand bei ihren nur wenige Jahre zurückliegenden Studien auf Papua-Neuguinea noch ehemalige Kannibalen, die sich durchaus noch an den Geschmack von Menschenfleisch erinnern konnten, ja sogar – politisch sicherlich nicht ganz korrekt – zwischen Köstlichkeiten verschiedener Herkunft klar differenzieren konnten. So berichteten die Ex-Kannibalen einhellig, dass das Fleisch von Weißen zu stark gerochen hätte und auch zu salzig gewesen sei. Da hätten Japaner deutlich besser geschmeckt und seien geschmacklich nur noch vom Fleisch der eigenen Frauen übertroffen worden. Leider nur eine späte Genugtuung erhielt in diesem Zusammenhang der englische Missionar Thomas Baker, der 1867 auf Fidschi von wütenden Eingeborenen getötet und verspeist worden war, weil er das Haar eines Dorfältesten berührt hatte – damals auf Fidschi ein ungeheuerlicher Tabubruch. 2003 entschuldigten sich die Bewohner des entsprechenden Dorfes bei den Nachfahren Bakers in feierlicher Form für die Tat ihrer Altvorderen.

Im alten China wurden ebenfalls ab und an Feinde verspeist – zu Ehren der eigenen Ahnen, aber auch als Zeichen des Triumphs oder als besonders schwerwiegende Bestrafung. So berichtet zum Beispiel die Münchner Sinologin Silvia Freiin Ebner von Eschenbach, dass der chinesische König Shang Zhou (1155–1122 v. Chr.), der letzte Herrscher der Shang-Dynastie und ein ziemlich übler Despot, »sich durch Vorwürfe zweier Herren in seiner Ehre derart getroffen fühlte, dass er den einen zu Hackfleisch in Pökelsoße verarbeiten, den anderen kochen und ihn, gewürzt und in Scheiben geschnitten, servieren ließ.« Und selbst während der Kulturrevolution soll es in China nach Recherchen des bekannten chinesischen Schriftstellers und Regimekritikers Liao Yiwu zu Kannibalismus gekommen sein. Opfer waren angebliche »Klassenfeinde«.

Der bekannteste und wohl auch »erfolgreichste« Kannibale der Neuzeit war jedoch der russische Massenmörder Andrei Tschikatilo, der zwischen 1978 und 1990 mindestens 52 Menschen getötet und ihre Geschlechtsteile anschließend verzehrt hat. Als Erklärung gab Tschikatilo an, er hätte als Kind mit ansehen müssen, wie seine Mutter und sein sechsjähriger Bruder während einer Hungersnot getötet und aufgegessen wurden. Der studierte Philologe mordete unter vier sowjetischen Parteichefs und entkam seinen Verfolgern immer wieder. Mit der Verhaftung des »Monsters von Rostow« am 20. November 1990 endete die größte Verbrecherjagd in der Geschichte der Sowjetunion. Während der zwölfjährigen Fahndung nach dem »Schlächter« wurden 165 000 Blutproben entnommen, 500 000 Menschen überprüft und fünf Millionen Einwohnermeldekarten kontrolliert. Im verzweifelten Bemühungen, den Serienkiller endlich dingfest zu machen, kam es im totalitären Staatsgebilde der Sowjetunion auch zu unglaublichen Übergriffen der Ermittlungsbehörden. So wurden im Zuge der Ermittlung gleich mehrere Unschuldige gefoltert, totgeprügelt, in den Selbstmord getrieben oder hingerichtet. Am 14. Oktober 1992 wurde Tschikatilo von einem russischen Gericht zum Tode verurteilt und am 16. Februar 1994 in Nowotscherkassk durch Genickschuss exekutiert.

Ein Kaiser als Kannibale?

Jean-Bédel Bokassa (1921–1996), der ehemalige Präsident der Zentralafrikanischen Republik und spätere »Kaiser« des zentralafrikanischen Kaiserreichs, war sicherlich einer der schlimmsten Despoten, den der Schwarze Kontinent je gesehen hat. Nachdem er sich selbst zum Kaiser gekrönt hatte, sicherte sich Bokassa seine Macht durch Ausschaltung jeglicher Opposition und errichtete ein Terrorregime, das seinesgleichen suchte. So ließ der zentralafrikanische Gewaltherrscher z. B. 1979 über

100 Kinder erschießen, weil sie sich weigerten, die von ihm befohlenen Schuluniformen zu tragen. Des Weiteren erklärte er Behinderte zur »Schande der schwarzen Rasse« und ließ sie aus Flugzeugen werfen. Aber war Bokassa tatsächlich auch ein Kannibale, wie so oft behauptet wird? Um es gleich vorneweg zu sagen: Hieb- und stichfeste Beweise für diese Behauptung gibt es nicht. Allerdings hat der ehemalige Leibkoch Bokassas bei einer Befragung Stein und Bein geschworen, dass der Kaiser nicht nur menschliches Fleisch »mit Genuss« verzehrte, sondern offensichtlich auch große Freude daran hatte, bei Dinnereinladungen ausländischen Würdenträgern die gekochten Leichenteile seiner ermordeten politischen Gegner als vermeintliches »Roastbeef« zum Essen servieren zu lassen. Nach seinem Sturz 1979 sollen, glaubt man seinem Nachfolger im Amt, David Dacko, in den Gefriertruhen des Palastes auch zahlreiche, fertig für die Zubereitung auf einem Grill präparierte Leichenteile entdeckt worden sein. Menschenfresserei war dann auch einer der Anklagepunkte, derentwegen sich Bokassa in seiner Heimat vor Gericht verantworten musste. Bokassa wurde zwar 1987 zum Tode verurteilt, anschließend aber schrittweise begnadigt und letztendlich sogar freigelassen. Bokassa starb im Alter von 75 Jahren 1996 in der zentralafrikanischen Hauptstadt Bangui an einem Herzinfarkt und hinterließ 17 Frauen und – konservativ geschätzt – 37 Kinder.

In den USA sorgte der »Kannibale von Milwaukee« Jeffrey Dahmer für weltweite Schlagzeilen. Dahmer tötete zwischen 1978 und 1991 17 Menschen. Seine Opfer sprach Dahmer in Homosexuellen-Bars oder Saunen an und lockte sie unter dem Vorwand, sie fotografieren zu wollen, in sein Haus. Dort setzte er sie zunächst einmal mit Bier, das er zuvor mit einem Schlafmittel versetzt hatte, außer Gefecht. Waren die Männer eingeschlafen, wurden sie von Dahmer, der seine Aktivitäten stets akribisch fotografierte, erwürgt. Später vergewaltigte Dahmer dann die Leichen und verspeiste anschließend diverse Körperteile. Der berüchtigte Serienmörder wurde im

Juli 1991 durch einen Zufall gefasst und im Februar 1992 zu 15-facher lebenslanger Haft verurteilt. Als die Wohnung Dahmers nach seiner Verhaftung durchsucht wurde, entdeckte man insgesamt vier Köpfe seiner Opfer im Kühlschrank und der Gefriertruhe. In einem Kochtopf fanden sich die dazugehörigen abgehackten Hände.

In Deutschland sorgte 2003 der Fall Armin Meiwes für Furore. Der später als »Kannibale von Rotenburg« bekannt gewordene Meiwes ermordete im März 2001 vor laufender Kamera den 42-jährigen Diplom-Ingenieur Bernd Jürgen Armando Brandes und verspeiste danach 20 Kilogramm Fleisch seines Opfers. Brandes hatte sich vorher Meiwes zum Verzehr angeboten! Sein Opfer hatte Meiwes 2001 in einem Kannibalenforum kennengelernt. Täter und Opfer verabredeten anschließend, um es mit den Worten des später dem »Kannibalenprozess« Vorsitzenden Richters zu sagen, einen Pakt von »Leistung und Gegenleistung«, um sich ihre sexuell abartigen Wünsche wechselseitig zu erfüllen. Brandes, der mehrfach zuvor öffentlich Verstümmelungsfantasien geäußert hatte, war von dem Wunsch besessen, endlich sein Geschlechtsteil abgetrennt zu bekommen, während sich Meiwes wohl nichts dringlicher gewünscht hatte, als einmal einen Menschen zu verspeisen. Vor Gericht berichtete Meiwes, er habe das Fleisch seines Opfers kurz angebraten, gewürzt und mit einer Pfeffersauce abgeschmeckt. Als Beilagen habe er Kartoffelbällchen und Rosenkohl verzehrt. Dazu habe er sich eine Flasche Rotwein gegönnt. In einem Fernsehinterview eines Privatsenders äußerte sich Meiwes auch über den Geschmack von Menschenfleisch: »Es schmeckt ähnlich wie

Schweinefleisch, etwas herber, kräftiger. Es schmeckt recht gut.« Später von einem Gutachter befragt, worin für ihn der Kick beim Verzehr von Menschenfleisch gelegen hätte, antwortete Meiwes: »Man kann es vergleichen, als wenn jemand sein Leben lang den Wunsch hat, einen Ferrari zu fahren, und dann irgendwann die Gelegenheit dazu hat.« Im Übrigen sei sein Lieblingsmärchen *Hänsel und Gretel* gewesen. Besonders gut gefallen habe ihm die Szene, »wo dieser Hänsel verspeist werden sollte«. Meiwes wurde am 9. Mai 2006 wegen Mordes und Störung der Totenruhe zu lebenslanger Haft verurteilt. Kannibalismus ist in Deutschland übrigens nicht explizit per Gesetz verboten.

Nachwort

Das Ende der Menschenfresser

Wer sich einmal die Zeit nimmt, die Rote Liste der vom Aussterben bedrohten Arten etwas genauer unter die Lupe zu nehmen, wird relativ rasch feststellen, dass es um die Zukunft der meisten Menschenfresser nicht allzu gut bestellt ist. Ja, es droht sogar das Ende der Menschenfresser: Aus den Jägern sind nämlich längst die Gejagten geworden. Der britische Wissenschaftsjournalist David Quammen geht sogar davon aus, dass es bereits im Jahr 2150 keine menschenfressenden Raubtiere in freier Wildbahn mehr geben wird, sondern nur noch in Zoos oder Nationalparks zu bewundern sein werden.

An erster Stelle der gefährdeten »Man-eater«, aber auch nahezu exemplarisch für den Rest ihrer Menschen verspeisenden Kollegen, ist hier sicherlich die größte Raubkatze der Welt, der Tiger, zu nennen, dessen Bestände sich in den letzten 100 Jahren dramatisch verringert haben. Existierten im Jahr 1920 noch über 100 000 Tiere, wurde der Gesamtbestand im Jahre 2000 gerade noch auf 5000 bis 7000 Exemplare geschätzt. Und die Tendenz bleibt trotz diverser Schutzprojekte weiter negativ. Nach Angaben des World Wildlife Fund (WWF) vom Februar 2010 beträgt die Zahl frei lebender Tiger weltweit gerade mal noch 3200 Exemplare. Allein auf dem indischen Subkontinent, in dem rund die Hälfte aller noch vorhandenen Tiger lebt, ist die Anzahl der großen Raubkatzen in den letzten fünf bis sechs Jahren um 60 Prozent zurückgegangen.

Und auch die dramatische Reduktion des Verbreitungsgebietes der gestreiften Raubkatzen ist alarmierend. Erstreckte sich das Verbreitungsgebiet des Tigers einst von der Türkei über Russland und China bis nach Bali nahezu über den gesamten asiatischen Kontinent, ist die große Raubkatze heute aus großen Teilen ihres ursprünglichen Heimatgebietes verschwunden. Man findet die größte Katze der Welt nur noch auf dem indischen Subkontinent, im fernen Osten Russlands, sowie angrenzenden Teilen Nordchinas und in einigen entlegenen Regionen Südostasiens von der chinesischen Provinz Yunnan im Norden bis zur Malaiischen Halbinsel im Süden. Dazu gibt es noch ein Vorkommen auf der Insel Sumatra. In den Staaten Afghanistan, Iran, Kasachstan, Kirgisistan, Nordkorea, Pakistan, Singapur, Tadschikistan, Türkei, Turkmenistan und Usbekistan ist der Tiger dagegen ausgestorben. Vor allem in der jüngeren Vergangenheit hat der Tiger gewaltig an Boden verloren: Allein zwischen 1995 und 2005 hat sich das Verbreitungsgebiet der großen Raubkatzen in Asien um etwa 40 Prozent verringert, sodass der Tiger heute nur noch erschreckende sieben Prozent seines ursprünglichen Habitats besiedelt. Als Hauptursache für den massiven Bestandsrückgang der Großkatzen im 20. Jahrhundert sehen Tigerexperten vor allem den Verlust ihres Lebensraumes, da besonders in Indien und Südostasien riesige Waldgebiete, zum Teil in großem Stil, für die land- und forstwirtschaftliche Nutzung gerodet wurden. So entstanden oft inselartige Habitate, die den Kontakt zwischen den einzelnen Tigerpopulationen erschwerten oder gar verhinderten. Zudem machen in einigen asiatischen Ländern auch immer wieder Wilderer, trotz Androhung hoher Strafen, verstärkt Jagd auf die gestreiften Großkatzen.

Grund für die Wilderei ist die große Nachfrage nach Tiger-produkten, wie etwa Fell, Knochen und Geschlechtsteilen, in der traditionellen asiatischen Medizin. Und die Wilderei ist ein lukratives Geschäft: Bringt ein toter Tiger seinem Verkäufer auf dem chinesischen Schwarzmarkt nach Einschätzung von Experten doch mehrere 10 000 Dollar ein. Kein Wunder, dass die International Union for Conservation of Nature and Natural Resources (IUCN) die Gesamtpopulation des Tigers im Jahr 2010 als »stark gefährdet« eingestuft hat.

Kaum bessere Perspektiven als der Tiger hat die zweitgrößte Raubkatze der Welt, der Löwe. Tierschützer befürchten nämlich, dass der »König der Tiere« in Afrika in naher Zukunft ausgebrüllt haben könnte. Lebten Mitte der 1980er-Jahre noch über 200 000 Löwen in Afrika, sind es heute nur noch etwa 30 000. Die Löwenpopulationen sind zwar in den Nationalparks und Reservaten des Schwarzen Kontinents stabil, außerhalb der Schutzgebiete sind die Raubkatzen jedoch nahezu verschwunden. Nach Ansicht des International Fund for Animal Welfare (IFAW) stellen neben der fortschreitenden Zerstörung ihres Lebensraumes vor allem US-amerikanische Jäger die größte Bedrohung für afrikanische Löwen dar. So wurden laut Statistik der IFAW in den letzten zehn Jahren zwei Drittel aller in Afrika getöteten Löwen nach Amerika gebracht. Zusätzlich sind die USA auch noch der größte Importeur von Tiertrophäen, die illegal per Internet verkauft werden. Unglücklicherweise bevorzugen die meisten Jäger auch – wegen der prestigeträchtigen Mähne – das Abschießen von männlichen Tieren, was wiederum zur Folge hat, dass damit oft noch weitere Löwen indirekt zum Jagdopfer werden. Wird nämlich das Alphamännchen eines Rudels, der sogenannte Pascha getötet, kommt es zu Rangordnungskämpfen, bei denen dann noch mehr Tiere sterben, vor allem natürlich männliche Jungtiere. Und als wäre das alles nicht genug, macht auch noch ein heimtückisches Virus dem König der Tiere schwer zu schaffen: Das Feline-Immundefizienz-Virus (FIV), das sogenannte Katzen-Aids, mit dem z. B. im südafrikanischen Krügerpark bereits 80 Prozent der dortigen Löwenpopulation infiziert sind.

War der Leopard früher in fast ganz Afrika und Asien weit verbreitet, so ist er heute in vielen Gegenden wie etwa Marokko oder dem Sinai bereits ausgestorben. In anderen Regionen ist ein Aussterben wohl kaum noch zu verhindern. So gibt es auf der Arabischen Halbinsel heute nur noch rund 250 frei lebende Individuen, und das in reichlich zersplitterten Populationen. Noch geringer sind die Bestände in Palästina, Anatolien und im Kaukasus, wo nach Schätzungen des WWF nur noch knapp 50 Individuen leben. Auch im Iran und in Turkmenistan leben nur wenige 100 Leoparden, und auch in China, Pakistan und Bangladesch sind die Gefleckten mittlerweile ebenfalls sehr selten geworden. In Indien gibt es immerhin noch etwa 14 000 Leoparden. Die mit Abstand meisten Leoparden leben heute in Zentral- bzw. Südafrika, wo die Zahl der Leoparden auf etwa 700 000 Individuen geschätzt wird, von denen 225 000 allein in der Demokratischen Republik Kongo leben sollen. Andere Schätzungen gehen allerdings von nur etwa 230 000 wild lebenden Leoparden in Afrika aus. War der Leopard früher vor allem durch sogenannte Sportjäger und wegen seines Fells in seinem Bestand gefährdet, das vor allem in den 1950er- und 1960er-Jahren gerne zu Pelzmänteln für die Reichen und Schönen verarbeitet wurde, so ist die gefleckte Katze heute vor allem durch die Zerstörung ihres Lebensraums sowie die direkte Bejagung in Folge von Mensch-Leoparden-Konflikten bedroht.

Von weiten Teilen der Bevölkerung nahezu unbemerkt, ist mittlerweile leider auch der gefürchtetste aller Menschenfresser, der Weiße Hai, auf die Rote Liste der vom Aussterben bedrohten Arten gelangt. Am stärksten bedroht ist der Weiße Hai durch die Sportfischerei, denn spätestens seit dem Erfolg des Kinofilms *Der Weiße Hai* in den 1970er-Jahren sind Kiefer und Zähne des größten Raubfischs der Welt bei Sportfischern in aller Welt eine heiß begehrte Trophäe. Aber auch die Haischutzmaßnahmen, mit denen Badestrände vor den maritimen Räubern geschützt werden sollen, fordern immer wieder zahlreiche Opfer unter den großen Haien. So verfangen sich oft zahlreiche Tiere in den Haischutznetzen und verenden kläglich. Manchmal kommt es aber auch zu gezielten Tötungen. Erschwerend kommt hinzu, dass Weiße Haie nicht nur relativ selten sind, sondern auch noch spät geschlechtsreif werden und auch vergleichsweise wenige Nachkommen haben. Zurzeit wird erwogen, den im Augenblick in der Roten Liste als »vulnerable« (gefährdet) gelisteten Weißen Hai künftig als »endangered« (stark gefährdet) zu führen.

Apropos Haie: Noch leben etwa 380 Haiarten in den Weltmeeren. Aber schon heute sind nach Ansicht von Umweltverbänden über 70 Haiarten vom Aussterben bedroht. Innerhalb kürzester Zeit hat es der Mensch nämlich geschafft, die Haibestände weltweit geradezu dramatisch zu reduzieren. Jahr für Jahr werden aus den unterschiedlichsten Gründen etwa 100 Millionen Haie von Menschen getötet. Allein 38 Millionen davon müssen nur wegen ihrer Flossen ihr Leben lassen, wie jüngst ein internationales Forscherteam durch Befragung von Händlern herausgefunden hat. Haifischflossensuppe gehört nämlich, neben den berühmten Schwalbennestern, zu den klassischen Gerichten der chinesischen Küche. Und die Nachfrage nach Haiflossen nimmt rapide zu, was wiederum mit dem chinesischen Wirtschaftsboom der letzten Jahre zu tun hat. Laut Peter Knights, Direktor der Organisation Wild Aid, wird in der neu entstandenen chinesischen Mittelschicht großer Wert darauf gelegt, seinen Mitmenschen zu zeigen, dass man sich ein Statussymbol wie Haifischflossen einfach leisten kann. Dabei ist egal, dass die Flossen weder besonders gut schmecken noch irgendwelche besonderen Nährstoffe enthalten. Vor allem bei Geburtstagsfeiern wird gerne Haifischflossensuppe serviert, um den geladenen Gästen zu zeigen, wie sehr man sie schätzt. Aber auch in den Luxus-Restaurants Hongkongs und Shanghais lassen es sich asiatische Gourmets eine Stange Geld kosten, um das chinesische Traditionsgericht publikumswirksam verzehren zu können. Besonders begehrt sind bei Feinschmeckern die Flossen von Hammerhaien, da sie nicht nur verhältnismäßig groß sind, sondern auch eine hohe Dichte an langen Kollagenfasern aufweisen. Eine Eigenschaft, die chinesische Gourmets offenbar überaus schätzen und daher geneigt sind, für das prestigeträchtige kulinarische Vergnügen tief in die Tasche zu greifen, denn bei Auktionen auf chinesischen Märkten gehen Hammerhaiflossen selten für weniger als 100 Dollar pro Kilogramm über den Tresen. Im Restaurant wird es dann richtig teuer: Hier muss man zwischen 70 und 100 Dollar für eine Schale Hammerhai-Haifischflossensuppe auf den Tisch legen. Allerdings ist die Traditionssuppe bei Weitem nicht nur auf asiatischen Speisekarten zu finden. Wer 18 Dollar auf den Tisch des Hauses legt, kommt z. B. auch im China-Max-Seafood-Restaurant im kalifornischen San Diego in den Genuss eines Tellers Haifischflossensuppe. Für 40 Dollar gibt es sogar eine komplette geschmorte Flosse.

Die steigende Nachfrage nach den Flossen der Haie mit dem charakteristischen Kopf bleibt natürlich nicht ohne Folgen für die Hammerhaibestände, die durch die intensive Befischung immer stärker zurückgehen. So schätzen Experten, dass in manchen Gebieten wie etwa dem Nordwestatlantik, die Bestände der Bogenstirn-Hammerhaie innerhalb von gerade mal 15 Jahren fast um 90 Prozent zurückgegangen sind. Heftig kritisiert wird auch von Umweltverbänden und Tierschützern die äußerst brutale Art und Weise, wie die Haiflossen »gewonnen« werden. Beim sogenannten Finning werden den Haien nämlich meist die Flossen bei lebendigem Leib abgeschnitten. Danach werden die verstümmelten Tiere einfach ins Wasser zurückgeworfen, wo sie elendiglich zugrunde gehen. Allerdings zeigen die Proteste der Umweltschützer bereits erste Erfolge: So hat der Disneykonzern mittlerweile in seiner Hongkonger Dependance das umstrittene Gericht von der Menüliste für Hochzeitsbanketts genommen.

Lange Zeit sah es auch für das Überleben des größten Krokodils der Welt, des Leistenkrokodils, alles andere als rosig aus. Nach dem Ende des Zweiten Weltkrieges geriet das Leistenkrokodil nämlich verstärkt in den Fokus der Modewelt, hatte man doch entdeckt, dass sich aus der besonders schön gemusterten und weichen Bauchhaut der Leistenkrokodile hervorragend Schuhe, Handtaschen, Koffer und andere Accessoires herstellen ließen. Um die besonders in Europa und Nordamerika immer stärker werdende Nachfrage nach dem modischen Leder zu stillen, wurden in den 1950er- und 1960er-Jahren jährlich 100 000 Tiere abgeschlachtet. Erst als das Leistenkrokodil aus vielen Regionen des Fünften Kontinents bereits verschwunden war und sich am Rande des Aussterbens befand, zogen die australischen Behörden die Notbremse und stellten 1969 nicht nur Leistenkrokodile in einzelnen Regionen unter Schutz, sondern verhängten 1972 auch ein totales Ausfuhrverbot für Krokodilerzeugnisse. Aber erst als das Leistenkrokodil 1976 durch das Washingtoner Artenschutzabkommen unter Schutz gestellt wurde, kam es in den folgenden Jahren wieder zu einer deutlichen Erholung der Krokodilbestände, sodass heutzutage die Schutzstufe wieder herabgesetzt werden konnte. Mittlerweile erlaubt das Washingtoner Artenschutzübereinkommen sogar wieder für die Länder Australien, Indonesien und Papua-Neuguinea einen streng kontrollierten und nachhaltigen Handel mit Leistenkrokodilen.

Eine ähnliche Bestandsgeschichte wie das Leistenkrokodil weist auch sein nur unwesentlich kleinerer afrikanischer Vetter, das Nilkrokodil auf. Waren Nilkrokodile noch in der ersten Hälfte des 20. Jahrhunderts in ganz Afrika sehr häufig, sank der Bestand In den folgenden Jahrzehnten drastisch, da die großen Panzerechsen zum einen wegen ihrer Haut und zum anderen, da sich die Bevölkerung von ihnen vielerorts bedroht sah, rücksichtslos bejagt wurden. Durch die Kontrolle des Handels durch das Washingtoner Artenschutzabkommen sowie die Einrichtung von Krokodilfarmen konnten sich die Nilkrokodilbestände jedoch relativ rasch wieder erholen. Heute gilt die Art, die in der Roten Liste der IUCN noch bis 1996 als gefährdet gelistet wurde, als nicht mehr bedroht.

Auch von den Zukunftsaussichten der ab und an als Menschenfresser in Erscheinung tretenden Bärenarten gibt es nur wenig Erfreuliches zu berichten:

Den Eisbären lässt die – ja zumindest zum Teil von uns Menschen verschuldete – globale Erwärmung ihren Lebensraum im wahrsten Sinne des Wortes derart unter dem Hintern wegschmelzen, sodass sich auch die weißen Riesen der Arktis inzwischen auf der Roten Liste der bedrohten Arten wiederfinden.

Auf eben dieser Liste finden sich mittlerweile leider auch die beiden asiatischen Großbärenarten, der Lippenbär und der Asiatische Schwarzbär, wieder. Der Bestand beider Bärenarten ist trotz teilweise intensiver Schutzmaßnahmen rückläufig. Verantwortlich ist hier vor allem die Zerstörung ihrer Lebensräume durch Besiedlung bzw. eine illegale Bejagung, die dazu dient, an die Galle der Bären heranzukommen, der in der traditionellen asiatischen Medizin eine heilende Wirkung zugeschrieben wird.

Deutlich besser geht es dem amerikanischen Schwarzbären, der es in Nordamerika trotz Bejagung auf fast eine Million Exemplare bringt und dessen Bestand daher nicht gefährdet ist.

Der große Vetter des Schwarzbären, der Grizzly, stand 1975 bereits am Rande des Aussterbens, als von den hunderttausend Exemplaren, die sich noch vor 150 Jahren in den USA – klammert man einmal Alaska aus – herumgetrieben hatten, dank Lebensraumzerstörung und unerbittlicher Bejagung gerade mal tausend Exemplare übrig geblieben waren. Heute ist der Grizzly fast überall in Nordamerika konsequent geschützt, sodass seine Populationen erfreulicherweise in fast allen seinen Verbreitungsgebieten stabil sind. Das führte sogar so weit, dass der Grizzly 2007 vom zuständigen U. S. Fish and Wildlife Service im Yellow Stone Nationalpark aus der Liste der bedrohten Arten entfernt wurde. Ein Entscheidung, die jedoch glücklicherweise 2009 von einem Bezirksgericht in Montana revidiert wurde.

Düster sieht auch die Zukunft des Europäischen Braunbären vor allem in Mittel- und Südeuropa aus. Hier sind die Bestände vieler Braunbärenpopulationen rückläufig. Kleinere Populationen wie zum Beispiel in den Pyrenäen oder im italienischen Trentino sind sogar akut vom Aussterben bedroht. Und in Österreich wurde die ohnehin schon winzige Braunbärenpopulation offensichtlich durch Wilderei arg gebeutelt.

Einer erfolgreichen Wiederansiedlung, etwa in den Alpen, steht die mangelnde Akzeptanz zumindest eines Teils der Bevölkerung im Weg. Viele Menschen sind einfach nicht dazu bereit, künftig ihren gewohnten Lebensraum mit großen Raubtieren zu teilen.

Das Stichwort Akzeptanz bringt uns automatisch zu unserem nächsten Kandidaten, dem Wolf. Auch hier herrschen bei der Bevölkerung der mitteleuropäischen Staaten immer noch große Ressentiments gegen eine Wiedereinbürgerung. Mütter fürchten um ihre Kinder, Landwirte um ihr Vieh, und Teile der Jägerschaft sehen durch Meister Isegrim die Bestände ihres jagdbaren Wildes gefährdet. Glücklicherweise nimmt der Bestand des Wolfes jedoch in vielen europäischen Ländern, wenn auch langsam, wieder zu. Und in einigen Ländern, in denen der Wolf schon lange als ausgerottet galt, wie etwa Deutschland oder Frankreich, ist der Wolf sogar zurückgekehrt. Allerdings ist diese Tatsache für Naturschützer sicherlich noch kein Grund zur Euphorie. Dafür sind einfach viele Wolfspopulationen noch viel zu fragil. Will heißen: Nur eine konsequente Aufklärung der Bevölkerung kombiniert mit strikten Schutzmaßnahmen wird letztendlich das Überleben bzw. Wiedereinleben einer Tierart sichern, die früher in ganz Europa heimisch war.

Letztendlich läuft es in Sachen Zusammenleben mit Menschenfressern auf eine einzige Frage hinaus: Wollen wir, um tödliche Zwischenfälle zu vermeiden, die ohnehin schon geschwächten Bestände dieser Tiere ausrotten, oder sehen wir Löwe, Tiger und Weißen Hai als einen Teil unserer Welt an, den wir nicht missen möchten?

Oder um es anders auszudrücken: Eine Welt ohne Menschenfresser wäre sicherlich eine etwas weniger gefährliche Welt, ob sie aber erstrebenswert ist, das ist eine ganz andere Frage.

Lieber Leser, gestatten Sie mir am Ende dieses Buches noch eine sehr persönliche Bemerkung. Während der Recherche für dieses Buch hat sich ein Menschenfresser zunächst meine stille Bewunderung, dann eine klammheimliche Sympathie und schließlich einen festen Platz in meinem Herzen gesichert: Gustave, das Mörderkrokodil aus dem Ruzizidelta.

Was hat man nicht alles getan, um diesem zugegebenerma-ßen extrem gefährlichen Krokodil den Garaus zu machen. Aber Gustave, ein Koloss wie aus der Urzeit übrig geblieben, hat alle menschlichen Attentate auf seinen gepanzerten Kör-per – Maschinenpistolenfeuer eingeschlossen – nicht nur mit stoischer Ruhe, sondern auch einer gehörigen Portion List nahezu unbeschadet überstanden. Da stellt sich natürlich die Frage, ob es heute in Zeiten einer unerbittlichen political cor-rectness auch nur ansatzweise akzeptabel ist, Sympathien für einen tierischen Serienkiller zu entwickeln, der gleich Dut-zende von Menschen auf dem Gewissen hat. Auch wenn sich dieser Serienkiller nach allem, was man so aus dem Ruzizi-delta hört, mittlerweile vom Saulus zum Paulus gewandelt hat und heute abstinent von Menschenfleisch lebt. Ich habe mir die Freiheit genommen, diese Frage mit einem klaren »Ja« zu beantworten. Schließlich hat Gustave sich letztendlich nur so verhalten, wie das die Evolution für ihn vorgesehen hat: Er hat alle diejenigen gefressen, die in der Nahrungskette unter ihm stehen – und das schließt eben bedauerlicherweise Menschen mit ein. Aber vielleicht will ich aber ja auch nur eine Lanze für ein Tier brechen, dem die Herzen der Menschen nicht gleich auf Anhieb zufliegen. Menschenverspeisende Krokodile sind ja nun wirklich nicht gerade in einer Liga mit Pandabären, was ihre Sympathiewerte angeht. Aber wie gesagt, das ist eine sehr persönliche Einstellung.

Literatur

Ajay Singh, Yadav (2000): The Man-Eating Wolves of Ashta. Srishti Publishers & Distributors, New Delhi

Amotz Zahavi, Avishag Zahavi (1998): Signale der Verständigung. Das Handicap-Prinzip. Insel Verlag, Frankfurt/Main

Amstrup, S. C.; Marcot, B. G. & Douglas, D. C. (2007): Forecasting the Range-wide Status of Polar Bears at Selected Times in the 21st Century. U. S. Geological Survey Administrative Report

Andersen, Johnnie B.; Rourke, Bryan C.; Caiozzo, Vincent J.; Bennett, Albert F. & Hicks, James W. (2005): Postprandial cardiac hypertrophy in pythons. Nature, 434, 37–38

Anderson, Kenneth (1957): Man-Eaters And Jungle Killers. Thomas Nelson, First American edition, Nashville

Anderson, Kenneth (1959): The Black Panther of Sivanipalli, Allen & Unwin Ltd, Sydney

Anderson, Kenneth (1986): Nine Man-eaters and One Rogue. Tideline Publications Promotions, Rhyl

Apps, Peter (1996): Wild Ways: Field Guide to the Behaviour of Southern African Mammals. Southern Book Publishers, Pretoria

Apsley, Cherry-Garrard (2004): The Worst Journey in the World: Antarctic 1910–1913. Globe Pequot Press, Guilford

Aristotle (2002): Historia Animalium, Vol. I: Books I-X. Cambridge University Press

Auffenberg, W. (1981): The behavioral ecology of the Komodo monitor. University Press of Florida, Gainesville

The Associated Press (2005): Boy survives bump from killer whale. The Seattle Times vom 18.8.2005

Bass, A. J.; D'Aubrey, J. D. & Kistnasamy, N. (1973): Sharks of the east coast of southern Africa. 1. The genus Carcharhinus (Carcharhinidae). Invest. Rep. Oceanogr. Res. Inst., Durban, no. 33

BBC (2003): Eaten missionary's family get apology. BBC-News vom 13. November 2003

Beaglehole, J. C. (1969): The Journals of Captain James Cook on his Voyages of Discovery. Vol II, Boydell Press, Woodbridge

Beauval, Cédric; Maureille, Bruno; Lacrampe-Cuyaubère, François; Serre, David; Peressinotto, David; Bordes, Jean-Guillaume; Cochard, David; Couchoud, Isabelle; Dubrasquet, David; Laroulandie, Véronique; Lenoble, Arnaud; Mallye, Jean-Baptiste; Pasty, Sylvain; Primault, Jérôme; Rohland, Nadin; Pääbo, Svante & Trinkaus, Erik (2005): A late Neandertal femur from Les Rochers-de-Villeneuve, France. PNAS 102, 20, 7085–7090

Beevor, Antony (1999): Stalingrad: The Fateful Siege. Penguin Books, London

Begg, Colleen; Begg, Kieth & Muemedi, Oscar (2007): Preliminary data on human – carnivore conflict in Niassa National Reserve, Mozambique, particularly fatalities due to lion, spotted hyaena and crocodile. SGDRN (Sociedade para a Gestão e Desenvolvimento da Reserva do Niassa Mozambique)

Bellosa, Henry; Dirksen, Lutz & Auliya, Mark (2007): Faszination Riesenschlangen. Mythos, Fakten und Geschichten. BLV Buchverlag, München

Benchley, Peter (1977): Der Weiße Hai. Ullstein Verlag, München

Blackwell, L. R.; Pickering, R.; Brothwell, D.; Berger, L. R.; Witcomb, M.; Martill, D.; Penkman, K. & Wilson, A. (2009): Probable human hair found in a fossil hyaena coprolite from Gladysvale cave, South Africa. Journal of Archaeological Science. 36(6): 1269–1276

Bourret, Jean-Claude (2010): Le secret de la bête de Gévaudan. Editions du Signe, Paris

Bradley, James (2004): Flyboys: A True Story of Courage. Boston, Back Bay Books Massachusetts

Brehm, Alfred Edmund (1864): Illustrirtes Thierleben: Eine allgemeine Kunde des Thierreichs. Erster Band. Erste Abtheilung: Die Säugethiere. Erste Hälfte: Affen und Halbaffen, Flatterthiere und Raubthiere. Hildburghausen: Bibliographisches Institut

Bright, Michael (2006): Beasts of the Field: The Revealing Natural History of Animals in the Bible. Anova Books, London

Burton, R. G. (1984): A Book of Man-eaters. Mittal Publications, New Delhi

Caldicott, David G.E; Croser, David; Manolis, Charlie; Webb, Graham & Britton, Adam (2005): Crocodile Attack in Australia: An Analysis of Its Incidence and Review of the Pathology and Management of Crocodilian Attacks in General. Wilderness and Environmental Medicine, Vol. 16, No. 3, 143–159

Capuzzo, Michael (2003): Close to Shore: The Terrifying

Shark Attacks of 1916. Crown Books for Young Readers, New York

Cardall, Taylor Y. & Rosen, Peter (2003): Grizzly bear attack. J. Emerg. Med. 24: 331–333

Carrington, Damian (2003): Inquiry into fatal leopard seal attack begins. New Scientist vom 24. 7. 2003

Castles, Alex (1995): The Shark Arm Murders. Wakefield Press, Kent Town, Südafrika

Cavallerano, J. (2002): The 900-Day Siege of Leningrad September 8, 1941-January 27, 1944. http://it.stlawu.edu/~rkreuzer/pcavallerano/leningradweb.htm

Celizic, Mike (2007): Dolphins rescue surfer from shark. Today vom 11. 8. 2007

Chase, Owen (2000): Der Untergang der Essex. Die Hanse Verlag, Hamburg

Chowdhury, M. K. & Sanyal, P. (1985): Use of electroconvulsive shocks to control tiger predation on human beings in Sundarbans Tiger Reserve. Tigerpaper 12(2): 1–5

Clark, Douglas (2003): Polar Bear-Human Interactions in Canadian National Parks, 1986–2000. Ursus 14 (1): 65–71

Clarke, Shelley C.; McAllister, Murdoch K.; Milner-Gulland, E. J.; Kirkwood, G. P; Michielsens, Catherine G. J.; Agnew, David J.; Pikitch, Ellen K.; Nakano, Hideki & Shivji, Mahmood S. (2006): Global estimates of shark catches using trade records from commercial markets. Ecology letters. Volume 9, Issue 10, S. 1115–1126

Cockcroft; Lucy (2008): Mutant fish develops a taste for human flesh in India. The Telegraph vom 9. 10. 2008

Coleman, Loren (1983): Alligators in the Sewers. In: Mysterious America. Faber & Faber, Boston

Conklin, Beth A. (2001): Consuming Grief: Compassionate Cannibalism in an Amazonian Society University of Texas Press, Austin

Corazza, Iago (2008): Die letzten Papua. White Star Verlag, München

Corbett, Jim (1944): Man-eaters of Kumaon. Oxford University Press, Bombay

Corbett, Jim (1989): The Man-Eating Leopard of Ruraprayag. Oxford University Press

Corbett, Jim (1991): The Champawat Man-Eater Accent Educational Publishers, London

Crane, David (2005): Scott of the Antarctic. Harper-Collins, New York

Daley, Robert (1959): World Beneath the City. Harper-Collins, New York

Davis, Edward (1991): A Whale of a Tale: Fundamentalist Fish Stories. Perspectives on Science and Christian Faith, 43: 224–237

Defleur, Alban; White, Tim; Valensi, Patricia; Slimak, Ludovic & Crégut-Bonnoure Évelyne (1999): Neanderthal Cannibalism at Moula-Guercy, Ardèche, France. Science 286, S. 128–131

Derocher, Andrew E.; Lunn, Nicholas J. & Stirling, Ian (2004): Polar Bears in a Warming Climate. Integrative and Comparative Biology, Vol. 44, 163–176

Díaz del Castillo, Bernal (1971): Die Wahrhafte Geschichte der Entdeckung und Eroberung von Mexiko. Steingrüben Verlag, Stuttgart

Duff, Hector (2010): Nyasaland Under the Foreign Office. Nabu Press, New York

Dunbar Brander, A. A. (1982): Wild animals in central India. Natraj, Dehra Dun, Indien

Ebner von Eschenbach, Silvia (2000): Speise für die Toten – Speise aus den Toten – Ahnenopfer und Kannibalismus in China. In: Perry Schmidt-Leukel: Die Religionen und das Essen. Diederichs, Kreuzlingen

Eusterhus, Eva & Zand-Vakili, André (2009): Behörde wertet Tiger-Angriff als »Arbeitsunfall«. Welt-online vom 09. 12. 2009

Farell, Dieter (1988): Freunde auf Leben und Tod. Der Meisterdompteur erzählt. Paul Neff, Rastatt

Fernández-Jalvob, Yolanda; Díezc, Carlos; Cáceresd, Isabel & Roselle, Jordi (1996): Evidence of early Cannibalism. Science 271, 269–270

Fernández-Jalvob, Yolanda; Díezc, Carlos; Cáceresd, Isabel & Roselle, Jordi (1999): Human cannibalism in the Early Pleistocene of Europe (Gran Dolina, Sierra de Atapuerca, Burgos, Spain) Journal of Human Evolution, Volume 37, Issues 3–4

Fernicola, Richard G. (2001): Twelve Days of Terror: A Definitive Investigation of the 1916 New Jersey Shark Attacks. Lyons Press, Guilford

Fohrmann, Petra (2006): Bruno alias JJ1. Reisetagebuch eines Bären. Nicolai, Berlin

Forster Georg (1983): Reise um die Welt. Insel Verlag, Berlin

Forth, G. (2010): Folk Knowledge and Distribution of the Komodo Dragon (Varanus komodoensis) on Flores Island. Journal of Ethnobiology 30 (2), S. 289–307

Fry, B. G.; Wroe, S.; Teeuwisse, W.; Matthias J.; Osch, P.; Moreno, K.; Ingle, K.; McHenry, C.; Ferrara, T. et al. (2009): A central role for venom in predation by Varanus komodoensis (Komodo Dragon) and the extinct giant Varanus (Megalania) priscus. Proceedings of the National Academy of Sciences (USA) 106, 8969–8974

Fuson, Robert H. (1998): Das Logbuch des Christoph Kolumbus. Die authentischen Aufzeichnungen des großen Entdeckers. Bastei Lübbe, Köln

Garry, Chris (2011): Bull sharks seen in flooded streets. The Daily Examiner vom 14. 1. 2011

Gebhardt, Harald & Ludwig, Mario (2008): Die berühmtesten Tiere der Welt. BLV Verlag, München

Graves, Will (2007): Wolves in Russia: Anxiety throughout the ages. Detselig Enterprises Ltd, Calgary, Alberta

Guggisberg, Charles (1961): Simba, the Life of the Lion. Howard Timmins, Kapstadt

Haddad, Vidal & Sazima, Ivan (2003): Piranha Attacks on Humans in Southeast Brazil. Epidemiology, Natural History, and Clinical Treatment, with Description of a Bite Outbreak. Wilderness and Environmental Medicine. 14, Nr. 4, S. 249–254

Halpin, Tony (2008): Bears besiege Russian mine after killing guards. The Times vom 24. 7. 2008

Hamilton, Bethany; Berk, Sheryl & Bundschuh, Rick (2007): Soul Surfer. Sie gab nicht auf und siegte. Brunnen-Verlag GmbH, Gießen

Heptner, V. G.; Sludskii, A. A.; Komarov A. & Komorov, N. (1992): Mammals of the Soviet Union: Carnivora, Part 2. Brill Academic Publishers, Leiden, Boston and Tokyo

Herzog, Markwart (1995): Scharfrichterliche Medizin. Zu den

Beziehungen zwischen Henker und Arzt, Schafott und Medizin. Medizinhistorisches Journal 29, 309–331

Herrero, Stephen (2002): Bear Attacks: Their Causes and Avoidance. Globe Pequot Press, Guilford

Holekamp, Kay E. & Kolowski, Joseph M. (2009): Family Hyaenidae (Hyenas). In: Don E. Wilson, Russell A. Mittermeier (Hrsg.): Carnivores. (Handbook of the Mammals of the World. Band 1), Lynx Edicions, Barcelona, S. 234–261

Hugo, Pieter (2008): The Hyena & Other Men. Prestel Verlag, München

Humboldt, Alexander von (1976): Südamerikanische Reise. Ullstein. München

Kays, Roland & Patterson, Bruce (2002): Mane variation in African lions and its social correlates. Can. J. Zool. Vol. 80: 471–478

Kluger, Jeffrey (2010): Killer-Whale Tragedy: What Made Tilikum Snap? Times vom 26.2.2010

Knight, John (2000): Natural Enemies: People-Wildlife conflicts in Anthropological Perspective. Routledge, Florence, Kentucky

Kobell, Franz von (1859): Wildanger. Skizzen aus dem Gebiet der Jagd und ihrer Geschichte mit besonderer Rücksicht auf Bayern. J. G. Cotta'scher Verlag, Stuttgart

Koon, Daniel W. (1998): Is polar bear hair fiber optic?, Applied Optics 37, 3198

Korytin, S. A. (1997): Sex and age structure of people attacked by wolves in different seasons. Proceedings of the scientific conference »Issues of applied ecology, game management and fur farming«, 27–28 May 1997 in Kirov, 143–146

Kreye, Andrian (2007): Höllenhunde in den Städten. Süddeutsche Zeitung vom 27. November 2007

Kruse, R. & Barthelt, E. (2008): Exposition mit Methylquecksilber durch Fischverzehr und Etablierung analytischer Methoden zur Bestimmung von Methylquecksilber in Fischereierzeugnissen (Gemeinsamer Endbericht), Umweltforschungsplan des Bundesministeriums für Umwelt, Naturschutz und Reaktorsicherheit 2008

Kruuk, Hans (2002): Hunter and Hunted: Relationships between Carnivores and People. Cambridge University Press

Kulke, Ulli (2010): Wie ein Orca zum Killerwal wird. Die Welt vom 26. 02. 2010

Lehmann, Albrecht (2002): Hungerkultur. Zur Erfahrung des Nahrungsmangels in der totalen Institution sowjetischer Kriegsgefangenenlager des Zweiten Weltkriegs, in: Uwe Spiekermann (Hg), Ernährung in Grenzsituationen, Springerverlag, Berlin

Linnell, John D. C. (2002): The Fear of Wolves: A Review of Wolf Attacks on Humans. NINA – Report Trondheim

Linnell, John D. C.; Solberg, Erling J.; Brainerd, Scott; Liberg, Olof; Sand, Hakan; Wabakken, Petter & Kojola, Ilpo (2003): Is the Fear of Wolves Justified? A Fenniscandian Perspective. Acta Zoologica Lituanica. 13 (1), 27–33

Loucks, Colby; Barber-Meyer, Shannon; Hossain, Md; Barlow, Adam & Chowdhury, Ruhul (2010): Sea level rise and tigers: predicted impacts to Bangladesh's Sundarbans mangroves. Climatic Change, Volume 98, Numbers 1–2

Ludwig, Mario & Gebhardt, Harald (2006): Die gefährlichsten Tiere der Welt. BLV Verlag, München

MacCormick, Alex (2003): The Mammoth Book of Man-eaters: Over 100 Terrifying Stories of Creatures Who Prey on Human Flesh. Carroll & Graf Publishers, New York

Matthews, Richard (1995): Nightmares of Nature. Harper Collins, New York

May, Karl (1992): Winnetou I, Karl-May-Verlag, Bamberg, Radebeul

Mathevon, Nicolas; Koralek, Aaron; Weldele, Mary; Glickman, Stephen E. & Theunissen, F. E. (2010): What the hyena's laugh tells: Sex, age, dominance and individual signature in the giggling call of *Crocuta crocuta*. BMC Ecology, 10:9

Matthews, Richard (1995): Gefährliche Wildnis. Tiere auf Menschenjagd. Knesebeck, München

McNay, Mark. E. (2002): A case history of Wolf – Human encounters in Alaska and Canada. Alaska Dept. of Fish and Game, Wildlife Technical Bulletin 13

McRae, Michael (2005): Gustave: Have You Seen This Crocodile? National Geographic Adventure

Mech, David L. (1998): Who's afraid of the big bad wolf? International Wolf Magazine 8 (1), 8–11

Melville, Herman (2009): Moby Dick. Carl Ueberreuter Verlag, Wien

Mercer, Phil (2004): Dolphins prevent NZ shark attack. BBC News vom 23. 11. 2004

Miles, Jonathan (2007): The wreck of the Medusa, Grove Press, New York

Milius, S. (2005): Getting the gull: baiting trick spreads among killer whales. Science News vom 20. 8. 2005

Mills, Gus; Hofer, Heribert (1998): Hyaenas: status survey and conservation action plan. IUCN, Gland, Switzerland, and Cambridge

Mills, M. G. L. (2003): Kalahari Hyenas: Comparative Behavioral Ecology of Two Species. The Blackburn Press, Caldwell, New Jersey

Mol, Jan H. (2006): Attacks on humans by the piranha Serrasalmus rhombeus in Suriname. Studies on Neotropical Fauna and Environment, 41(3): 189–195

Montgomery, Sy (2004): The Man-Eating Tigers of Sundarbans. Houghton Mifflin Company, Boston

Moriceau, Jean-Marc (2007): Histoire du méchant loup: 3000 attaques sur l'homme en France. Editions Fayard, Paris

Muir, Shona F.; Barnes, David K. & Reid, Keith (2006): Interactions between humans and leopard seals. Antarctic Science 18 (1), 61–74

N. N. (2001): Warane: Der Drache mit dem Pokerface. GEO Magazin Nr. 04/01

Obst, Andreas (2008): Die Herren der Hyänen. Frankfurter Allgemeine Zeitung vom 10. Januar 2008

Owen, James (2003): Leopard Seal Kills Scientist in Antarctica. National Geographic News vom 6. 8. 2003

Parado, Nando (2007): 72 Tage in der Hölle: Wie ich den Absturz in den Anden überlebte. Goldmann Verlag, München

Patterson, Bruce D. (2004): The Lions of Tsavo: Exploring the Legacy of Africa's Notorious Man-Eaters. McGraw-Hill, Columbus

Patterson, James (2009): The man-eaters of Tsavo. Wilder Publications

Petricius, Egon (2004): Der Kannibalen-Fall von Rotenburg. Branchen-Forum Schmidt, Alheim

Philbrick, Nathaniel (2000): In The Heart of the Sea: The Tragedy of the Whaleship Essex. Viking Penguin, New York

Pourcher, Pierre (2006): The Beast of Gevaudan. Authorhouse, Bloomington

Quammen, David (2006): Das Lächeln des Tigers: Von den letzten Menschenfressern der Welt. Verlag List, Berlin

Queiroz, Hector & Magurran, Anne (2005): Safety in Numbers? Shoaling behaviour of the Amazonian red-bellied piranha. Biological Letters of the Royal Society, Vol. 1, n. 2, 155–157

Quinn, Ben (2009): Shark attacks bring panic to Sydney's shore. The Observer vom 15. 3. 2009

Radinger, Elli H. (2004): Wolfsangriffe – Fakt oder Fiktion? Peter Von Doellen, Worpswede

Rainboth, Walter J. (1996): Fishes of the Cambodian Mekong. FAO species identification sheets for fishery purposes. Food and Agriculture Organization, Rom

Rajpurohit, K. S. (1999): Child lifting: Wolves in Hazaribagh, India. Ambio 28:162–166.

Rajpurohit, K. S. & Krausman P. R. (2000): Human-Sloth-Bear Conflicts in Madhya Pradesh, India. *Wildlife Society Bulletin*, Vol. 28, No. 2, S. 393–399

Rasmussen L. & Murru, F. (1992): Long-term studies of Serum Concentrations of reproductively related Steriod Hormones in individual captive Carcharhinids. *Australian Journal of Marine and Freshwater Research* 43 (1) 273–281

Read, Piers Paul (1975): Alive: The Story of the Andes Survivors. Avon, New York

Reichholf, Josef H. (2007): Der Bär ist los: Ein kritischer Lagebericht zu den Überlebenschancen unserer Großtiere. Herbig, München

Reynolds, Jeremiah (1839): Mocha Dick: Or The White Whale of the Pacific. The Knickerbocker, May issue, New York

Rivas, J. A.; Muñoz, M. C.; Burghardt, G. M. & Thorbjarnarson, J. B. (2007): Sexual size dimorphism and mating system of the Green Anaconda (Eunectes murinus). In: R. W. Henderson and R. Powell (Eds.): Biology of the Boas and Pythons. Eagle Mountain Publishing Company, Eagle Mountain. S. 312–325

Roesch, Ben S. (1977): Biology and Behaviour of the Oceanic Whitetip. http://web.ncf.ca/bz050/whitetip.html

Roosevelt, Theodore (1910): African Game Trails: An Account of the African Wanderings of an American Hunter, Naturalist, C. Scribner's Sons, New York

Roosevelt, Theodore (1914): Through the Brazilian Wilderness. Charles Scribner's Sons, New York

Roosevelt, Theodore (1983): Ranch Life and the Hunting Trail. University of Nebraska Press, Lincoln

Rosas, Antonio; Martínez-Maza, Cayetana; Bastir, Markus; García-Tabernero, Antonio; Lalueza-Fox, Carles; Huguet, Rosa; Ortiz, José Eugenio; Ramón, Julia; Soler, Vicente; de Torres, Trinidad; Martínez, Enrique; Cañaveras, Juan Carlos; Sánchez-Moral, Sergio; Cuezva, Soledad; Lario, Javier; Santamaría, David; de la Rasilla, Marco & Fortea, Javier (2006): Paleobiology and comparative morphology of a late Neandertal sample from El Sidrón, Asturias, Spain. Proceedings of the National Academy of Sciences 19; 103(51): 19266–19271

Roscoe, John (1911): The Baganda: An Account of Their Native Customs and Beliefs. Macmillan, London

Rushby, George (1965): No More the Tusker. W. H. Allen. London

Russell, Edward (2002): The Knights of Bushido, a short history of Japanese War Crimes, Greenhill Books, Barnsley

Sathyakumar, Sambandam (2001): Status and Management of Asiatic Black Bear and Himalayan Brown Bear in India. *Ursus* Vol. 12, S. 21–29

Savigny, Jean-Baptiste H. & Corréard, Alexandre (2005): Der Schiffbruch der Fregatte Medusa. Matthes & Seitz, Berlin

Schneider, Mike (2010): Sea World whale kills a trainer as visitors watch. Herald Tribune vom 25. 2. 2010

Smith, Tom S.; Herrero, Stephen; Debruy, Terry D. & Wilder, James M. (2010): Efficacy of Bear Deterrent Spray in Alaska. Journal of Wildlife Management, Vol. 73 No. 3, S. 640–645

Stampf, Günter (2007): Interview mit einem Kannibalen (Das geheime Leben des Kannibalen von Rotenburg. Seeliger Verlag/VM), Wolfenbüttel

Stanton, Doug (2003): In Harm's Way: The Sinking of the U. S. S. Indianapolis and the Extraordinary Story of Its Survivors. St. Martin's Griffin, New York

Sterndale, Robert Armitage (1884): Natural History of the Mammalia of India and Ceylon. Thacker, Spink, and Co., Kalkutta.

Stirling, Ian & Parkinson, Claire L. (2006): Possible Effects of Climate Warming on Selected Populations of Polar Bears (Ursus maritimus) in the Canadian Arctic … Arctic 59 (3): 261–275.

Street, Philip (1971): Animal Weapons. Mac Gibbon & Kee, London

Stringer, Cole (1986): The Saga of Sweetheart: The Frightening But True Story of the Giant Rogue Crocodile Who Attacked Over 15 Boats on a N. T. River During the 1970s. Adventure Publications, Cambridge

Stubblefield, Cynthia H. & Shrestha, Mahendra (2007): Status of Asiatic black bears in protected areas of Nepal and the effects of political turmoil. Ursus 18 (1), S. 101–108

Sugg, Richard (2006): Good Physic but Bad Food: Early Modern Attitudes to Medicinal Cannibalism and its Suppliers. Soc. Hist. Med.19: 225–240

Tanaka, Yuki (1996): Hidden horrors: Japanese War Crimes in World War II, Westview Press, Boulder, Colorado

Thompson, Richard H. (1991): Wolf-Hunting in France in the Reign of Louis XV: The Beast of the Gévaudan. The Edwin Mellen Press Lewistown

Tilson, Ronald L. (2010): Tigers of the World: The Science, Politics and Conservation of Panthera Tigris. Elsevier Books, Amsterdam

Turner, Christy G. (2008): Hyenas and Humans in Ice Age Siberia. School of Human Evolution and Social Change, Arizona State University. http://www.asu.edu/provost/emerituscollege/EVoice1/Articles%20section/n1%20Turner%206x9.pdf.

Underdown, Simon (2008): A potential role for Transmissible Spongiform Encephalopathies in Neanderthal extinction. Medical Hypotheses, 71 (1), 4–7

Visser, I. N.; Smith, T. G.; Bullock, I. D.; Green, G.; Carlsson, O. G. L. & Imberti, S. (2008): Antarctic Peninsula killer whales (Orcinus orca) hunt seals and a penguin on floating ice. Marine Mammal Science: 11

Walpole, M. J. (2001): Feeding dragons in Komodo National

Park: A tourism tool with conservation complications. Animal Conservation 4, S. 67–73

Walpole, M. J. & Goodwin, H. J. (2001): Local attitudes towards conservation and tourism around Komodo National Park, Indonesia. Environmental Conservation 28 (2), S. 160–166

Watts, P. C.; Buley, K. R.; Sanderson, S.; Boardman, W.; Ciofi, C. & Gibson, R. (2006): Parthenogenesis in Komodo Dragons. Nature 444 (7122): 1021–2

Webb, Graham & C. Manolis, Vharlir (2009): Crocodiles of Australia. New Holland Publishers, Australien

Welch, Jeanie M. (2002): Without a hangman, without a rope: Navy war crime trials after world war II. International Journal of Naval History. Volume 1 (1), S. 1–6

West, Peyton & Packer, Craig (2008): Sexual Selection, Temperature, and the Lion's Mane. Science, Vol. 297, 1339–1343

Wood, Gareth & Jamieson, Eric (1996): South Pole: 900 Miles on Foot. TouchWood Editions, Victoria, British Columbia

Wroe, Stephen; McHenry, Colin & Thomason, Jeffrey (2005): Bite club: comparative bite force in big biting mammals and the prediction of predatory behaviour in fossil taxa. Proc Biol Sci. 272 (1563): 619–625

Wroe, S.; Huber, D. R.; Lowry, M. B.; McHenry, C. R.; Moreno, K.; Clausen, P. D. & Ferrara, T. L. (2008): Three-dimensional computer analysis of white shark jaw mechanics: how hard can a great white bite? Journal of Zoology, Volume 276, 4, S. 336–342

Yeakel, Justin; Patterson, Bruce; Fox-Dobbs, Kena; Okumura, Mercedes; Moore, Jonathan; Cerling, Thure; Koch, Paul & Dominy, Nathaniel (2009): Cooperation and individuality among man-eating lions. *Proceedings of the National Academy of Sciences USA* 106:19040–19043

Zeeb-Lanz, A.; Boulestin, B.; Haack, F. & Jeunesse, Ch. (2009): Außergewöhnliche Totenbehandlung – Überraschendes aus der bandkeramischen Anlage von Herxheim bei Landau (Südpfalz). Mitt. Berliner Ges. f. Anthropologie, Ethnologie und Urgeschichte 30, 115–126